国家社会科学基金项目

"马克思土地资本化理论与转型期我国房地产经济虚拟性研究"

（06BJL016）

葛扬◎著

转型期我国房地产经济虚拟性研究

——马克思土地资本化理论的视角

人民出版社

目　　录

前　　言

在市场经济条件下，土地资本化是经济发展的必然。马克思认为，土地资本不断转化成未来价值的过程就是土地资本化。土地所有权交易是土地资本化的前提条件，土地资本化的直接结果是货币地租和土地价格的出现。而且，土地资本化导致土地价格的"虚幻性"和房地产的投资效应。房产与地产是不可分割的，土地价格"虚幻性"必然会在房地产中产生综合效应，使得房地产经济具有虚拟性。土地资本化使得房地产作为投资工具成为可能，从而放大了房地产经济的虚拟性。尤其在像我国这样一个经济转型的国家，房地产业刚刚起步，还处在成长期，土地所有权制度存在缺陷，土地资本化程度还不高，土地资本化和房地产经济虚拟性更为复杂。为此，本书坚持马克思主义政治经济学的理论原则和方法原则，努力在深入挖掘马克思土地资本化思想的基础上进行系统化、理论化，并以此作为理论研究的方法论，解释我国房地产经济虚拟性实际。本书的主要特点是：

第一，努力进行马克思土地资本化理论的体系化创新研究。这不仅是本书的一个重要内容和方法论基础，还是本书试图在新的历史条件下对马克思经济学进行新的理论探索的一个尝试。土地资本化是马克思主义政治经济学的重要基础理论问题之一，但是，过去并没有得到学术界应有的重视。随着我国社会主义市场经济体制的逐步建立，土地资本化及其引发的相关问题日益凸显。理论和实际都要求对马克思土地资本化理论进行研究、创新和发展。本书对马克思土地资本化思想进行系统挖掘、梳理，特别是从市场经济的角度对马克思土地资本化思想进行体系化创新研究。马克思土地资本化理论是以市场经济为条件的，土地资本不断转化成未来价值的过程就是土地资本化。土地所有权交易是土地资本化的前提条件，而土地资本化的直接结果是货币地租和土地价格的出现。上述研究工作是本书研究的前提，也是本书研究基本视角和方法论基础。

第二，运用马克思土地资本化理论分析转型期我国地价的虚拟性。这不仅是本书研究视角的创新，根据前面对马克思土地资本化理论的体系化研究，将其运用于现实中国房地产经济的分析，彰显出马克思经济理论的当代价值。房地产的虚拟性源于市场经济条件下土地价格的虚拟性。在市场经济发展过程中，土地资本化有利于土地配置效率的提高。土地资本化的直接结果表现为土地价格的虚拟性和房地产的投资效应。自 20 世纪 80 年代以来，我国土地制度有了较深入的变革，土地作为资产进而作为资本所具有的收益性越来越受到重视，城市土地资本化得到发展。资本化条件下的土地表现出显著的资本化资产特性，即其价格完全是由不确定因素决定的，因此地价表现出波动性，即虚拟性。为此，本书联系我国目前实际，较为全面地分析了土地价格虚拟性的形成机理及其相关因素。

第三，试图分析地价的虚拟性对房价虚拟性的作用及其机理。这不仅是本书前面研究的逻辑推演，也是马克思土地资本化理论现代解释力的再一次体现。当然，具体分析时也不拒绝现代经济学研究方法。房产与地产不可分割，地价虚拟性必然作用到房产，在房地产中产生综合效应，使得房地产经济具有虚拟性。这也是房地产可能泡沫化发展的前提。房地产的产品属性表明，其不仅具有使用价值，同时还具投资价值。随着土地资本化不断深化，地产预期收益和资产升值的不确定性不断增加，进而地产价格波动经常脱离土地基础价值的支撑，并表现出明显的非平稳性。这也迅速传导到房产市场，房价随之也表现出较强的波动性。经过循环机制，房地产市场中的投机因素不断增加，房地产价格变动逐渐偏离租金变动，房地产市场的虚拟性不断增加。房地产的虚拟性一旦形成就具有其发展的相对独立性。

　　第四，试图研究房地产业的波动与宏观经济相互作用关系。这个仅是前面三部分研究的逻辑必然，而且还是本书着重于局部与整体的研究特征的体现。努力运用现代经济学研究方法、从宏观的角度分析房地产业的波动性及其影响。房地产业的波动与宏观经济关系紧密，不仅影响宏观经济的稳定性，而且对宏观经济产出具有重要影响。房地产业可以影响投资、消费、就业等宏观变量，对实体经济的增长起到举足轻重的作用。房地产投资的波动对宏观经济周期波动产生一定的影响。在现代经济中，房地产不仅是重要的实物资产，还是重要的投资品。这种特性决定了在土地资本化条件下，房地产将通过一些传导机制对实体经济产生深远影响。作为现代经济重要风向标的股票市场和房地产市场的关联效应也很显著，不仅是投资者合理确定投资组合的依据，同时决定了政府调控两个市场的方向和力度。

　　第五，努力系统研究我国货币政策的房地产价格传导机制。这不仅是本书接下来进一步研究的必要内容，而且相关研究对完善我国货币政策体系具有直接意义，彰显了本书的实际价值。房地产市场的发展不仅对于国民经济运行产生显著的影响，而且对于货币政策体系的影响效应也逐步增强。随着我国房地产经济的快速发展，作为资产价格的重要组成部分——房地产价格逐渐成为货币政策新的传导渠道之一。由于提高货币政策的房地产价格传导机制的有效性，不仅有利于丰富与完善单一的政策传导体系，而且能有效促进货币政策、房地产市场与实体经济之间的协调稳定、可持续的发展。因此，在今后的发展中，我国政府应借鉴国外优秀的理论与成功经验，努力完善货币政策的房地产价格传导机制的运行环境和条件。要在进一步提高货币政策调控房价有效性的同时，增强房价变动对于实体经济的传导效应，促进货币政策最终目标的顺利实现。

第六，最后以美国次贷危机引发的金融危机的事实为背景，对于我国房地产金融问题进行分析。这不仅是本书收尾的重要内容，也是本书一直紧扣国内外现实经济发展实际的研究特征的体现。房地产金融具有为房地产业生产、流通和消费等环节筹集和分配资金的职能。房地产业是典型的资金密集型产业，发展的关键在于金融的强大支持。所以，研究房地产金融更能抓住问题的实质。由于房地产金融的迅猛发展，房地产业与金融业已融为一体。从 20 世纪 80 年代后期日本房地产泡沫破灭开始，各国与房地产相关的金融危机相继爆发，而且破坏性日益加强，使我们在关注房地产市场和房地产泡沫的同时，更加关注其背后金融体系的安全性，特别是作为金融体系核心的银行体系的安全性。凡是资产都具有风险性，风险不可能被消灭，只能够控制和分散。依据美国的经验，房地产金融创新的方向是进行资产证券化，对风险资产进行风险收益定价，让更多的理性人参与进来，使风险得到有效控制和分散。另外，房地产金融市场中存在的顺周期效应和信息不对称问题也应该值得警惕。

第一章　马克思土地资本化理论体系

　　土地资本化是马克思主义政治经济学的重要基础理论问题。所谓资本化（capitalization），是指任何把资产凭其收益转换成资产的现期市场交换价值的过程。在经济学说史上，马克思最早提出了收益资本化的思想，他说："任何一定的货币收入都可以资本化，也就是说，都可以看作一个想像资本的利息。"① 也就是说，当一项能够带来收益的权利能够进入市场流通并进行自由交易的时候，这种权利就被资本化了。土地资本化实际上是地租的资本化，本质上是土地所有权资本化。在中国社会主义市场经济体制中，特别是在现代产权结构及其权能条件下，土地资本化是通过土地使用权资本化实现的。

第一节　从土地资源到土地资本

一、土地资源的特性

　　土地是人类社会发展不可或缺的自然资源，土地是一种基本

---

　　①　马克思：《资本论》第三卷，人民出版社 2004 年版，第 702 页。

的自然力，土地在社会经济活动中具有不可替代的作用。

1. 土地的自然特性

土地是万物生存的基地和生育的源泉，并成为一切生产的元素和原动力。土地的自然特性主要有：（1）数量的绝对有限性。无论从面积还是从空间上来看，都是有限的。马克思说："土地是有限的，而有水力资源的土地更是有限的。"① 自然赋予的土地物质的总量是给定的，而且不可能再生，也不会因时代更替、经济技术进步而发生变化，也不因需要和价格的变化而变动。（2）质量的普遍差异性。土地的质量包括土地的物理化学性状、地理位置和生产能力等，都存在差异，而且常因土地的自然条件和社会、经济、技术条件的不同而有明显的等级差异。这种差异具有普遍性，因此，每一块土地都具有独特性。可以说，地球上没有两块完全相同的土地。（3）位置的不可移动性。土地的位置是固定的，土地的地表及其上面与里面的建筑物等设施不能或不能经济的大量的被移动。任何一部分土地与其他部分土地的区位关系也是固定的。这是土地成为不动产的基础。当然，通过交通条件的改变，可以改变土地的相对位置。（4）存在的恒久性。土地是自然所赋予的，在人类出现以前早已存在，随着地球的存在而存在。土地的使用价值虽因利用技术而变化，但地势、气候和土壤结构不易改变，土地利用得当，能反复利用，具有恒久的特性。（5）构成的整体性。从空间的角度看，由地上地面、地下组成一个整体；从物质结构的角度看，由各种物质组成为一个整体。脱离了整体便失去了土地的属性。

---

① 马克思：《资本论》第三卷，人民出版社 2004 年版，第 727 页。

2. 土地的经济特性

在商品经济条件下的农业发展中，那些利用优越生产条件生产的农业资本家的超额利润，形成不同形式的地租。地租是以土地所有权的存在为前提的。研究土地所有权和地租，是为了"考察资本投入农业而产生的一定生产关系和交往关系。不作这种考察，对资本的分析就是不完全的"①。土地一旦具有资产、不动产的经济意义后，人们对土地资源资产的重视程度就发生了由资源向资产的变化。"土地这个人类世世代代共同的永久的财产，即他们不能出让的生存条件和再生产条件。"②

土地的经济特性主要有：（1）供给的稀缺性。这是由土地数量的绝对有限性决定的，加之土地的不可移动性等因素，从而造成和加剧土地的稀缺，影响着土地价格的波动。（2）利用的集约性。农业用地和城市建设用地均有一定的合理利用的集约度，超过合理利用的限度会出现报酬递减现象，从而限制最优、较优土地的无限利用，使土地供求矛盾加剧。（3）利用的多样性。土地以多种类型存在，并可以多种利用。（4）利用的滞缓性。这是因为农地和建设用地需要有一定的生产周期及用前的基础设施，在生产过程和建筑设施完成后，其用途不宜随时更动，而且往往限于一定的承包租赁期，因而土地的利用具有滞缓性。

3. 土地的社会法律特性

土地——不动产是资源，但不只是自然生产要素，而是从文化经济社会法律的角度来看的与人类社会制度密切联系的生产要素。因此，作为不动产资产的土地资源，包括了社会法律的综合

① 马克思：《资本论》第三卷，人民出版社 2004 年版，第 694 页。

② 马克思：《资本论》第三卷，人民出版社 2004 年版，第 918 页。

属性。

土地的社会法律特性主要有：（1）利用的社会性。当今的土地利用已不仅是土地使用者的个人行为，它随着人地关系的复杂化必将越来越多地带来对周围环境和他人利益的影响而具有社会性，因而需要强化土地的国家管理。（2）利用的安全性。由于土地是稳定的不动产，投资土地比较安全，土地还具有储蓄银行的社会特性。（3）产权的法律性。土地的稀缺性所表现出来的重要经济意义，使其成为历代各国、集团和个人争夺的目标。谁拥有地权，就享有政治和社会的特权，因此，地权关系必须以法律确定下来，为社会所承认，才能保证其经济上的实现。

二、土地的功能及其变迁

从生产力标准来说，土地可谓人类自身以外最宝贵和最富有价值的东西。而人与土地的关系是社会生产发展的基础，人地关系中人与人的关系又是生产关系的基础。土地的功能，是指土地资源综合内涵及其特性对人类社会所具有的不同于其他生产要素的特定的作用。土地的功能主要有：

第一，承载功能。土地能承载万物于一身，土地是世间万物的立足之地，是一切生物生存的基地。"土地作为劳动的原始活动场所，作为自然力的王国，作为一切劳动对象的现成的武库在一般生产过程中"①，起着不可替代的作用。就土地作为农业生产的基本生产资料来说，土地的承载量反映着承载功能，可以单位土地面积所能承载的人口量或生物量表示，如土地或耕地人口承载量、草原载畜量等。

----

① 马克思：《资本论》第三卷，人民出版社 2004 年版，第 935 页。

第二，生育功能。土地是人类的衣食之源，具有生育和生产能力，能滋生万物，直接、间接提供人类所需要的一切生活资料。"一方面，土地为了再生产或采掘的目的而被利用；另一方面，空间是一切生产和一切人类活动的要素。"① 土地的生产功能和承载功能，不仅是动植物赖以生长的场所和持续增殖的"母机"，而且具有使农作物得以生长的物理性能。

第三，供给功能。土地是财富之母，是生产资料的原始来源。"土地（在经济学上也包括水）最初以食物，现成的生活资料供给人类。"② 土地不仅是一种珍贵的自然资源，可以不断地为人类社会提供产品和活动场所，而且是能产出巨大财富和增殖价值的经济资产或生产性资本。随着人类社会的不断发展，土地资源和资产的利用将使资源在转化为产品与资产中的收益及资产价值的总存量不断增长。

随着经济的发展，土地职能出现新的变化。在市场经济条件下土地等生产要素逐步进入市场，市场机制发挥着要素配置的作用。土地不仅具有生产和社会保障的基本功能，而且随着市场经济的发展衍生出一些新的功能。从目前的发展来看，主要有财产功能、融资功能和资本功能。

第一，财产功能。从所有者或使用者对土地的占用排他性和消费竞争性的角度看，土地表现出财产属性。在我国改革开放之后，随着土地制度的变迁，土地的财产性质不断显现，从而使居民在土地上享有充分的财产权。土地使用权作为一种独立权利形态的存在，无论在立法上还是在实践中，都已经得到确认，为土

---

① 马克思：《资本论》第三卷，人民出版社 2004 年版，第 875 页。
② 马克思：《资本论》第一卷，人民出版社 2004 年版，第 202—203 页。

地使用权制度的发展奠定了基础。土地财产是指人们拥有产权的土地，或在产权上有所归属的土地。它有狭广之分，狭义的土地财产属于经济基础范畴，指有形土地财产，即土地实物；广义的土地财产是除土地实物以外，还包括有关土地的权利和义务，即土地产权。虽然"土地产权"属于上层建筑范畴，但它和"土地财产"是同一事物的两个方面，且密不可分，故在研究土地财产时，也应研究土地产权。伊利（Erie）、巴洛维将（Barlowe）土地产权看成是由各个单项土地权利所组成的"土地权利束"（the bundle of rights in land property），其中包括土地所有权、使用权、收益权、处分权等。

第二，资本功能。在市场经济条件下，土地不只是生产要素和资源，还是资本。土地可以像资本一样为土地产权主体带来收益，还能为投资者带来较高的预期收益。根据马克思的相关思想，可以从以下几个方面来理解土地资本。首先，土地资本是人类在开发、利用土地过程中所投入的物化劳动和活劳动，其功能在于改善土地质量，提高土地的生产率或变更土地的用途，实现土地资源的优化利用。其次，土地资本能够与土地物质相结合形成固定资产，这是由其价值转移方式决定的。最后，土地资本可以分为两类，一类是为了"改变土地的物理性质"或"改变土地的化学性质"而投入的资本，另一类则表现为以土地物质为依托而形成的生产资料。

第三，融资功能。土地融资主要是指土地通过证券化，将土地产权主体能够得到的收益转变成为资本市场上可销售和可流通的金融产品，从而达到土地融资的功能。在土地证券化过程中融资载体是将土地承包权或者使用权作抵押，而不是以融资主体的所有资产、信用作为担保。土地证券化不仅包括土地所有权的证券化，也包括土地使用权的证券化。土地产权证券化，将固定在土地上的资本（凝结在土地中的长期投入）相对流动起来，扩充社会资本金的来源。因此，土地产权证券化创造了一种能够带来与土地同样的经济性利益的金融资产，其实质就是发挥土地的融资功能。

三、土地从资源向资本的演变

1. 演变的历程

从古至今，伴随着生产力的发展，人类社会经历了原始社会、奴隶社会、封建社会、资本主义社会和社会主义社会。在这一过程中土地表现形态也推陈出新，不断更替，以适应生产力和生产关系的变化。

根据摩尔根（L. H. Morgan）和恩格斯对原始社会的基本思想，原始社会可分为蒙昧时代和野蛮时代，而蒙昧时代又可划分为三个阶段。在前期，地广人稀，生产力低下，人们处于原始群状态，以采集为食，群居为生，没有等级之分，没有权力之别，土地在生产、生活中的重要性及土地的稀缺性没有显露出来。此时的土地没有人类劳动的痕迹，仅作为自然土地而出现，故只反映出自然土地的使用价值。在蒙昧时代的中后期及野蛮时代，人类社会经历了母系氏族公社到父系氏族公社，并逐步形成一夫一妻制和家族公社的过程，其间人类活动也发生了重要变化，母系氏族社会以狩猎活动为主，此时土地等自然资源开始被氏族公社占有。到了中后期阶段原始畜牧业和原始农业发展起来，人们开始对土地有了有限的改造，即自然土地上凝结了少量的人类劳动，故此时的土地资源不再仅仅指自然土地，还指经济土地。

生产力的发展使得土地的占有问题变得更为重要，土地占有逐渐细分，从氏族到家族公社，甚至到了家庭，但此阶段没有阶级和国家，其土地是公有的，归氏族或村社成员所有，没有法律规定赋予其具有合法占有的权利，故此时的土地资源只是被占有，还没有真正财产的性质。农业的发展，导致原始社会末期出现了第一次社会大分工，农业和畜牧业分离，再加之金属工具的出现，家庭为单位从事农业生产成为可能。这促进了私有制和交换的发展，氏族和村社内部贫富差距的分化，原始社会的瓦解和奴隶社会的出现。到了奴隶社会，开始实行奴隶主土地所有制，即奴隶主阶级占有土地，并直接占有奴隶，奴隶劳动的全部产品归奴隶主所有。此阶段奴隶主不是仅仅以实物的形态拥有土地，他们还被赋予拥有土地的权利，即此时的土地已演变为财产的表现形态。奴隶主不得买卖、转让或分割继承土地。此阶段的土地所有权一般只归国家所有，奴隶主通过分封等享有土地占有权或使用权。但在奴隶社会中后期由于奴隶起义、制度改革等，出现了少量的土地使用权的买卖和租让，地租（主要是劳役地租）和地价也相伴而生，少量的奴隶主通过这种方式实现了其所拥有的土地财产的经济收益。但此时的土地买卖或租让不是由市场决定的，而是伴随着强权而出现，故其地租或地价往往是被严重扭曲的。所以我们说，这是在土地财产的基础上出现的最初的土地资产。

在生产关系上，土地资产表现形式在封建社会日益成熟。封建的地权制度是地主阶级拥有土地所有权，他们一般不使用土地，而是将土地租佃给农民，让度其使用权而坐收地租。封建时期的地租包括劳役地租、实物地租和货币地租，这些地租形式在整个封建社会依次更替，这取决于生产力的发展、反映了生产关系的演变。这种租佃关系与人身依附关系紧密相连，但随着时间的推移，这种关系中的宗法性质日益淡化，地主让度给农民的土地使用权日趋完整，地租的确定也日趋市场化。在土地买卖方面，土地可以自由买卖、抵押，这里的自由程度也是随着生产力的发展，生产关系的演变而逐渐增大。封建末期，土地价格与地租成正相关，影响因素主要有：土地的肥瘠与位置优劣、粮价的高低、赋税的高低、土地供求状况、天灾人祸等情况。那时正常信贷不多，故与利率关系不大。

资本主义生产关系建立后，土地资产转化为土地资本，这种转变经历了漫长的历程。最具代表性的方式是暴力型——由 15 世纪最后 30 年至 19 世纪最初 20 年，长达 300 余年的"圈地运动"。在这几百年的时间里，英国建立了完善的生产资料私有制和自由的市场机制，这给土地表现形态的转化提供了有利的外部条件。在这场运动中，村社公地、佃农的份地等都被强行圈走，然后出租给农业资本家或由新兴贵族自行经营，这些资本家利用圈占的土地进行牧场经营，通过羊毛出口获得了高额利润。在这个过程中，土地所有者已不再是仅仅实现土地资产给他带来的收益，而是通过土地运动实现了利润最大化，土地表现形态也在这一环节由土地资产转变为土地资本。在其后的发展中，土地资本的实现形式出现了多元化。

随着资本主义生产力的发展和土地市场的健全，土地估价逐渐成熟，在法律上也明确规定土地使用权和所有权都可以用来抵押，这为土地资本运动和增值加速提供了基本条件。另外，银行或金融机构愿意接受土地使用权和所有权进行抵押，并向抵押人提供贷款。这样，土地就实现了在各个不同环节的增值，土地所有权、土地使用权、土地其他衍生权利等的资本化顺利实现。

从土地资源到土地资本的转变过程来看，土地表现形态的改变与人类经济活动紧密相关。最初的土地是以土地资源的形态出现，这是其他四个表现形态出现的物质基础，且是永恒的；随着经济的发展，土地资源产生了经济效益，便依次出现了土地财产、土地资产；资本主义生产力的发展和金融市场的发展促进了土地资本的发展，并实现了土地资本化，但这离不开其基础——土地资产。在这一个过程中，贯穿其中的是土地价值，它的评价方法在不同的阶段有所不同，随着经济的发展和土地市场的完善，这一方法日益复杂和完备，这也正是土地表现形态可以转变的条件，特别是现代社会土地资本市场发达的必要条件。

2. 土地资本的内涵

土地资本，从狭义的角度看是指人们对已经变成生产资料的土地进行的投资；从广义的角度看是指当土地被投入流通，在运动状态中能实现增值，给所有者带来预期收益的时候，就变成了土地资本。土地资本更强调其运动性和增值性。

马克思认为，土地资本是指为改良土地而投入土地并附着在土地上的资本，是固定资本。"没有一块土地是不用投资就提供产品的"[①]，"一块已耕土地，和一块具有同样自然性质的未耕土地相比，有较大的价值"[②]。由此就突出了土地资本的概念。马克思把投入土地的资本称为土地资本。具体内容是："资本能够固定在土地上，即投入土地，其中有的是比较短期的，如化学性质的改良、施肥等等，有的是比较长期的，如修排水渠、建设灌溉工程、平整土地、建造经营建筑物等等。"[③] 不论是短期投入，还是长期投入，都能提高土地的产出水平，增加土地收益。

---

① 马克思：《资本论》第三卷，人民出版社 2004 年版，第 798 页。
② 马克思：《资本论》第三卷，人民出版社 2004 年版，第 699 页。
③ 马克思：《资本论》第三卷，人民出版社 2004 年版，第 698 页。

　　既然土地资本属于固定资本的范畴，那么就存在损耗和补偿的问题，同时也就有土地资本的收益问题。土地资本的收益即"为投入土地的资本以及为土地作为生产工具由此得到的改良而支付的利息"①。这部分收入归谁？是归投资者，还是归土地所有者，取决于两者之间的斗争，具体反映在租约期间的长短上。在农业的通常的生产过程中，比较暂时的投资，毫无例外地由租地农场主进行。改良土地会"增加土地产量，并使土地由单纯的物质变为土地资本"②。农业中的长期投资大部分也是由租地农场主投入的。但是，"契约规定的租期一满，在土地上实行的各种改良，就要作为和实体即土地不可分离的偶性，变为土地所有者的财产"。因此，土地所有者"不单是出卖土地，而且是出卖经过改良的土地，出卖不费他分文的投入土地的资本。把真正地租的变动完全撇开不说，这就是随着经济发展的进程，土地所有者日益富裕，他们的地租不断上涨，他们土地的货币价值不断增大的秘密之一"③。当然，这同时也是合理农业的最大障碍之一。

　　土地供给也有可持续发展问题。"在社会发展的进程中，地租的量（从而土地的价值）作为社会总劳动的结果而增长起来。一方面，随着社会的发展，土地产品的市场和需求会增大；另一方面，对土地本身的直接需求也会增大，因为土地本身对一切可能的，甚至非农业的生产部门来说，都是进行竞争的生产条件。确切地说，只是就真正的农业地租来说，地租以及土地价值会随着土地产品市场的扩大，从而随着非农业人口的增加，随着他们

---

① 马克思：《资本论》第三卷，人民出版社 2004 年版，第 698 页
② 马克思：《资本论》第三卷，人民出版社 2004 年版，第 699 页。
③ 马克思：《资本论》第三卷，人民出版社 2004 年版，第 699—700 页。

对食物和原料的需要和需求的增加而增长。"① 不过，随着社会经济的快速发展，土地自然力的补偿问题不断凸显。土地作为一种自然力，不是取之不尽、用之不竭的，必须建立人们合理利用自然力的有效机制。倘若消耗的自然力并无影响到企业或个人的话，那么，对于社会和人类总是有所耗损的。

在现代经济中针对农业长期落后的问题，有必要高度重视土地资本的概念，从而重视对土地的投资，特别是长期投资。鼓励对土地投资必须根据马克思的分析解决好谁投资谁收益的制度问题。

在城市，随着土地市场的健全，土地逐渐实现资本化。当土地作为资产被投入市场，使其为所有者带来预期收益，产生增值，土地资产就转化为了土地资本。马克思认为，对已经变成生产资料的土地进行新的投资，也就是在不增加土地的物质即土地面积的情况下增加资本。这也是土地资本的最初形式。一般的说，当土地被投入流通，在运动状态中能实现增值，给所有者带来预期收益的时候，就出现了土地资本。可见，土地资本已经带上了运动性、增值性等资本的特性。它表现为土地权属关系上的转让、出租或自己投入使用。土地资本在一定意义上也可视为虚拟资本。如果只是将土地作为一种价值增殖的载体，即土地资本与具体的生产、消费发生分离，土地资本就变成了虚拟资本。如果再加上基于土地的金融工具，比如地产抵押融资、地产证券等，土地资本的虚拟水平将更高。如果虚拟资本过度膨胀，与实际生产过程严重背离的话，就会出现泡沫经济。

---

① 马克思：《资本论》第三卷，人民出版社 2004 年版，第 717—718 页。

第二节 土地资本化本质上是地租资本化

一、地租与土地所有权的关系

土地资本化实际上是地租的资本化，本质上是土地所有权资本化。任何形式的地租，都是以土地所有权的存在为前提。"土地所有权的前提是，一些人垄断一定量的土地，把它作为排斥其他一切人的、只服从自己个人意志的领域。"① 地租的本质是由土地所有权的性质决定的，研究地租必须研究土地所有权的形式。

为了理论研究的方便，马克思在研究地租问题时提出了两个基本假定：第一个假定是，农业完全受资本主义生产方式的支配，在理论分析上，把其他经济成分（包括个体所有制）抽象掉。马克思说："我们只是在资本所产生的剩余价值的一部分归土地所有者所有的范围内，研究土地所有权的问题。因此，我们假定，农业和制造业完全一样受资本主义生产方式的统治。"② 第二个假定是，"资本的自由竞争、资本由一个生产部门向另一个生产部门转移的可能性、同等水平的平均利润等等，都已经完全成熟"③。

土地所有者凭其所有权向使用土地者获取的收入，称为地租。马克思在研究地租问题时认为，"一切地租都是剩余价值，

---

① 马克思：《资本论》第三卷，人民出版社 2004 年版，第 695 页。
② 马克思：《资本论》第三卷，人民出版社 2004 年版，第 693 页。
③ 马克思：《资本论》第三卷，人民出版社 2004 年版，第 693 页。

是剩余劳动的产物"①，一切形态的地租都"是土地所有权在经济上的实现"②，即地租是土地所有者出租他的土地每年获得的超额收入。地租是土地所有权在经济上的实现形式。不同形式的土地所有权，会产生不同形式的地租。但是，"不论地租的独特的形式是怎样的，它的一切类型有一个共同点：地租的占有是土地所有权借以实现的经济形式，而地租又是以土地所有权，以某些个人对某些地块的所有权为前提"③。马克思说："单纯法律上的土地所有权，不会为土地所有者创造任何地租。"④ 这是因为土地所有权只是赋予土地所有者有权禁止别人无代价地耕种他的土地，当土地没有出租时，不存在地租收入，这种权利在经济上也就没有任何意义。因此，土地所有权在经济上的实现，必须以土地所有权与土地经营使用权相分离，这是土地真正投入利用的前提。当然，一切土地所有权都要求通过地租来实现它。如果土地所有者对土地使用者不收地租或收不到地租，就等于否定了自己的土地所有权，这可以说也不符合地租规律。因此，有土地所有权不一定就有地租，而只要有地租，不论何种形式，都必然是以土地所有权为基础的。

上面的分析表明，地租与土地所有权是两个既相互联系又存在区别的概念。土地所有权是对一定土地的垄断，是自人地关系中出现土地占有与分配问题后，在一定的社会生产方式基础上产生的，国家在法律上对土地占有的法制范畴。而地租则是土地所有者凭借其土地所有权，获取土地通过投入劳动所创造的剩余产

---

① 马克思：《资本论》第三卷，人民出版社 2004 年版，第 715 页。
② 马克思：《资本论》第三卷，人民出版社 2004 年版，第 715 页。
③ 马克思：《资本论》第三卷，人民出版社 2004 年版，第 714 页。
④ 马克思：《资本论》第三卷，人民出版社 2004 年版，第 856 页。

品的一部分非劳动收入，也就是马克思所说的"土地所有权在经济上借以实现即增殖价值的形式"①。地租是一个经济范畴，体现着构成一定社会生产方式的生产关系和土地关系。

随着资本主义经济的发展，农产品的商品化程度日益提高，地租量也在不断增加，货币地租也随着发展起来，地价也相应提高了。这就容易使人们错误地认为，只要把商品生产的问题解释清楚了，地租问题也就解释清楚了，似乎地租和地价的增长和商品供不应求价格要上涨是一样的。其实不然，地租的特征不在于商品生产，而在于土地所有权。商品货币关系只是资本主义地租实现的经济条件。马克思说："地租的特征是：随着农产品作为价值（商品）而发展的条件和它们的价值的实现条件的发展，土地所有权在这个未经它参与就创造出来的价值中占有不断增大部分的权力也发展起来，剩余价值中一个不断增大的部分也就转化为地租。"② 可见，在商品经济条件下，地租的本质特征在于土地所有权的垄断。

农业是国民经济其他部门发展的基础。任何社会，工业和其它事业的发展，最终都受农业劳动生产率高低的制约。在国民经济体系中，农业是人类社会最早的具有决定性的生产部门。在人类社会初期，"农业劳动和工业劳动不是分离的；后者同前者是连接在一起的"、"织和纺等等当初是农业中的副业"③。当农业劳动生产率提高到一定的水平，其他部门——工业、商业、交通、文化教育、科学技术等等，才相继成为独立的部门。农业生产作为社会再生产过程的重要组成部分，总是要服从一定社会的

---

① 马克思：《资本论》第三卷，人民出版社 2004 年版，第 698 页。

② 马克思：《资本论》第三卷，人民出版社 2004 年版，第 720 页。

③ 马克思：《资本论》第三卷，人民出版社 2004 年版，第 713 页。

生产目的，按一定的方式进行经营的，它是经济再生产过程。但是，"经济的再生产过程，不管它的特殊的社会性质如何，在这个部门（农业）内，总是同一个自然的再生产过程交织在一起"①。因此，农业生产是经济再生产过程和自然再生产过程的统一。土地作为一种自然力，是土壤资源、生物资源及气象资源相互作用的综合体现。"自然力不是超额利润的源泉，而只是超额利润的一种自然基础，因为它是特别高的劳动生产力的自然基础。"②"农业劳动的生产率是和自然条件联系在一起的，并且由于自然条件的生产率不同，同量劳动会体现为较多或较少的产品或使用价值。"③ 从产出量高的热带雨林到几乎没有生物生长的戈壁沙漠，土地的自然力提供了人类生存和经济利用的基础。但对土地的经济利用在大多数情况下并非是利用直接的自然生产力，而是土地的生产潜力。狩猎和采集是对自然生产力的直接利用，但农业耕作所利用的就是土地的生产潜力。城市与商业用地几乎与土地的自然生产力没有联系。

经济学意义上的效率，是产出与一种或多种投入之间的关系。土地作为一种生产要素投入，可以得到相应的经济产出。因此，土地所有者有着强大的动力，以各种不同的方式对土地进行投资，保护土地自然力，从而获取更多的地租。

土地所有权的分散化，必然导致"生产资料无止境地分散，生产者本身无止境地互相分离。人力发生巨大的浪费。生产条件越来越恶化和生产资料越来越昂贵"。可见，"小块土地所有制按其性质来说就排斥社会劳动生产力的发展、劳动的社会形式，资

---

① 马克思：《资本论》第二卷，人民出版社 2004 年版，第 399 页。
② 马克思：《资本论》第三卷，人民出版社 2004 年版，第 728 页。
③ 马克思：《资本论》第三卷，人民出版社 2004 年版，第 924 页。

本的社会积聚、大规模的畜牧和对科学的累进的应用"①。因此，当资本主义生产方式发展到一定的程度时，必然要实行土地的规模经营，广泛应用"社会生产力的手段和科学"②，并且在合理的耕作条件下，土地就会不断改良，从而使得土地生产出更多的财富。

二、地租形式演化与地租资本化

地租资本化是地租形式长期变迁的结果，土地资本化本质上是地租资本化。前资本主义地租，曾经先后采取过劳动地租（劳役地租）、产品地租（实物地租）和货币地租三种主要形式。这三种形式的依次更替，大体同封建社会的生产方式发展过程是相适应的。实物地租取代劳役地租，农奴制逐步解体；货币地租取代实物地租，封建社会逐步消亡，资本主义开始出现。

劳动地租又称徭役地租、劳役地租、力役地租，通称力租。劳动地租是最简单、最原始的地租形式。封建地主凭借土地所有权和借助于超经济强制，迫使农民（农奴）使用自己的生产工具，无偿地进行一定时间的耕作劳动以及其他各种杂役。在这种地租形式下，农民为自己的劳动和为地主的劳动在时间上和空间上都是一目了然地明确区分开来的。无酬的剩余劳动所借以表现的形式就是地租，而不是利润。因此，一方面，劳动地租是剩余劳动或剩余价值的原始形式，而且"地租和剩余价值是一致的"③；另一方面，剩余价值明显地采取剩余劳动的形式，地租

---

① 马克思：《资本论》第三卷，人民出版社 2004 年版，第 912 页。

② 马克思：《资本论》第三卷，人民出版社 2004 年版，第 918 页。

③ 马克思：《资本论》第三卷，人民出版社 2004 年版，第 892 页。

的自然条件和界限也明显地表现为就是一般剩余劳动的自然条件和界限。在徭役劳动者（自给自足的农奴）的这种"所有者"的一切形式内，由于最基本的劳动条件（土地）归地主所有，所以，"财产关系必然同时表现为直接的统治和从属的关系，因而直接生产者是作为不自由的人出现的；这种不自由，可以从实行徭役劳动的农奴制减轻到单纯的贡赋义务"①。

产品地租又称"实物地租"，是封建社会发展到较高阶段的产物，是封建地主在实物形态上占有农民的剩余劳动，即地主把土地租给农民，农民按照规定的比例或数额向地主缴纳一定量的劳动产品。劳动地租转化为产品地租后，农民的必要劳动和剩余劳动都是在租佃的土地上进行的，有偿劳动和无偿劳动在时间和空间上的明显区别已不存在。在产品地租出现后，农民劳动的每一部分既包含着必要劳动，又包含着剩余劳动。因此，"产品地租和先前的形式的区别在于，剩余劳动已不再在它的自然形态上，从而也不再在地主或地主代表者的直接监督和强制下进行"②。驱使农民的已经主要不是直接的强制，而是包括租佃契约等各种关系的力量。在产品地租形式下，一方面由于农民的全部劳动都与自己的切身利益发生联系，另一方面由于农民在一定程度上可以自由支配自己劳动时间和作业品种，这就使农民的生产积极性和主动性有一定的提高，从而促进了生产力的发展。不过，"劳动地租转化为产品地租，从经济学的观点来说，丝毫没有改变地租的本质"，"地租的本质就在于，它是剩余价值或剩余劳动的惟一的占统治地位的和正常的形式"③。

---

① 马克思：《资本论》第三卷，人民出版社 2004 年版，第 893 页。
② 马克思：《资本论》第三卷，人民出版社 2004 年版，第 898 页。
③ 马克思：《资本论》第三卷，人民出版社 2004 年版，第 897 页。

　　货币地租在中国也称"钱租"，是封建地租的一种形式，是指地主把土地租给农民，农民按照规定，定期向地主缴纳一定数量货币的地租形式。在封建社会早期，虽然货币地租已经出现，但只是偶然的。只是到了封建社会末期，自然经济逐渐瓦解，"实物形式的产品余额已经不够；它必须由这个实物形式转化为货币形式"①。产品地租转化为货币地租，是社会生产力发展的结果，是由分工的发展、手工业从农业中进一步独立出来以及商品货币关系的发展所引起的。货币地租与产品地租的不同之处在于，农民不是以实物形式，而是必须把产品卖掉，将其转化为货币后向地主缴纳。货币地租比产品地租更能刺激农民的生产积极性。因为，这时农民不但可以自由地支配自己的劳动时间，而且可以根据市场的需要来自行安排农作物的生产。由于农民必须用出售农产品所取得的货币向封建地主缴纳地租，所以农民的个体经济便突破了自然经济的框框，进入市场，将大量农产品转化成了商品。由于农民能够到市场上去卖自己的产品，才能换得货币去交租，这无疑又推动了商品经济的发展。货币地租代替产品地租也推动了农民与地主之间的关系发生了相应的变化，农民对地主的人身依附关系受到削弱，他们之间的契约关系不断得到强化。

　　货币地租的形成表明，社会经济商品化程度的明显提高。"从产品地租到货币地租的转化，要以商业、城市工业、一般商品生产、从而货币流通有了比较显著的发展为前提。"② 更为重要的是，货币地租的出现使得地租的资本化成为可能，也就是土

---

　　① 马克思：《资本论》第三卷，人民出版社 2004 年版，第 900 页。
　　② 马克思：《资本论》第三卷，人民出版社 2004 年版，第 901 页。

地资本化成为可能。马克思说:"资本化的地租即土地价格,从而土地让渡的可能性和土地的让渡,会随着这种转化而变为本质的要素,因此,不仅从前有交租义务的人能够转化成独立的农民所有者,并且城市的以及其他的货币所有者也能购买土地,再把土地租给农民或资本家,并把地租当作他这样投入的资本的利息形式而加以享用;因此,这种情形也会促使以前的剥削方式,所有者和实际耕作者之间的关系,以及地租本身发生变革。"① 土地的买卖与土地的价格便是必然的了。这样,一个没有价值而具有价格的商品也就形成了。"土地价格起这样一种作用,土地的买卖即土地作为商品的流通发展到这样的程度,这些实际上都是资本主义生产方式发展的结果,因为在这里,商品已经成为一切产品和一切生产工具的一般形式。"②

马克思认为,一切形态的地租都是土地所有者出租他的土地每年获得的超额收入。不同形式的土地所有权,会产生不同形式的地租。但是,不论地租有什么独特的形式,它的一切类型有一个共同点:地租的占有是土地所有权借以实现的经济形式,而地租又是以土地所有权,以某些个人对某些地块的所有权为前提。

三、级差地租与绝对地租的资本化

级差地租是等量资本投在面积相等的土地上具有不同的生产率所形成的、由个别生产价格和社会生产价格的差额所构成的超额利润转化而成的地租形式。土地的差异性和有限性,是形成地租的自然基础。只有在此基础上,通过垄断经营,才能形成级差

---

① 马克思:《资本论》第三卷,人民出版社 2004 年版,第 906 页。
② 马克思:《资本论》第三卷,人民出版社 2004 年版,第 917 页。

地租。级差地租存在两种形式，即级差地租Ⅰ和级差地租Ⅱ。

级差地租Ⅰ是等量资本投在面积相等的不同地块上，具有不同生产率而形成的级差地租。土地的肥沃程度的差别和位置的差别，是形成等量资本的生产率的差别，从而是形成级差地租的主要因素。级差地租Ⅱ是在同一块土地上，连续投入等量资本产生不同的生产率形成的地租。由于农产品的生产价格由劣等地来调节，只要在同一块土地上连续投资所产生的生产率，高于劣等地的生产率，所生产的农产品生产价格低于劣等地的生产价格，就可以产生级差地租Ⅱ。不管是级差地租Ⅰ，还是级差地租Ⅱ，从本质上看，都是由投在土地上的资本所具有的不同生产率的结果。级差地租Ⅰ是各个等量资本同时投在不同地块上，具有不同的生产率的结果。级差地租Ⅱ是等量资本连续投在同一块土地上，具有不同生产率的结果。实际上，级差地租Ⅱ是级差地租Ⅰ的发展形式。从这点来说，二者是毫无区别的。马克思说："级差地租Ⅱ只是级差地租Ⅰ的不同的表现，而实质上二者是一致的。"① "级差地租实质上终究只是投在土地上的等量资本所具有的不同生产率的结果。"②

分析级差地租时，有一个基本的假定，就是最坏土地不支付地租，即投在土地上的生产率最低的投资产品是不形成级差地租的。其实，只要土地属于一定的所有者，在任何情况下租种任何土地，都要向土地所有者缴纳地租，否则，土地就不可能投入耕种。土地私有权存在下，在任何土地（包括最坏土地）进行投资，都必须（绝对地）提供地租，这种地租叫做绝对地租。在土

---

① 马克思：《资本论》第三卷，人民出版社 2004 年版，第 763 页。

② 马克思：《资本论》第三卷，人民出版社 2004 年版，第 759 页。

地所有权的垄断下，资本不提供绝对地租便不能投入；反过来说就是，资本投入土地而不提供绝对地租，便等于放弃了土地所有权。绝对地租是土地所有权直接决定的，由农业资本有机构成低于工业的条件形成的、农产品的价值超过生产价格的超额利润构成的地租。绝对地租也是剩余价值的一种转化形式。绝对地租的本质在于："不同生产部门内的各等量资本，在剩余价值率相等或劳动的剥削程度相等时，会按它们的不同的平均构成，生产出不等量的剩余价值。在工业上，这些不同的剩余价值量，会平均化为平均利润，平均分配在作为社会资本的相应部分的各个资本上。在生产上要用土地时，不论是用在农业上还是用在原料的开采上，土地所有权都会阻碍投在土地上面的各个资本的这种平均化过程，并攫取剩余价值的一部分，否则这一部分剩余价值是会进入平均化为一般利润率的过程的。"①

上面的分析，都是将级差地租和绝对地租分开来进行的，这是抽象分析的需要。现在按照由分析到综合研究方法，将二者放在一起进行综合研究，揭示二者之间的内在关系。实际上，土地承租者既要支付级差地租，又要支付绝对地租；并且，级差地租还因绝对地租的存在而增大。

马克思说："实际地租，或者说，总地租，等于绝对地租加级差地租；换句话说，等于市场价值超过个别价值的余额加个别价值超过费用价格的余额，即等于市场价值和费用价格之间的差额。"② 实际支付的总地租包括：（1）实际地租等于市场价值和（个别）费用价格之间的差额；（2）绝对地租等于个别价值和费

---

① 马克思：《资本论》第三卷，人民出版社 2004 年版，第 872 页。
② 马克思：《剩余价值理论》第二册，人民出版社 1975 年版，第 329 页。

用价格之间的差额；（3）级差地租等于市场价值和个别价值之间的差额（参见图1—1）。

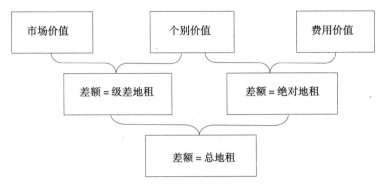

图1—1　级差地租与绝对地租的关系

级差地租由于绝对地租的存在而增加。在资本化条件下，因为每一块地都要支付绝对地租（r），最劣土地也不例外，这样，调节市场价值的最劣地产品的个别价值，就不仅等于费用价格P，而且要加上绝对地租r，即＝P＋r。所以，"如果最坏土地单位面积产品的价格＝P＋r，一切级差地租就都会按r的相应倍数增加，因为按照假定，P＋r成了起调节作用的市场价格"①。

四、级差地租与土地投资

如果说级差地租Ⅰ的产生，主要是扩大耕地面积实行粗放经营的话，那么，级差地租Ⅱ的产生多则是实行集约经营的方法，在同一地块上投入较多的资本，以便采用先进的技术和管理手段，加强技术装备，以提高单位面积产量和总的生产率，从而产生超额利润，形成级差地租Ⅱ。级差地租Ⅱ不同于级差地租Ⅰ的

① 马克思：《资本论》第三卷，人民出版社2004年版，第863页。

主要标志，在于后者是以土地的自然条件或自然生产力的差异为基础，而前者则是以技术经济条件或社会生产力的差别为前提。从级差地租Ⅱ的运动来看，它也是以级差地租Ⅰ为基础的。追加投资能否产生超额利润（级差地租Ⅱ的实体），产生多少，都只有在同劣等地投资的生产率的比较中才能确定。只有追加投资的生产率高于劣等地的生产率，才能产生超额利润，形成级差地租Ⅱ。级差地租Ⅱ与级差地租Ⅰ的本质差别主要表现在投资方式和租约方式上。

从投资方式的角度看，在级差地租Ⅰ的场合，资本是向不同的地块扩散，它一般是与农业的粗放经营相联系的，"资本以粗放的方法投在较大的土地面积上"①。投资额的大小还没有成为农业耕作的决定要素。在级差地租Ⅱ的场合，资本是向同一地块集中，它一般是与农业的集约经营相联系的，"在经济学上，所谓集约化耕作，无非是指资本集中在同一块土地上，而不是分散在若干毗连的土地上"②。这时，投资额的大小成为决定要素。所以，"在级差地租的第Ⅱ形式上，除了肥力的差别，还有资本（以及获得信用的能力）在租地农场主之间的分配上的差别"③。

由于级差地租Ⅱ在投资方式和租约方式上，比级差地租Ⅰ更为复杂，因此，能够产生多种不同的组合。于是，马克思在《资本论》第三卷中，用三章（即第41、42、43章）的篇幅，通过对级差地租Ⅱ的各种组合，即三种主要情况和九种派生情况的分析，研究了级差地租Ⅱ在各种具体条件下如何形成，以及它的量又是如何变化的，从而揭示了级差地租Ⅱ运动变化的规律性。

---

① 马克思：《资本论》第三卷，人民出版社 2004 年版，第 762 页。
② 马克思：《资本论》第三卷，人民出版社 2004 年版，第 760 页。
③ 马克思：《资本论》第三卷，人民出版社 2004 年版，第 762 页。

　　第一，超额利润可以以不同方法形成。其一，以级差地租Ⅰ为基础，即以全部农业资本投在由肥力不同的各级土地构成的土地面积上为基础。其二，作为级差地租Ⅱ，以同一土地上的连续追加投资的不同生产率为基础，即和起调节生产价格作用的、最坏的无租土地上的等量投资相比，具有较高的生产率。它转化为级差地租时，以实际的不同个别生产价格已转化为个别平均生产价格为条件。马克思说："各个连续投资的各部分产品所具有的不同的实际的个别生产价格（与一般的、调节市场的生产价格无关），已事先平均化为个别平均生产价格。一英亩产品的一般的起调节作用的生产价格超过其个别的平均生产价格而形成的余额，形成每英亩的地租，并成为每英亩地租的尺度。"① 就级差地租Ⅱ来说，同一土地上连续追加投资会引起产量增加。但每次追加投资究竟能取得多少产量，在实际中是很难区别的，因此，"必须使级差结果先变成可以区别的，实际上必须使它再转化为级差地租Ⅰ"②。

　　第二，在追加投资的生产率降低时，较好的 B 级土地单位面积的总投资不再提供地租的界限，是在 B 级土地单位面积产品的个别平均生产价格已上涨到 A 级土地单位面积的生产价格时达到的。"在有追加投资的较好土地上的产品的费用超过起调节作用的生产价格时，地租不会消失，至少在实践上允许的界限以内是这样，不过必然会减少，并且这种减少一方面同这种生产率较低的资本在总投资中所占的份额成比例，另一方面同这种资本的生产率的降低成比例。这种资本的产品的平均价格，总还是

────────────────

　　① 马克思：《资本论》第三卷，人民出版社 2004 年版，第 822 页。

　　② 马克思：《资本论》第三卷，人民出版社 2004 年版，第 822 页。

低于起调节作用的价格，所以总还是会留下可以转化为地租的超额利润。"①

第三，只要各追加资本是以超额利润率投在同一土地上的，就会提供地租。"在这里，界限是由这样一种追加资本形成的，这种追加资本只提供平均利润，或它的产品的个别生产价格和一般生产价格是一致的。在这些情况下，生产价格将不变，除非比较坏的土地的生产由于供给增加而变为多余。"②

第四，只提供平均利润的追加投资，决不会改变现有的超额利润量，从而也不会改变地租量。"因此，较好的土地每夸特的个别平均价格将会提高；每夸特的余额减少了，但提供这个减少了的余额的夸特数却增加了；因此，二者的积将不变。"③

第五，若追加投资的超额生产率下降到零或零以下，追加投资就会使较好土地的单位产品的个别平均生产价格越来越接近一般生产价格，因而二者之间形成超额利润或地租的差额就会越来越小。"原来形成超额利润或地租的东西，现在越来越多地加入平均利润的形成。"④ 当最好土地单位产品的个别平均生产价格与一般生产价格相等时，地租就会完全消失。但在土地所有权规律的支配下，土地所有者就会按以前的超额利润率收取地租，从而影响农业资本家的投资。"同一块土地上的连续投资，或者说同一地块上投资的增加，在资本的生产率下降和起调节作用的价格不变的情况下，将会更早得多地遇到它的界限，就是说，由于超额利润到地租的纯粹形式上的转化（这是土地所有权的结果）

---

① 马克思：《资本论》第三卷，人民出版社 2004 年版，第 826 页。
② 马克思：《资本论》第三卷，人民出版社 2004 年版，第 829 页。
③ 马克思：《资本论》第三卷，人民出版社 2004 年版，第 829 页。
④ 马克思：《资本论》第三卷，人民出版社 2004 年版，第 830 页。

而在事实上或多或少遇到一种人为的界限。"① 这种人为界限，就是追加投资必须依照社会生产价格来生产，超过这个界限，同一土地的追加投资就会停止。因此，"级差地租Ⅰ虽然是级差地租Ⅱ的基础，但它们同时还会互为界限"②。有时在同一块土地上进行连续投资，有时又可在新追加的土地上同时投资。

从租约方式的角度看，超额利润转化为级差地租Ⅰ，比较简单，和土地租约时间的长短关系不大，在通常的情况下，双方在订立租约时就确定下来了，因而转化过程没有任何困难。但是，在级差地租Ⅱ的形式上，超额利润向地租的转化却会遇到一些困难。租地农场主和土地所有者之间经常为了租约期的长短、地租额的多少问题展开斗争。众所周知，对土地加强投入形成的资本形成土地资本，它既包括属于短期投入的资本，如用于化学性质的改良、施肥等方面的资本，也包括长期投入的资本，如灌溉工程、平整土地等。在农业中，比较暂时的投资通常由租地农场主来进行。这种投资会改良土地，增加土地产量，并"使土地由单纯的物质变为土地资本"③。投入土地的经过较长时间才耗尽的较长期的固定资本，也大部分由租地农场主投入。但是契约期一满，在土地上的各种改良，就要作为实体的即土地的不可分离的偶性，变为土地所有权的财产。马克思还举了一个有关建筑物所有权的例子，一方面说明真正的地租和投入土地的固定资本的利息之间的区别，另一方面说明"别人投入土地的资本，最终怎样和土地一起落入土地所有者手中，并且这种资本的利息最终也会

---

① 马克思：《资本论》第三卷，人民出版社 2004 年版，第 833 页。
② 马克思：《资本论》第三卷，人民出版社 2004 年版，第 833—834 页。
③ 马克思：《资本论》第三卷，人民出版社 2004 年版，第 699 页。

使他的地租上涨"①。因此，土地所有者总是力图尽可能地缩短租期。这样，在签订新约时，土地所有者就可以把投入土地的资本的利息，加到真正的地租上，而不论他是把土地租给谁，他就可以不费一点力气收获社会发展的成果。与此相反，租地农场主则希望签订长期契约。马克思在分析级差地租Ⅱ时说："地租是在土地出租时确定的，此后，在租约有效期间，由连续投资所产生的超额利润落入租地农场主的腰包。正因为这样，租地农场主总是力争签订长期租约。"② 所以，租地农场主和土地所有者之间经常展开斗争并由此阻碍农业的发展。马克思分析说：土地所有权又是"合理农业的最大障碍之一，因为租地农场主避免进行一切不能期望在自己的租期内完全收回的改良和支出。"③ 以上分析至今仍有十分重要的现实意义。在我国，改革开放以来，以家庭承包为主的责任制，适应现阶段我国农村生产力水平，稳定家庭承包经营的重心是稳定土地的家庭承包经营，给农民以稳定的土地使用权。

五、地租资本化和租金

尽管地租是超额利润的转化形式，是剩余价值的一部分。但不能反过来说，一切剩余价值都是地租。马克思在分析了剩余价值和利润存在的一般条件后认为，这些条件只适用于剩余价值本身，"因此它们不能说明地租"④。因此，不能把对剩余价值和利润一般条件的分析用来代替对地租的分析。

---

① 马克思：《资本论》第三卷，人民出版社 2004 年版，第 701 页。
② 马克思：《资本论》第三卷，人民出版社 2004 年版，第 760 页。
③ 马克思：《资本论》第三卷，人民出版社 2004 年版，第 700 页。
④ 马克思：《资本论》第三卷，人民出版社 2004 年版，第 717 页。

资本主义地租只能是平均利润以上的余额。农业资本家投资经营农业，同投资于其他部门一样，要求获得平均利润，否则，他就不会去经营农业。土地归土地所有者所有，任何人要使用归他所有的土地，都必须缴纳一定的地租，否则，他宁愿让土地荒芜。因此，资本主义地租，是农业资本家为了获得土地使用权而缴纳给土地所有者的、超过平均利润的那部分剩余价值，是农业中超额利润的转化形式，来源于农业工人的剩余劳动。

凡是缴纳给土地所有者的货币额，通常统称为地租。其实，这个货币额应该称为租金。因为真正的地租是为了使用土地本身而支付的货币额，而租金中，不仅包含真正的地租部分，还包括其他的成分，如土地上建筑物的利息等，包含平均利润的一部分和工资的一部分。农业资本家支付给土地所有者的地租，并不是纯粹意义上的地租，而是租金。虽然都构成土地所有者的货币收入同真正的地租一样，决定着土地的价格，但是，它们并不是真正的地租，而属于租金。租金和真正的地租不仅性质不同，而且在数量上也不相同。因此，必须将二者区别开来，从租金中抽象掉一些内容，在纯粹形态上考察、分析地租。

为了准确地考察地租，有必要对地租和租金进行区别。马克思说："真正的地租是为了使用土地本身而支付的，不管这种土地是处于自然状态，还是已被开垦。"① 这是狭义的地租，是纯粹为土地的所有权（不考虑其他因素）而支付的代价。租金是农场主为了取得土地的经营权向土地所有者支付的全部货币额，即广义的地租。"租地农场主为了获得经营土地的许可而以租金形

---

① 马克思：《资本论》第三卷，人民出版社 2004 年版，第 699 页。

式支付给土地所有者的一切，实际上都表现为地租。"① 租金即广义的地租，除包括狭义的地租外，还包括一些其他因素：

第一，土地资本及其利息。为了耕种和改良土地而投入的固定资本，一经投入，就与土地合并在一起，所以，马克思称其为"土地资本"。土地资本的折旧和利息，是租金的重要部分。这部分资本是由租地农业资本家投资的，但租约期一到，土地上尚未收回的各种投资，就全部归土地所有者拥有。当重新签订租约时，土地所有者就会把这部分资本的利息和折旧加到地租中去，导致地租和土地价格的上涨。这样，土地所有者不费任何代价地将社会发展的成果据为己有。这是"土地所有者日益富裕，他们的地租不断上涨，他们土地的货币价值不断增大的秘密之一。……但这同时是合理农业的最大障碍之一，因为租地农场主避免进行一切不能期望在自己的周期内完全收回的改良和支出"②。这种现象反映出土地所有者与农业资本家之间的深刻矛盾：土地所有者为了占有农业资本家的投资，总是企图缩短租期，而农业资本家则总是力图避免较长期、在租期内无法收回的投资，并采取各种办法掠夺土地的肥力，这样就阻碍了农业的发展。

第二，平均利润和工资的部分扣除。"在租金里面还可能有一部分，在一定场合……是来自平均利润中的扣除，或来自正常工资中的扣除，或同时是来自这二者中的扣除。"③ 在资本主义农业中，"有一定数量的小资本家，他们受制于和迫于教育、教

---

① 马克思：《资本论》第三卷，人民出版社 2004 年版，第 704—705 页。
② 马克思：《资本论》第三卷，人民出版社 2004 年版，第 699—700 页。
③ 马克思：《资本论》第三卷，人民出版社 2004 年版，第 705 页。

养、传统、竞争以及其他条件，不得不作为租地农民把自己的资本投到农业上，他们被迫满足于平均利润以下的利润，并把其中一部分以地租形式交给土地所有者。"①，与此同时，由于劳动力相对过剩，"真正农业工人的工资被压低到它的正常平均水平以下，以致工资的一部分由工人的手中扣除下来，形成租金的一个组成部分"②，由农业资本家转交给土地所有者。这是在某些特殊情况下，租地农场主被迫以高昂的租金为条件，以获得低于平均利润率的利润，并将农业工人的工资压低到正常水平以下为代价，租种土地的结果。

第三，特殊条件造成的垄断价格的收入。因为存在土地垄断，社会若不接受这样的价格，将会有一部分土地（从最劣等地开始）退出使用。土地产品的供给因而减少，其价格自然又会回到垄断价格的高度来。马克思认为，在考察土地的租金时，"必须牢牢记住，那些本身没有任何价值，即不是劳动产品的东西（如土地），或者至少不能由劳动再生产的东西（如古董，某些名家的艺术品等等）的价格，可以由一些结合在一起的非常偶然的情况来决定"③。这里涉及一种特殊条件下的地租。某些土地具有特殊优越的条件（如埋藏有珍贵矿石等），能够生产特殊品质的产品，并能以垄断价格出售。在特殊条件下，土地产品的价格无须参加竞争，而且必须上涨到既能容纳级差地租，又能容纳绝对地租的高度，形成一种垄断价格。因此，这种土地的租金就非常高。但这部分租金不是由土地所有权决定的，而是由特殊条件下的垄断价格决定的。

---

① 马克思：《资本论》第三卷，人民出版社 2004 年版，第 706 页。
② 马克思：《资本论》第三卷，人民出版社 2004 年版，第 707 页。
③ 马克思：《资本论》第三卷，人民出版社 2004 年版，第 714 页。

第三节　土地价格是地租资本化的结果

土地不是劳动产品，本身没有任何价值。但在商品经济条件下，土地成了商品，和任何其他商品一样，能出卖，有价格。不过，由于土地本身的特殊性，对土地价格的分析与一般商品价格的分析相比较，存在着不同。

一、土地的价值

根据劳动价值理论，作为自然物的土地，"和一切自然力一样，没有价值，因为它本身中没有任何对象化劳动，因而也没有价格，价格通常不外是用货币来表现的价值。在没有价值的地方，也就没有什么东西可以用货币来表现"①。没有价值，没有价格，因此，土地不能成为商品。问题是，在商品经济条件下，土地却实实在在地在以商品身份进行经济流转。这表明土地是一种不同于一般商品的商品。马克思对此曾经做过分析。马克思说："资本化的地租，也就是说，正是这个资本化的贡赋，表现为土地价格，因此土地也像任何其他交易品一样可以出售。"②如果说，别的商品都是因为其成为商品才有价格的话，那么，土地这种商品却很特殊，它是倒过来的，它是因为有了价格（地租资本化）才成为商品的。

对于土地这种商品，不仅特殊在其因为有了价格才成为商品，而且还特殊在其价格的背后没有价值。价值是劳动价值理论

① 马克思：《资本论》第三卷，人民出版社 2004 年版，第 729 页。
② 马克思：《资本论》第三卷，人民出版社 2004 年版，第 877 页。

中至关重要的核心范畴。马克思说："这样资本化的地租形成土地的购买价格或价值，一看就知道，它和劳动的价格完全一样，是一个不合理的范畴，因为土地不是劳动的产品，从而没有任何价值。"然而，"在这个不合理的形式的背后，却隐藏着一种现实的生产关系。"① 一方面，土地所有权的存在，使土地所有者能够固定地获得地租收入，他有权将土地出卖，就是转让获得地租的权力，因而当然要索取相应的代价，这个代价就是土地的价格。另一方面，货币普遍转化为资本，货币资本的价格就是利息。拥有货币资本的人在购买土地时，必然要把购买土地后所能得到的地租收入，与他把这笔购买土地的货币资本存入银行所得的利息进行比较，权衡相当，才能成交。所以，土地价格作为出租土地的资本化的收入，有其存在的必然性。值得注意的是，马克思上述分析揭示了土地价格不合理的矛盾现象，但并没有否认土地价格这一事实。

马克思认为，"没有价值的东西在形式上可以具有价格。在这里，价格表现是虚幻的，就像数学中的某些数量一样。……虚幻的价格形式——如未开垦的土地的价格，这种土地没有价值，因为没有人类劳动对象化在里面。"② 土地价格并不代表价值，因此是虚幻的。因为土地价格是由地租资本化而来的，所以，"实际上，这个购买价格不是土地的购买价格，而是土地所提供的地租的购买价格"③。总之，不管是"不合理"，还是"虚幻"，但都不能否认事实上土地是商品。

---

① 马克思：《资本论》第三卷，人民出版社 2004 年版，第 703 页。
② 马克思：《资本论》第一卷，人民出版社 2004 年版，第 123 页。
③ 马克思：《资本论》第三卷，人民出版社 2004 年版，第 703 页。

二、土地价格的界定

土地价格是地租的资本化，"资本化的地租即土地价格"①。而地租也不过是"价值增殖的形式"②。很显然，这是从投资的角度去界定土地价格的。

至于"在英国，土地的购买价格，是按年收益若干倍来计算的，这不过是地租资本化的另一种表现"③，因为如果用 4000 镑买一块地，每年若能提供 200 镑地租的年收益，那么 20 年就收回 4000 镑了。所以 200（镑）×20（年）＝4000 镑，这就是地价。而这个 200 镑的年收益（地租），不过就是按年利率 5％计算的那个 4000 镑的年利息（4000×0.5＝200）而已④。总之，"资本化的地租表现为土地价格"⑤。更直白地说，地租就是以地价形式投入土地的资本的利息。⑥ 地价是集中的、一次性的、提前支付的地租。可见，地价就是地租的简略表现形式。"土地价格不外是资本化的因而是提前支付的地租"⑦，是一次提前付清的未来的地租。因此，是先有地租后有地价。地价是由地租而产生的，而地租又是由土地产品的价格所决定的。这就是说："在最坏土地上，土地产品价格的提高才造成地租，并从而造成土地价格。"⑧

---

① 马克思：《资本论》第三卷，人民出版社 2004 年版，第 906 页。
② 马克思：《资本论》第三卷，人民出版社 2004 年版，第 698 页。
③ 马克思：《资本论》第三卷，人民出版社 2004 年版，第 703 页。
④ 马克思：《资本论》第三卷，人民出版社 2004 年版，第 702—703 页。
⑤ 马克思：《资本论》第三卷，人民出版社 2004 年版，第 704 页。
⑥ 马克思：《资本论》第三卷，人民出版社 2004 年版，第 906 页。
⑦ 马克思：《资本论》第三卷，人民出版社 2004 年版，第 913 页。
⑧ 马克思：《资本论》第三卷，人民出版社 2004 年版，第 878 页。

从以上分析来看，地价实质上并非购买土地的价格，而不过是购买地租的价格。"实际上，这个购买价格不是土地的购买价格，而是土地所提供的地租的购买价格，它是按普通利息率计算的。"① 不过，在分析地租理论中的土地价格问题时，如果只局限于"地价即地租的资本化"这一点，不过只触及地价界定的最浅表层次。沿着"地租资本化"逻辑深入下去，就会对地价性质有深刻的认识：土地价格并不是土地的价格，而是地租的价格。

从地价是地租的资本化的定义出发，地价的计算式是将地租与利息进行对照的。尽管《资本论》中并没有明确的关于土地价格的具体公式，但根据《资本论》中关于土地价格的论述，人们都不约而同地把土地价格的计算式理解为：

土地＝地租/利率

若以 P_0 表土地价格，R 表示年地租，i 表示年利率，则土地价格的计算式即为：

$$P_0 = R/i \tag{1-1}$$

这表明，在土地价格函数中只有年地租和年利率这两个自变量。

上述计算式没有考虑年限，也没有考虑贴现，只是土地所有权的价格。可见，界定土地价格只从投资角度出发，只考虑地租和利率的对比关系而没有关注土地本身，抛开对其使用价值的供需关系，这样界定土地价格，可能是过于狭窄了一些。在现实中，更多的土地流转是土地使用权的买卖，这里必须是使用权的年限。而且，按照上面关于土地价格界定的观点，土地价格不过是提前一次付清的未来的地租。既然是提前，就必应考虑预收

---

① 马克思：《资本论》第三卷，人民出版社 2004 年版，第 703 页。

（这就是"提前"）多年地租这种未来收益的贴现。这样，将公式（1—1）变形，最简单的贴现公式如下：

$$P = (R/i)[1 - 1/(1+i)^n] \qquad\qquad (1-2)$$

公式（1—2）中，P 表示土地使用权价格，n 表示土地使用权出让年限，R、i 的意义与公式（1—1）相同。公式（1—2），在房地产经济学的许多著作中称为还原法。[①] 其实也就是折扣法，即按一定的折扣率[②]，把一连串的未来收益打个折扣，作为现值，即土地的出让价格，也就是土地使用权的价格。

其实，土地所有权价格与土地使用权价格并无本质上的差别，只是卖断和不卖断的区别。也就是土地使用权的出让是有限期的（使用权价格），或是无限期的（所有权价格）。此即公式（1—2）中的 n 是有限或是无限。若公式（1—2）中的年限无限，即土地卖断，即 $n \to \infty$，则公式（1—2）中的 $1/(1+i)^n = 0$，公式（1—2）变为 $P = R/i$，即变为公式（1—1）。尽管公式（1—1）是简单了些，但是便于理论分析。

上述表明，土地的实际价格不是由哪一个因素单独决定的，而是由诸多因素的综合作用决定的。马克思说："使一般土地价格或各类别土地价格提高的不同条件，可以部分地发生竞争，部分地互相排斥，并且只能交替地发生作用。"[③] 在市场经济条件下，土地价格有提高的趋势。当然，土地价格的上升，不是直线式的，而是波浪式的。不过，土地价格的过度上涨，对经济发展

---

① 高映轸等：《土地经济问题再认识》，南京出版社 1996 年版，第 153—158 页。

② 公式（1—2）中 i 的取值是个很复杂的问题，不像书中这么简单。但是，为简化计算，把它视为单纯的利率。

③ 马克思：《资本论》第三卷，人民出版社 2004 年版，第 882 页。

和人民生活是不利的。

三、土地价格与成本

马克思认为："土地价格对生产者来说是成本价格的要素。"① 此外，他还提到过，一个工厂主买土地的土地价格"会加到工厂主的个别成本价格上"②。这就是说，作为生产要素的土地，其价格即地价，是要进入产品成本的。

既然认为地价进入成本，那么当然也可以认为，这就是说地租进入成本。无论是生产何种商品，生产者买地的地价，或租地的地租，实际上都是要分摊到产品成本中去。这就表明，地租本来是可以由产品成本说明的。也就是说，由产品价格中 C 的这一部分说明，而不一定要由 m 这一部分说明。这样，就不必由于容纳地租而要在 m 中多增加地租这部分"虚假的社会价值"，即构成地租的那部分超额利润。因此也就不必以劣等地的个别生产价格（级差地租条件下）或其个别价值（绝对地租条件下），来决定或调节农产品的市场价格。因为这样的价格，正是产生地租的决定性条件。

不过，由于成本中的生产性固定资产或生产资料（C），其自身也都是具有价值的商品，它们的价值也是可以分为 C、V、m，并且生产它们的要素中也都有土地这一项。如此看来，C 中又有 C，C 和 C 相环，似乎用 C 来说明地租是永远不可能的问题。其实不然。因为这里所说进入成本成为 C 的一部分的，并非泛指任何生产性固定资产或生产资料，而是特指产生地租的土

---

① 马克思：《资本论》第三卷，人民出版社 2004 年版，第 917 页。
② 马克思：《资本论》第三卷，人民出版社 2004 年版，第 729 页。

地。而土地并非劳动产品，它虽有价格，却无价值。所以它虽然可以作为商品，但由于没有价值不能够分解为 C、V、m。其实这和另一种生产要素——劳动力是一样的。劳动力和土地一样，都是自然力而不是由劳动所创造，所以劳动力也是只有价格而无价值，V 就是劳动力的价格。劳动力也是无法分解为 C、V、m。

按劳动价值理论，自然力总是要通过人的劳动才在生产中发生作用的。因此，较优的自然力总是表现为较高的劳动生产力。而且，在资本主义雇佣劳动制度下，劳动力和劳动条件都是属于资本的。因此，由较高的劳动生产力所带来的好处，并不为劳动者所得，而是归资本家所得。在劳动价值理论中，还没有过自然力不通过劳动而独自形成价值的，因为这违背劳动价值理论最基本的观点。假定，在一定条件下，劳动者的本身素质和能力是相同的，也就是说，生产劳动的主观条件是相同的，但是由于土地等自然力存在差别，即生产劳动的客观条件存在差别，从而使得劳动生产力出现差别。作为级差地租自然基础的土地肥力，都表现为优、中、劣各级土地上不同的劳动生产力。即同样的劳动，所获的产量不同。这些劳动生产力不同的劳动者，在假定剩余价值率相同的条件下，他们创造的剩余价值是相同的，但是，由此实现的超额利润却是不同的，可见，地租是存在的，但其原因不是由于 m，而是包含了土地自然力的 C 带来的。

如果未开垦的土地的价格具有虚幻性，那么，值得注意的是，已经人类劳动开发的土地，其价格具有复合性，这是土地价格所具有的不同于其他一般的商品价格的特性。所谓土地价格的复合性，就是指这种土地价格是由土地资源价格和土地资本价格构成或复合而成。事实上，土地一经使用，人们就要对土地进行开发，这种开发土地的劳动就会以各种形式物化在土地之中，形成所谓的"土地价值"。马克思把这种物化在土地中的劳动，称为土地资本。马克思说："资本能够固定在土地上，即投入土地，其中有的是比较短期的，如化学性质的改良、施肥等等，有的是比较长期的，如修排水渠、建设灌溉工程、平整土地、建造经营建筑物等等。我在别的地方，曾把这样投入土地的资本，称为土地资本。它属于固定资本的范畴。"① "我在那里曾把土地物质和土地资本区别开来"，"土地资本，也同其他任何资本一样不是永恒的。"

由于投入土地的劳动或资本与土地结合在一起，在土地所有权或土地使用权转让时，也就同时出卖土地资本或投在土地中的物化劳动，因而这时土地价格由两部分构成，一部分是作为自然资源的土地的价格，通常人们把它称为自然资源价格（这里的自然资源仅指土地物质本身，不包括其他自然资源，如生物资源）；另一部分是作为投入土地的劳动所物化的价值的货币表现，也就是投入土地的固定资本的价格。

第四节　社会主义土地资本化问题

一、马克思关于垄断地租与城市地租资本化的思想

1. 垄断地租资本化

所谓垄断地租，是指由土地产品的垄断价格所产生的超额利润而转化成的地租。垄断地租的情况是复杂的，因此，从两个方面并分为不同的情况进行分析。

----

① 马克思：《资本论》第三卷，人民出版社 2004 年版，第 698 页。

（1）非真正的垄断价格条件下的地租。

即土地的经营权和所有权的垄断决定的、由地租产生的垄断价格。马克思把这类垄断价格称为非真正的垄断价格。在这里，"是因为有地租存在，所以产品才按垄断价格出售"①。这可以分为三种不同情况：第一，提供级差地租的农产品价格也是一种垄断价格。马克思说："这里提供地租的产品的价格也是垄断价格，不过这种垄断在一切生产领域都有，它只是在这个生产领域才固定下来，因而采取了不同于超额利润的地租形式。"② 第二，提供绝对地租的农产品价格也是一种垄断价格。"农产品总是按垄断价格出售，这并不是因为它们的价格高于它们的价值，而是因为它们的价格等于它们的价值，或者，因为它们的价格低于它们的价值，但又高于它们的生产价格。农产品的垄断在于：它们不像价值高于一般生产价格的工业品那样，会平均化为生产价格。"③ 第三，高于价值和生产价格的农产品垄断价格。在农业资本有机构成低于工业的情况改变以后，由农产品的价值大于生产价格而形成的绝对地租消失了。但是，地租还存在。"这种地租在这种情况下只能来自市场价格超过价值和生产价格的余额，简单地说，只能来自产品的垄断价格。"④

（2）真正的垄断价格条件下的地租。

即由于对少数特殊优越的自然条件的垄断而形成的垄断价格。其主要特点是：第一，这种垄断价格产生于对特殊自然条件的垄断，而与土地所有权无关。第二，这种垄断价格的高低，

---

① 马克思：《资本论》第三卷，人民出版社 2004 年版，第 876 页。
② 马克思：《剩余价值理论》第二册，人民出版社 1975 年版，第 179 页。
③ 马克思：《资本论》第三卷，人民出版社 2004 年版，第 862 页。
④ 马克思：《资本论》第三卷，人民出版社 2004 年版，第 865 页。

"决定于购买者的购买欲和支付能力的价格，它既与一般生产价格所决定的价格，也与产品价值所决定的价格无关"①。第三，这种垄断价格不是由地租产生，相反，它产生地租。"在这里，是垄断价格产生地租。"② 上述"以真正垄断价格为基础的地租"③，就是垄断地租。土地所有权只是使这个真正垄断价格形成的高额超额利润作为地租，落入土地所有者的手里。

2. 城市地租资本化

在商品经济条件下，地租除了级差地租和绝对地租这两种基本形式外，还存在非农业用地的地租。对土地经营的垄断和对土地所有权的垄断，不仅存在于农业部门，而且存在于非农业部门，如建筑业等，这些非农业用地的地租同农业地租一样，遵循着共同的规律，但又具有各自的特点。

（1）建筑地段的地租

建筑地段的地租是资本家为建造各种建筑物而租用土地向土地所有者支付的地租。这种"地租的基础，和一切非农业土地的地租的基础一样，是由真正的农业地租调节的"④。

建筑地段地租与农业地租相比，具有如下主要特点：第一，"位置在这里对级差地租具有决定性的影响"⑤，地理位置的好坏对级差地租具有决定性的影响。位置好的地段，如大城市的繁华地区、紧靠交通枢纽的土地，其地租要比偏僻地区的地租高得多。第二，所有者具有完全的被动性，他的主动性（特别是在采

---

① 马克思：《资本论》第三卷，人民出版社 2004 年版，第 876 页。
② 马克思：《资本论》第三卷，人民出版社 2004 年版，第 877 页。
③ 马克思：《资本论》第三卷，人民出版社 2004 年版，第 865 页。
④ 马克思：《资本论》第三卷，人民出版社 2004 年版，第 874 页。
⑤ 马克思：《资本论》第三卷，人民出版社 2004 年版，第 874 页。

矿业）只在于利用社会发展的进步，不过，他并不像产业资本家那样对社会做出贡献并承担相应的风险。第三，"在许多情况下垄断价格占优势"①。某些具有特殊优越条件的地方，如适于建海港、码头、车站、铁路的特殊地段，有瀑布、温泉、地热、独特景观、名胜古迹的特殊地块，以及城市的金融、商业、文化中心等；由于其产品、服务的垄断价格或垄断性的经济收入，垄断地租占有明显的优势。

随着社会经济的发展，建筑地段的地租有提高的趋势。这是因为：首先，随着人口的增长，对住宅的需求不断增大，从而使地租上涨。建筑地段地租有不断增长的趋势。其次，"不仅人口的增加，以及随之而来的住宅需要的增大，而且固定资本的发展（这种固定资本或者合并在土地中，或者扎根在土地中，建立在土地上，如所有工业建筑物、铁路、货栈、工厂建筑物、船坞等等），都必然会提高建筑地段的地租。"② 最后，土地和空间是人类生产和生活必不可少的条件，土地所有者会借此肆意提高地价，从而使地租上涨。

建筑地段地租的增长，会推动房地产投机的发展。"在迅速发展的城市内，……建筑投机的真正主要对象是地租，而不是房屋。"③ 建筑地段的地租往往隐含在建筑物的价格之中。就房屋而言，房屋附着于土地，与土地联成一体，房租中隐含地租，房价和地价连在一起，这个地租或地价的实体就是房屋价格（成本＋平均利润＋超额利润）中的超额利润。因此，在考察房价（或其变形房租）时，不应仅核算房屋的成本和平均利润，无视

---

① 马克思：《资本论》第三卷，人民出版社 2004 年版，第 874 页。
② 马克思：《资本论》第三卷，人民出版社 2004 年版，第 875 页。
③ 马克思：《资本论》第三卷，人民出版社 2004 年版，第 875—876 页。

房屋基地这一条件在商品经济下必然带来的超额利润。随着城市的迅速发展，某些土地处于新形成的工商业中心地段，这些地段，会突然增大超额利润形成高额地租。因此，"建筑本身的利润是极小的；建筑业主的主要利润，是通过提高地租，巧妙地选择和利用建筑地点而取得的"①。投机者主要不是通过营造房屋赚钱，而是要在地租的不断上涨进而在地价的不断上涨中获取暴利。房地产投机活动的加强，反过来又推动了建筑地段地租的进一步上涨。

（2）矿山地租

矿山地租是资本家为租用矿山而向矿山所有者缴纳的地租。"真正的矿山地租的决定方法，和农业地租是完全一样的。"② 它同样包括各种地租形式。

第一，矿山的级差地租。各个矿山的蕴藏丰度是不同的，地理位置的好坏也不一样，但矿产品的社会生产价格要由劣等生产条件的个别生产价格决定。单位产品的个别生产价格是有高有低的。而矿产品的社会生产价格和农业一样，是由劣等条件决定的。这样，中等和优等矿山的生产就可以获得超额利润，形成级差地租。

第二，矿山的绝对地租。一般地说，采矿业所需原料极少，不变资本的支出也相应减少，因而其资本有机构成低于加工工业的资本构成从而低于社会平均资本构成，这就使矿产品的价值高于其社会生产价格。由于存在着土地所有权的垄断，限制了对矿山的自由投资和竞争，从而使矿产品能够按高于生产价格的价值

---

① 马克思：《资本论》第二卷，人民出版社 2004 年版，第 261 页。
② 马克思：《资本论》第三卷，人民出版社 2004 年版，第 876 页。

出卖，获得超额利润，并转化为绝对地租。

第三，矿山的垄断地租。某些稀有珍贵的矿产品还会按照大大高于价值和生产价格的垄断价格出售，如钻石矿，可以按真正的垄断价格出卖，从而使土地所有者获得垄断地租。

二、社会主义城市地租存在的必然性

尽管马克思的地租理论侧重于农业地租，但是，农业地租和城市土地的地租存在着密切的联系。如果就土地使用的经济性质来说，任何一个国家的土地，都可以划分为农业用地和非农业用地。无论是农业用地还是城市用地，只要土地所有权存在，只要土地所有权和使用权是分离的，就必然存在着地租。城市地租是城市土地所有权在经济上实现的形式。

农业用地地租和非农业用地地租的决定规律是一样的。马克思说："凡是有地租存在的地方，都有级差地租，而且这种级差地租都遵循着和农业级差地租相同的规律。凡是自然力能被垄断并保证使用它的产业家得到超额利润的地方（不论是瀑布，是富饶的矿山，是盛产鱼类的水域，还是位置有利的建筑地段），那些因对一部分土地享有权利而成为这种自然物所有者的人，就会以地租形式，从执行职能的资本那里把这种超额利润夺走。"[①]因此，一切地租都是由于自然力被垄断地占有与垄断经营而产生的，超额利润是一切地租的实体，非农业地租的基础和农业地租一样并且由农业地租调节的。

关于未来社会，马克思认为绝对地租将消失，而且一切地租形式包括级差地租也将消失。按照马克思的理论逻辑，在未来社

① 马克思：《资本论》第三卷，人民出版社 2004 年版，第 874 页。

会中土地私有制将被土地公有制所代替。"从一个较高级的经济的社会形态的角度来看，个别人对土地的私有权，和一个人对另一个人的私有权一样，是十分荒谬的。甚至整个社会，一个民族，以至一切同时存在的社会加在一起，都不是土地的所有者。他们只是土地的占有者，土地的收益者，并且他们应当作为好家长把经过改良的土地传给后代。"① 由此，在共产主义社会的土地经济关系中，绝对地租将归于消灭。马克思1862年给恩格斯的一封信中说："按照我对'绝对地租'的见解，土地私有制的确（在某种历史情况下）提高了原料的价格，从共产主义的观点来看这是很可以利用的"，"如果上述观点是正确的，那末，根本不必在一切情况下或者对任何一种土地都支付绝对地租（即使农业资本的构成像上面所假定的那样）。凡是土地私有制（事实上或法律上）不存在的地方，就不支付绝对地租……土地私有制实际上也许会失去意义。"② 马克思认为，不仅绝对地租将归于消灭，而且级差地租也将消失。他说："诚然，即使绝对地租消失了，仅仅由土地自然肥力不同而引起的差别仍会存在。但是……这种级差地租是同市场价格的调节作用联系在一起的，因而会随着价格和资本主义生产一起消失。"③ "如果说，维持现在的生产方式，但假定级差地租转归国家，土地产品的价格在其他条件相同时会保持不变，当然是正确的；但如果说，在资本主义生产由联合体代替以后，产品的价值还依旧不变，却是错误的。"④ "那时和在资产阶级制度下不同，最好的土地所提供的产品将不会和

---

① 马克思：《资本论》第三卷，人民出版社2004年版，第878页。
② 马克思恩格斯：《〈资本论〉书信集》，人民出版社1976年版，第166页。
③ 马克思：《剩余价值理论》第二册，人民出版社1975年版，第111页。
④ 马克思：《资本论》第三卷，人民出版社2004年版，第745页。

最坏的土地所提供的产品一样贵了。"①

值得注意的是，马克思认为从资本主义到共产主义的"过渡阶段"，土地所有权（公有权）还有保留的必要，因此，地租也有存在的必要性。在《共产党宣言》中，马克思和恩格斯为无产阶级拟订的十项措施中，第一条就提出"剥夺地产，把地租用于国家支出"②。恩格斯在批判蒲鲁东主义而写的《论住宅问题》一书中指出："消灭地产并不是消灭地租，而是把地租——虽然形式发生变化——转交给社会。所以，由劳动人民实际占有全部劳动工具，决不排除保存租赁关系。"③

社会主义市场经济中的地租及其资本化问题，不仅是一个极其重要的理论问题，更是一个迫切需要解决的实践问题。过去关于地租问题的理论研究并不深入，这是由当时的历史条件决定的。不过，随着我国改革开放的深入和社会主义市场经济体制的逐步建立，中国经济已经进入转型时期，土地产权结构不断变迁，地租及土地资本化已经成为现实。特别随着土地管理体制改革的深入进行，从否认社会主义经济中地租的存在，到承认它的存在，直到把它提到一个极其重要的地位，成为土地管理体制改革的理论基础。

三、社会主义城市地租及其资本化

在社会主义市场经济条件下，城市土地具有商品的属性，土

---

① 马克思、恩格斯：《〈资本论〉书信集》，人民出版社 1976 年版，第 31 页。

② 马克思、恩格斯：《共产党宣言》，《马克思恩格斯文集》第 2 卷，人民出版社 2009 年版，第 52 页。

③ 马克思、恩格斯：《论住宅问题》，《马克思恩格斯文集》第 3 卷，人民出版社 2009 年版，第 328 页。

地资本化是社会主义市场经济条件下一个特征。由于存在土地所有权并要求以地租的形式在经济上得到实现，使本来没有价值、不是商品的土地仍然要通过价格采取商品的形式进行权属关系的交易和经营使用，而且同样受商品经济内在规律的制约。

社会主义市场经济条件下，土地资本化是现实历史条件决定的：第一，社会主义市场经济中仍然存在土地所有权、使用权等产权结构，这是地租以及地租资本化的表现形式——土地价格的基本前提。现阶段城市土地的国家所有权及其相关产权必然要求在经济上得到实现。一方面，任何组织和个人都不能无偿地使用国家所有的土地；另一方面，国家也不能无偿地征用属于集体所有的土地。土地产权的存在及其在经济上的运行和实现要求其资本化。第二，随着经济体制改革和社会主义市场经济的逐步深化，现代企业制度确立，土地产权制度不断形成。众所周知，由于企业空间占用土地的数量、质量、位置存在差别，必然会使等量劳动带来不同的经济效益，从而引起竞争不平等性。为了推进市场的公平竞争，也要求土地在资本化条件下进入市场。第三，随着社会主义经济的快速发展，土地资源紧张而导致的稀缺性日趋突出。为了有效利用和科学管理有限的土地资源，必须在国家宏观调控下，按市场经济运行规律进行运营。于是，地租、地价这些土地资本化形式，成为国家调节土地供给的重要杠杆。

在社会主义市场经济条件下，土地资本化有利于土地资本的使用。土地资本是国家、企业或个人为了相应的目的而对作为生产要素的土地进行改造，使其产生新的使用价值而投到土地上的物化劳动和活劳动。土地资本是投入土地中、固定在土地上的劳动，这些投入要么融合在土地中，要么建立在土地上，是固定资本。土地资本同其他形式的资本一样是可以变化的。人们改造土地可以增加或改变作为生产要素的土地的使用价值，但不可改变土地的物质成分。土地资本与人们投入土地的劳动量密切相关，只要人们对土地进行投资，土地资本也就会相应增加。可见，土地资本是一个历史范畴。

由于土地资本和土地密不可分，因而使其具有与一般商品不同的特点：首先，土地资本商品的使用价值与土地本身的自然差异密切相关。在城市建筑过程中，土地的位置对土地资本商品的使用价值量起着决定性的作用。其次，土地资本商品的价值具有固定性和累积性。土地资本是投入到土地中的劳动，凝结在土地中形成土地资本商品的价值，由于土地是不能移动的，凝结在土地上的土地资本商品的价值也是不能移动的。土地资本商品价值的这种固定性又使得它具有可累积性的特点。这与机器等固定资本有着明显的不同。一般而言，在土地上的连续投资，被累积下来，同新投入的土地资本所形成的价值，能够带来利益，使得以前的投资产生出明显的累积效应。第三，土地资本商品价值的确定与土地产权价格的确定是紧密联系在一起的。从理论上讲，土地资本商品价格与土地产权价格是有差别的。前者是土地资本商品价值的货币表现，是由土地资本所带来的利息性地租的资本化；后者则是土地产权带来的真正地租的资本化，而不是其自身价值的货币表现。但由于土地资本商品价值是附着在土地上的，无法单独确定，因此在经济运行中，土地资本商品价格的确定与土地所有权价格的确定总是紧密地结合在一起。

在社会主义市场经济条件下，土地资本商品具有多种形式，主要有：（1）农用地征用补偿费，这部分主要是由按耕地年产值若干倍计算的土地补偿费、青苗补偿费和被征用土地上附着物补偿费构成的；（2）国家和企事业单位用于城市土地开发（包括城镇基础设施建设）的土地开发费，这部分主要是由勘察设计费、土地整治费、基础设施建筑费、管理费和一定的利润构成的；（3）国家和企事业单位用于城市土地的二次开发的费用，这部分主要是由拆迁费、改造和更新城市基础设施费、管理费和一定的利润构成的等等；（4）乡村集体或个人用于开发和改造农业用地的土地投资等。

在现阶段社会主义市场经济条件下，土地资本商品的基本价值构成是一致的，即土地开发、加工、管理、保护所耗费的成本价格加上合理利润。一般而言，土地资本商品的价值实现，是在国家相关职能机构的主导下，采取租金、价格的形式通过市场机制实现的。土地商品化和土地资本虽然都使土地成为商品形态的决定性的因素，但是二者还是存在有区别的：首先，土地资本商品在经济上存在的形式是利息和土地开发费，而商品化（未经开发）的土地在经济上存在的主要形式是地租。尽管两者都必须以价格的形式来表现，但前者是资本利息的资本化，是其自身真实价值的货币表现，而后者是地租的资本化，是其虚假价值的货币表现。其次，土地资本具有自身的价值基础，其价值在地产使用过程中被土地使用者投入的劳动转移到土地产品或建筑物上，因此它必须在土地产品或建筑物的成本价格中得到体现，而商品化（即未经开发）的土地，还没有形成自身的价值基础，它作为土地所有权在经济上的体现而形成地租，只是对地产使用者投入的劳动所创造的剩余价值的扣除。第三，土地商品化主要体现了土地所有者和使用者之间的关系，而土地资本商品不仅体现了地产所有者与使用者之间的经济关系，还体现商品生产者相互之间的经济关系。

四、社会主义地租及其资本化

1. 社会主义绝对地租

根据马克思主义绝对地租理论，绝对地租是由土地所有权的垄断决定的，是土地所有权在经济上的体现。中国现阶段实行的是土地公有制，属于国有的城市土地并非由国家统一经营，而是通过出让、划拨或出租等形式给具有相对独立经济利益的单位或个人经营使用，这些单位或个人以各种形式获得了国有城市土地的使用权。可见，在城市土地"两权分离"的情况下，城市土地所有权要求在经济上得以实现，城市土地一般不能无偿使用，因而城市土地绝对地租的存在也就具备了现实的条件。中国城市绝对地租是城市土地国家所有权在经济上的实现形式。

在现阶段土地还没有归全社会所公有，还存在着多个土地所有者主体。社会主义市场经济是在以公有制为主体，包括私人经济在内的多种经济成分共同发展的条件下运行的。其运行也必须遵循市场经济原则，具有市场经济的共性，承认个人和企业市场主体的独立性，由市场形成价格，保证各种商品和生产要素的自由流动，由市场对资源配置起基础作用。所以，绝对地租是与市场经济相联系的一个范畴。社会主义市场经济体制的建立和完善，为绝对地租的存在提供了社会经济条件。社会主义市场经济条件下中国城市土地经济运行的实践表明，在社会主义土地公有制中，土地的所有权和经营权必须分离。不论是国营企业、集体企业、私营企业、中外合资企业、外商独资企业还是个人，要获得国家或集体的土地经营使用权，不论是优等地还是劣等地，都必须支付资本化的地租，这里所缴纳的地租就是绝对地租。

尽管城市绝对地租多种多样，但是从理论上讲，都是对社会剩余劳动价值的一种扣除。在土地所有权存在的社会形态下，工业企业经营中应把绝对地租作为一项扣除固定下来，参加剩余价值的分割。这样，工业产品的价格应由生产资料（c）、工资（v）、剩余价值（m）和绝对地租（R）构成。也就是说，工业产品价格 $W=c+v+m+R$，R 是剩余产品的一部分，以特定形式表现出来。社会主义工业绝对地租是对工业利润的直接扣除，是通过降低平均利润率而形成的。无论是农业还是工业，绝对地租都是对社会总剩余价值的扣除。

城市土地收取绝对地租是国家土地所有权在经济上的实现，体现了国家、企业和个人在根本利益一致基础上的相互经济利益关系。正确处理这种关系，有利于城市土地资源的合理配置和充分利用。城市国有土地的绝对地租应该是各种不同绝对地租之和。第一，城市工业用地绝对地租的来源。城市工业绝对地租只能是工业剩余价值的一部分，城市经济中各部门所支付的绝对地租总和构成工业绝对地租总量。第二，城市服务业等经营用地绝对地租只能来源于社会总利润的扣除。服务业资金和经营利润都与生产有紧密的联系，服务业利润是生产部门所创造的剩余价值的一部分；同时服务业资金还要获得社会平均利润，这就决定于商业经营用地所支付的绝对地租只能来源于社会总利润的扣除。第三，城市居民住宅用地绝对地租只能是职工的工资收入。理论上讲，社会主义城市居民住宅消费一般采取两种形式，即购买和租赁。无论采取哪种住宅消费形式，都要为使用土地而支付绝对地租。购买住宅其绝对地租包含在住宅购买价格内，租赁住宅其绝对地租则包含在住宅出租价格内。第四，非经营性用地绝对地租只能是财政性拨款。非经营性用地主要指城市中机关、事业单位所占用的土地。这类用地应严格控制其规模。合理收取这类土地的绝对地租有利于处理好国家土地所有制中所有权和使用权的关系，即国家与行政事业单位之间的经济利益关系。这些用地单位的财源来自国民收入分配中的国家或地方财政拨款，这也是它们所支付的绝对地租的来源。

2. 社会主义级差地租

马克思级差地租理论认为，土地的差别性和有限性特别是优等地的有限性，是形成级差地租的自然基础，土地经营的垄断是级差地租存在的经济条件，工人创造超过平均利润的剩余价值是级差地租的根本源泉。在社会主义初级阶段，土地虽然属于国家即全民或集体公有，但仍需要交给企业和个人去使用，土地的所有权与使用权也是分离的，同时土地所具有的不同自然生产力仍然存在。因此，级差地租存在具有客观必然性。

在中国城市土地管理和运作中，不仅不同地块间的自然条件有差异，同时由于所有权和经营使用权的分离，存在着土地经营使用权的垄断，因此，存在着产生级差地租的前提条件。在城市中级差地租Ⅰ主要是由于土地位置的不同所产生的超额利润转化成的地租。也就是说，谁占有城市较优越的地理位置的土地，就能够获得一种级差利益。国家凭借土地所有权将这种级差利益转化为城市级差地租。城市级差地租有以下一些特点：第一，不同行业对用地的要求决定着城市级差地租。因为城市地块位置优劣具有相对性，不同部门对其用地位置的优劣有不同的评价标准，因此就城市土地利用的一切形式而言，位置最劣的地块是不存在的。当然，对于特定的土地利用的相关形式而言，位置最劣的地块是存在的。因此，依据不同行业对用地的要求作为土地位置优劣的判别和确定就显得比较科学。第二，城市土地利用统一规划要求按部门规定土地级差。城市土地利用必须根据城市发展整体规划，根据各行业、各部门对土地不同要求及其具体情况合理配置土地。按行业、部门确定级差地租，区别不同行业、不同部门对土地的不同需要，有利于城市土地利用规划方案的实施，有利于实行行业替代、展开竞争，处理好不同行业、不同部门之间的关系。第三，不同部门投资集约程度不同，也要求按行业、部门区分级差地租。比如，商业用地和经营性服务行业用地需要在人口稠密的市中心地块集约投资经营，这样能产生良好的经济效益。而对于工业用地而言，资金集约程度较低，对土地位置的要求也没有商业用地高、需要较多的经营用地。这种单位面积土地利用中的投资经营效果决定了城市地块的级差要按行业、按部门来确定。

3. 社会主义垄断地租

在社会主义土地利用中，不仅有绝对地租和级差地租，而且还存在垄断地租。垄断地租是由某一特殊地块的产品的垄断价格所带来的垄断利润所形成的一种个别的、特殊形式的地租。垄断地租不同于一般地租，不是来自生产领域，而是来自流通领域，是由垄断价格带来的超额利润转化而成的。正如马克思所说，"一个葡萄园在它所产的葡萄酒特别好时（这种葡萄酒一般说来只能进行比较小量的生产），就会提供一个垄断价格。由于这个垄断价格（它超过产品价值的余额，只决定于高贵的饮酒者的财富和嗜好），葡萄种植者将实现一个相当大的超额利润。这种在这里由垄断价格产生的超额利润，由于土地所有者对这块具有独特性质的土地的所有权而转化为地租，并以这种形式落入土地所有者手中。因此，在这里，是垄断价格造成地租。"①

---

① 马克思：《资本论》第三卷，人民出版社 2004 年版，第 876—877 页。

　　土地作为生产要素是生产、经营的重要条件。社会主义垄断地租的收取，目的是为了在不同用地单位之间建立一种相对平等的经营条件，以使各企业之间的竞争在平等条件下进行。社会主义垄断地租的存在是因为：第一，不仅存在土地所有权和使用权的分离，而且存在与土地所有权相应的垄断，这是垄断地租存在的必要条件；第二，存在土地及其产品的自然特质以及形成土地产品的市场价格常常高于其价值的市场条件，这是垄断地租存在的充分条件。对这种土地产品的要求和地租支付者的支付能力则是垄断地租的实现基础。垄断地租本身则是超额利润的转化。

　　社会主义垄断地租在城市地租总量中的比重非常小，这是由于少数地理位置的特殊性和行业的特殊性决定的。城市垄断地租的来源是经营性企业、垄断超额利润和居民收入，还有非经营性单位的财政拨款。垄断地租在农村和在城市存在差别。在农村垄断地租可真正建立在垄断价格的基础上，而在城市要根据市场商品价格水平和供求关系的变化程度，根据企业经营状况和国家对企业的经营政策以及同行业企业间的利润水平，通过综合考虑来确定城市垄断地租的量。

五、社会主义条件下土地使用权资本化

　　土地所有权资本化是建立在土地私有制基础上的。但是，在社会主义市场经济条件下，土地私有制是不可能的。尽管我国土地的国家所有是在社会主义建设过程中逐渐形成的，是与计划经济体制相适应的土地归属制度。但是，它仍然是社会主义市场经济条件下基本的土地制度。这是因为土地是天生具有社会性的资源，需要与其相适应的社会所有制。古今中外的经济发展表明，土地的完全私有化，容易导致社会利益矛盾的产生，导致社会发

展不稳定因素的产生。而公有制的基本目的是保障社会平衡、稳定、持续地发展，确保人们的基本生存权，尤其在我们这样一个人多地少的、农业人口占多数的国度，生存权首先要保障人们有机会获得土地。因此，社会主义市场经济条件下公有制的基础地位决定了我国将长期实行土地的国家所有（和集体所有）。在理论上讲，土地的国家所有也有利于土地的合理利用、保护耕地和生态环境，更有利于进行重点建设和公益设施的建设。

在社会主义市场经济条件下，土地的公有制是必然的，土地的资本化也是必然的，关键是要创新与市场经济接轨的土地产权制度。经济主体的权利整合与产权制度结构性整合是融合在一起的。产权制度是一系列有关财产权利的配置结构，产权制度的核心是所有权，所有权是一切产权的母权。从结构性整合的角度看，产权不仅仅是一种权利，而是一束权利，是由一系列的权利组成的，有其固有的内在结构。在土地所有权不发生变动的情况下，可以在使用权上进行市场化改革。土地使用权是指土地使用人依法对土地加以利用的权利。国有土地使用权是指国有土地的使用人依法利用土地并取得收益的权利。国有土地使用权的取得方式有划拨、出让、出租、入股等。有偿取得的国有土地使用权可以依法转让、出租、抵押和继承。在计划体制下，土地使用权只是一种界划土地使用范围的工具，不具有财产价值；而在市场经济条件下特别是在出让土地使用权体制下，土地使用权成为具有所有权功能或属性的财产权。

从理论上讲，出让土地使用权类似于市场经济国家的地上权。而且我国的实际情况决定了其出让土地使用权具有更强的独立性。在中国土地使用权人享有土地所有权人通常所具有的一切权利，所不同的是这种权利存在着期限。从物权的角度看，土地使用权是一种直接支配土地的物权，土地使用权人享有的是直接占有、使用土地的权利。土地使用权来源于国家土地所有权，是一种具有较强独立性的他物权。在出让合同有效期间，国家不得任意收回土地使用权和非法干预使用权人的使用，只有基于公益需要才允许国家提前收回土地。在我国，土地使用权几乎具有与所有权相当的权能。土地使用权人不仅可以占有使用土地，而且可以转让、抵押、出租土地使用权，并具有继承的权能。在我国经济转型期土地使用权，不仅可以随建筑物所有权的转让、抵押、出租而处分，而且可以独立处分，因此，土地使用权成为权利人的一种财产。

既然土地所有权资本化是土地所有权主体收益的工具，那么，土地使用权资本化同样也是土地使用权主体收益的工具。土地使用权是市场主体进行经济活动的权利，放弃使用权就是放弃未来的收入。对于土地而言，各个连续的投资能够带来利益，因此，土地的使用权价值必须要从投资土地所能带来的收益来分析。"把土地收益还原为资本价值这个资本化过程，是土地估价问题的核心。"[①] 对土地使用权实行资本化，就是通过一定的手段寻找能够带来等值收益的"资本"价值的工具。对抽象权利的资本化，尤其是土地使用权的资本化，一般通过收益资本化的方法来计算的。

在假定市场是完全竞争的条件下，土地使用权资本化可以用土地的纯收益与土地使用权的资本化率的比值来体现，用公式表示为：

---

① ［美］伊利、莫尔豪斯：《土地经济学原理》，滕维藻译，商务印书馆1982年版，第226页。

$$P = \frac{a}{r} \tag{1-3}$$

公式（1-3）中 P 为土地使用权资本价值，a 为土地使用权潜在收益的当期贴现值，r 为土地使用权的资本化率。由公式（1-3）可知，土地收益是土地使用权资本价值的基础，只要知道货币的贴现率，就是一个很容易计算出来的确定的数；而资本化率是土地使用权的关键，资本化率又称还原利率，土地使用权价值对资本化率最为敏感。资本化率的每个微小变动，都会使土地使用权价值发生显著改变。一般来说，资本化率几乎都要比银行存款利率高。

由于在应用收益法求取价格时，是对未来若干年纯收益的贴现，因此，土地使用权潜在收益是使用权存续期间历年潜在收益的当期贴现值之和。而资本化率则是平均年收益名义值与历年收益总额贴现值的比值，这时的资本化率为 r_0，即：

$$r_0 = \frac{平均年收益名义值}{历年收益总额贴现值} \tag{1-4}$$

这样，土地使用权资本价值的公式可以写为：

$$P = \frac{1}{r_0} \sum_{i=1}^{n} a_i \tag{1-5}$$

当然，土地使用权的资本化价值与市场交易价格是两个既密切联系又存在区别的概念。同时，土地使用权资本化公式是在假设完全竞争的市场前提下建立的，而现实经济活动总是与上述理论假设存在很大的差距，但这不影响理论对现实的指导作用。

第二章　土地资本化及其虚拟性分析

　　土地是城市存在和发展的载体，是城市一切功能发挥和经济活动的基础。在工业化和城市化进程中，必然使具备一定规划条件的城市土地变得更加稀缺。自 20 世纪 80 年代以来，我国土地制度有了较深入的变革，土地作为资产进而作为资本所具有的收益性越来越受到重视，城市土地资本化得到发展，土地虚拟性逐渐显现，这对完善城市房地产市场、促进我国城市的发展等起到了重要作用，但同时也引起了土地隐形交易、地价房价飞涨、土地资源利用效率不高等热点问题，这与现阶段土地资本化程度低有关。随着土地资本化的发展，我国房地产表现出很强的虚拟性。因此，有必要对土地资本化的作用和地价虚拟性的形成机制进行分析。

第一节　土地资本化与地价虚拟性

一、土地资本化定价研究

　　根据运行机制的不同，我们可以把当代经济划分为实体经济和虚拟经济。实体经济是技术和生产成本等因素支撑的价格系统，而虚拟经济是心理因素支撑的价格系统。前者的价格主要由技术进步决定，因此呈现边际收益递减的特性；而后者的价格波动则主要由心理等虚拟因素所主导，进而出现边际收益递增的特性。因此虚拟经济是以资本化定价方式为基础的一套特定价值关系。

资本化定价方式是虚拟经济的本质特征，它对阐明资产的虚拟性具有重要意义。由于土地的稀缺性，早在 19 世纪人们就意识到土地价格是由未来收入决定的，因此土地便成为最早采用资本化方式进行定价的资产。为了适应土地资产虚拟性的发展，其资本化定价方式逐渐从简单走向复杂。

最早对地价进行详细分析的是马克思，他认为土地价格是资本化了的地租，是由地租和利息率这两个因素决定的，"在地租已定时，土地价格是由利息率调节的。如果利息率低，土地价格就高；反过来也是一样。"用公式可表示为：土地价格＝地租/利息率，即 $V = \dfrac{R}{r}$，其中：V 为土地价格，R 为年租，r 为利息率。

在此基础上，梅利查（Melichar E，1984）做了进一步的修正，他提出，当 R 变化时，地价公式为：

$$V_t = \sum_{t=0}^{\infty} \left[\frac{1}{1+r}\right]^{i+1} Et\{R_{i+1}\} \tag{2-1}$$

其中，Et 为经营者依据的有效信息所确定的 t 时期望值。

20 世纪 80 年代后，随着西方国家虚拟经济的迅速发展，土地价格的影响因素不断增多，并且复杂化，原先的土地资本化定价方式再也不能适应土地虚拟性的需要，有些学者开始引入新的变量和方法，以更科学地对土地价格进行评估。

一些学者在资本化定价中引入更多的特征变量，以更好地解释地价的形成。

托雷尔（Torell 等，1990）对美国奥加拉拉（Ogallala）地区的地价进行估价时，认为地价取决于土地和水资源带来的收益现值和享乐因素带来的额外收益。他将 Hedonic 模型和资本化法结合起来使用，其土地价格表达式为：

$$P_0{}^{IRR} = \sum_{t=1}^{T} R_t{}^{I_{water}} (1+i)^{-t} + \sum_{t=1}^{T} R_t{}^{I_{land}} (1+i)^{-t}$$

$$+ \sum_{t=T}^{\infty} R_t{}^{D_{land}} (1+i)^{-t} + \theta$$

其中，$\sum_{t=1}^{T} R_t{}^{I_{water}} (1+i)^{-t}$ 是水资源的租金现值，

$\sum_{t=1}^{T} R_t{}^{I_{land}} (1+i)^{-t}$ 是土地使用的租金现值，$\sum_{t=T}^{\infty} R_t{}^{D_{land}}$

$(1+i)^{-t}$ 是土地产出收益的现值，θ 是其他因素（收入等）对应的价值。

J. Stephen Clark（1993）等指出，地价和地租之间的时序变化特征存在差异，应该建立虑及理性投机、风险回避及政策、物价变化等因素更为复杂的地价模型，并推导得出：

$$V_t = \frac{\alpha}{r} + (1+\rho)V_{t-1} + \frac{1}{r-\rho}\varepsilon_t \qquad (2-2)$$

其中，V_t 为 t 时地价，α、ρ 为系数，r 为利息率，ε_t 为可知干扰项。

拉特吕夫（L. Latruffe，2008）研究捷克共和国和斯洛伐克共和国农业补贴在农地价格中的资本化程度时，将基于市场的收益、基于政府的收益、农地转为非农地的收益引入模型中，其公式如下：

$$L_t = \sum_{i=1}^{\infty} \frac{M_{t+i} + G_{t+i}}{(1+r_{t+1})(1+r_{t+2})\cdots(1+r_{t+i})} + CONV_t \quad (2-3)$$

其中，M 为基于市场的收益，G 为基于政府的收益，$CONV$ 为农地转为非农地的收益。

还有一些学者用风险资产定价模型对地价进行评估，适应了土地价格影响因素的不确定性趋势和地价形成的复杂性。

让－保罗·察瓦（Jean-Paul Chavas 等，1999）对美国伊吕西（Illuise）地区 1950—1996 年的地价进行分析时，引入风险系数、风险厌恶性偏好、运输费等因素，利用资产价格模型（CAPM）建立了风险投资率不同情况下的地价模型，其表达式为：

$$1 = E_t\{(\beta q_t/q_{t+1})^r (y_{t+1}/y_t)^{r(\rho-1)} \times R_{t+1}{}^{r-1}(1+r_{t+1})\}$$

$$(2-4)$$

$$P_{kt} + V_k = E_t\{(\beta q_t/q_{t+1})^r (y_{t+1}/y_t)^{r(\rho-1)} R_{t+1}{}^{r-1}(\partial \pi_{t+1}/\partial a_{k,t}) + P_{h,t+1} + V_{h,t+1}\},$$

$$if m_{k,t} \neq 0 \qquad\qquad (2\quad5)$$

$$P_{kt} + V_k{}^- \leqslant E_t\{(\beta q_t/q_{t+1})^r (y_{t+1}/y_t)^{r(\rho-1)} R_{t+1}{}^{r-1}(\partial \pi_{t+1}/\partial a_{k,t}) + P_{k,t+1} + V_{k,t+1}\}$$

$$\leqslant p_{kt} + v_k{}^+, if m_{k,t} = 0 \qquad\qquad (2-6)$$

其中，$P_{kt} + V_k$ 为 t 期第 k 次土地资产的价格；$k=1, \cdots, K$；β、r、ρ 为资产市场中参与人的行为指数；y_{t+1}/y_t 为消费增长率；$R_{t+1}{}^{r-1}$ 为收益率；$E_t\{(\beta q_t/q_{t+1})^r (y_{t+1}/y_t)^{r(\rho-1)} R_{t+1}{}^{r-1}(\partial \pi_{t+1}/\partial a_{k,t}) + P_{k,t+1} + V_{k,t+1}\}$ 为第 K 种资产的边际收益；$m_{k,t}$ 为无风险投资率。式（2－4）表示中性的边际收益，即没有投资发生情况下的收益。式（2－5）表示高资产边际收益，投资额为正情况下的土地价格。式（2－6）表示低资产边际收益，投资额为负情况下的土地价格。

吉伦（K.Gillen，2004）利用实物期权定价方法建立了土地定价模型。其假设不存在税收、交易费用、短期出售约束，且租金 R_f 是外生的，无风险资产的回报率 R_t 是既定的，则在不确定因素下，空地价格可表示为土地收益和建筑收益的线性组合。其最终得出的价格为：

$$V = \prod (p_u)s_u + \prod (p_d)s_d \qquad\qquad (2-7)$$

（2－7）式中 s_u 和 s_d 必须满足：

$$p_0 = s_u p_u + s_d p_d + R_t (s_u + s_d) \qquad (2-8)$$

$$\frac{1}{1+R_f} = s_u + s_d \qquad (2-9)$$

即 0 期的建筑成本等于 1 期的现金流，折现债券的价格等于 1 期的现金流。

其中，$\prod(p_u)$ 为未来土地投入高时的收益现值，$\prod(p_d)$ 为未来土地投入低时的收益现值；s_u 为收益高时投入的单位成本；s_d 为收益低时投入的单位成本；p_u 为高的收益，p_d 为低的收益；p_0 为建筑成本。

二、地价强波动性

土地资产作为一种非金融的虚拟资产，是以资本化定价方式为基础的，由于预期收益受观念、信息等心理因素的影响，地产虚拟性的重要表现就是其价格的强波动性。随着虚拟经济的迅速发展，作为基本生产要素的地产已更多地成为了一种投资工具，这大大增加了地产预期收益和资产升值的不确定性，进而地产价格波动经常脱离土地基础价值的支撑，并表现出明显的非平稳性。

从某种程度来看，土地是一种实物资产，但其具有特有的物理属性以及供给和需求特性。在土地的物理属性方面，土地具有永续存在性的特性，即如果不发生大的自然灾害的情况下，土地可以永续存在，另外对于非农业用途的土地来说，也不会发生土地肥力等损耗。尽管随着技术水平的进步，土地会在市场的驱动下被用于不同的目的，但其不会发生损耗，因此这是一种不用计提折旧的资产。从土地的供求属性来看，除了极少填海造田的例子外，我们可以认定土地是自然形成的，所以其供给是有限的。

而在需求方面，随着人类社会的进步，人口的增长和经济的发展，地产作为一种基本的生产要素，面临着不断增长的需求。由此得出，地产的长期供不应求将会推动地产价格不断上涨，因此其具有投资价值。综合土地的两种特性来看，土地的价格不受生产成本影响，而是由预期未来收入的现值决定。社会、人口、信心、观念等不确定因素都会对预期产生影响，因此地产具有较强的虚拟资产特性，其表现在资本化定价方式和地价强波动性上。

从地价定价机制角度来看，地价是未来租金的现值，而土地租金主要是由土地供需关系所决定的，除去不确定性因素，这二者的变动应该是一致的。但现实经济中，在很多不确定因素的影响下，地产价格运动通常偏离与由经济基础条件所决定的均衡值（地租），呈现出其波动的独立性。

上面分析得知，地价是租赁价格的资本化，即地价等于租金与资本化率的比值。当地价相对与租赁价格较高时，买主更倾向于租赁土地，从而将资金投向租赁市场，给地价造成压力。反之亦然。图2-1反映了理想状态下的这一过程。

图2-1中第Ⅰ象限和第Ⅳ象限代表土地租赁市场，第Ⅱ象限和第Ⅲ象限代表土地买卖市场。从第Ⅰ象限开始，按照逆时针方向我们可以解释租金与地价之间的相互关系。当土地主要用于生产和消费时，随着经济水平的上升，土地租赁市场需求增加，在第Ⅰ象限里就表现为，需求曲线由D_1上移到D_2，租赁价格也随之上涨到P。第Ⅱ象限描述了土地买卖市场，其中以原点为起点的射线的斜率代表地产的资本化率。土地租赁价格的上涨带动了射线上的点向左上方移动，假设移动到B点。从B点向下作一条垂直于横轴的直线，其与横轴的交点便是地价。上涨的土地价格推动了第Ⅲ象限中土地买卖市场土地供应量增加。第Ⅳ象限

中租赁市场存量也随之增加。这表明，经济理性繁荣期中土地价格波动和土地租赁价格波动是一致的。而当土地作为一种虚拟资产，成为投资对象时，投机心理会促使大量投资者转向土地买卖市场，从而推动土地价格迅速上涨，与之相反，土地租赁市场开始萎缩，需求和供给都随之下降，因此租赁价格下降为 P^*。可见，在考虑不确定因素时，土地买卖价格和租赁价格成反比关系。

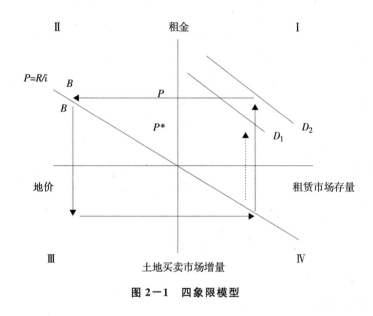

图 2-1 四象限模型

第二节 地价虚拟性的产生机理

土地是最早采用资本化方式进行定价的资产，早在 19 世纪人们就意识到，土地价格不能由其生产成本合理决定，是由未来收入决定的，故土地价格取决于未来租金的资本化。土地价格是"以资本化定价方式为其行为基础的一套特定的价值关系，其运行特征相对于实体经济具有更大的不确定性和波动性，是以观念支撑的定价方式。"① 可见，资本化定价方式对于阐明经济的虚拟性具有重要意义。

自资本主义市场建立以来，很多土地投资不是为了将土地用于实际生产过程中，而是追求土地价值溢价收入，地产投资的过程越来越独立于实际生产过程，表现出投资的虚拟性。另外，随着现代金融和资本市场的发展在土地市场的推动作用越来越大，地产表现出较强的波动性，地价在几年内大起大落的现象在全球屡见不鲜，以英国 1985—1990 年的地价为例，在前三年内地价上升了 3 倍，而在其后的两年下跌了 60%。从以上分析我们可以看出，土地市场自始至终都带有虚拟性，并且从长期来看，这种虚拟性会越来越复杂。

土地虽然现在越来越成为投资工具和投资对象，但它始终是人们生产和生活必不可少的要素之一，它对实体经济的重要性不言而喻，其中土地市场的虚拟性扮演着举足轻重的作用。另外，无论土地市场中的土地以何种土地表现形态出现，它都要以土地资源这一实体作为其载体和基础，而不是像金融资产那样可以实现货币完全的虚拟性，故土地市场有其独特的虚拟性。所以越来越多的研究开始关注土地市场的虚拟性。

在虚拟经济中，预期是资产定价的重要因素。从大量文献来看，影响土地价格的需求因素就是预期因素。这些因素众多，宏观经济状况、人口状况、租金水平甚至人们对经济的信心和态度都会对预期产生影响。随着虚拟性的日益复杂化，预期因素中的不确定因素的重要性凸显。由于西方城市土地市场比较完善，土

---

① 刘骏民：《虚拟经济的理论框架及其命题》，见《虚拟经济理论与实践》，南开大学出版社 2002 年版。

地市场化程度比较高，取得数据资料比较容易，西方学者研究城市土地价格影响因素已经到了很深入和具体的程度。

自 17 世纪配第（William Petty）探讨地租问题以来，西方对城市土地价格问题的研究已相当丰富。从大量文献来看，研究方法和研究模型在不断改进，影响因素的判别也在不断深入。研究方法可归纳为时间序列研究、横截面研究和时间序列截面综合研究三类。由于土地的特殊性，在各种特征价格模型和供需均衡模型中所考虑的预期因素有所差异，但总体来看，可将这些因素分门别类。

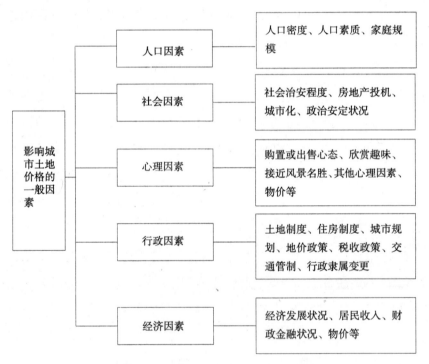

图 2—2　影响城市土地价格的一般因素

资料来源：根据查尔斯·H.温茨巴奇等：《现代不动产》，中国人民大学出版社 2001 年版整理得到。

一、人口因素

自古以来，土地是人类赖以生存和发展的根源，人口越多，对土地合居住地需求也越大，且若城市居民可以察觉到过去十年人口的有效增长时，则会对未来房地产市场的发展有较好的预期，如萝丝（Rose）和克鲁瓦（Croix，1988）。很多研究表明这些变量对地价有较好的解释力，故地价实证模型都会引入人口密度、人口增长率、三阶段人口占总人口比重等变量，但其解释力也会因地区不同而不同。威特（Witte，1975）用衍生需求模型对美国大都市区城市间土地价格差异进行研究时，发现人口密度、人口增长率和家庭收入可解释居住用地价格差异的74%。奥泰尼斯曼（Ottensman，1977）通过建立了计量方程 $V=a+bP_1+cP_2+dY$（V 为地价水平、P_1 为人口密度，P_2 为人口增长率，Y 为收入，其他为系数）研究美国51个大都市区城市扩展过程中土地价格的决定因素时发现，这三个变量可以很好地解释城市土地价格的变化，其中人口增长率每上升1个百分点，将导致美国51个大都市的土地价格上升25—50美元/亩。阿萨比（Asabere，1981）在对非洲城市加纳阿克拉（Accra）地价的研究中引入了种族因素。

二、社会因素

社会因素是影响地价的另一重要因素。目前西方研究的重要社会变量是社会阶层，因为这一变量一定程度上反映社会治安状况。社会阶层因素对房地产价格有正面影响，即社会阶层越高，城市房地产价格越高，如理查森（Richardson 等，1974）。凯特卡（Ketkar，1992）和里德克（Ridker）和亨宁（Henning，

1967）的实证分析也证明了这点，非白人愿意支付更高的价格去购买白人聚居的住宅，故白人居住区的地价会较高。

三、心理因素

心理因素包括众多变量，目前公共设施、外部性变量是研究的重点。林内曼（Linneman，1980）研究发现，土地价格变化的15%—50%是由这些因素引起的。从目前的研究成果来看，公共设施（环境、学校、医院、公园等）、区位的宜人性、污染水平、交通噪声等是主要的量化因素。

政府提供的公共设施中最重要的影响因素是学校质量和医院，所以很多土地价格模型中都会引入这两个变量。学校质量对房地产价格的影响具有一致性，即有正的影响，在学校质量好的地区，城市土地价格较高，在学校质量好的地区，城市土地价格比学校质量差的地区高出约6.4%瓦尔登（Walden，1990）。医院对城市土地价格的影响较复杂，这和具体的人群和地区有关。大部分研究结果表明医院对城市土地价格有正的影响，而有些地区因迷信等因素会造成医院对房地产价格有负面影响，如许（韩音）(Huh) 和郭（韩音）(Kwak，1997)。

外部性变量自20世纪70年代以来一直受到经济学家的关注。由于居民较关注与健康和生活质量有关的因素，所以会尽量避免存在潜在负面影响的地区。其中最有显著效果的是有毒垃圾站、交通噪音和空气质量，它们的影响又因居住人口密度、人群的不同而有所区别。人口密度大的地区，有毒垃圾对土地价格的负面影响超过对人口密度不大的地区；对于中上阶层，交通噪声的负面影响较大，而对于中下阶层影响要小些，如帕姆吉斯特（Palmquist，1992）。在对交通噪音影响的研究中最受关注的是飞机噪音，一般飞机噪音会造成土地价格下降5%—30%，如梅什科夫斯基（P. Mieszkowski）和赛珀尔（A. Saper，1978）。宜人性会对城市土地价格产生一定正面影响，但统计结果并不显著莫（中国姓氏音译）（Mok，H. M. K.，1995）。但非宜人性对居住用地价格的影响具有显著的负面影响，离非宜人性（设施）越近，居住用地价格越低，如纳尔逊（A. C. Nelson）和麦克莱斯基（S. McCleskey，1992）。另外有些亚洲学者对墓地与城市土地价格的关系进行了研究，因大部分人认为墓地附近，风水不好，所以对居住用地价格有负的影响，如赛（Tse）和洛夫（Love，2000）。

四、行政因素

行政因素对地价的影响研究由来已久，一般认为政府政策会从供需两方面影响土地价格，其中主要政策是土地使用规制、城市增长控制和税收政策等。阿尼尔·鲁帕辛哈（Anil Rupasingha）和斯蒂芬·葛兹（Stephan J. Goetz，2001）认为在供给方面，这些政策会限制土地供应，从而提高房屋成本；在需求方面，这些政策会减少土地不合理利用而引起的负的外部性，供需相互作用，最终提高了城市土地价格。

土地使用规制是政府干预城市土地利用的政策（如美国部分州对郊区住户土地利用面积设定下限的土地利用政策）、城市土地利用制度安排以及对城市特定地块土地利用强度（土地开发的密度、高度和容积率等）实施控制的行为等。大部分研究结果表明土地使用规制对城市土地价格有重要影响，它限制了土地的供应，所以一般会引起土地价格提高，如马尔佩兹托（Malpezzietal，1998）。当土地使用规制和其他城市控制政策共同使用时，对土地价格的影响将更大，如卡茨（L. Katz）和罗森

(K.T.Rosen，1987)。该因素对城市土地价格的影响程度因城市的不同而不同，如波拉克乌斯（H.O.Pollakowski）和瓦克泰（S.M.Wachter，1990）。

城市规划指预测城市的发展并管理各项资源以适应其发展的具体方法或过程，以指导已建环境的设计与开发。它是政府控制城市发展的主要手段，自然会对土地价格造成较大影响。城市规划对土地价格的影响因地区和政策的不同而不同，一般认为具有不确定性，但这不意味着它对土地价格影响不大，只是表明在建立土地价格模型时应根据实际情况建立不同参数将这一因素考虑进去。阿萨比（Asabere，1981）在对加纳土地价格的研究模型中引入了城市分区变量，发现高档住宅区和商品区的划分对土地价格具有正的影响，而低档住宅区具有负的外部性。西格尔（Segal）和斯里尼瓦桑（Srinivasan，1985）、布吕克纳（J.K.Brueckner，1987）等通过供需平衡模型对美国大都市统治区进行了研究，发现在该区城市规划会提高土地价格。而马尔佩奇（Malpezzi，1996）在对大都市统治区进行分析时，引入是否有综合土地使用计划、海岸地区管理计划、环境影响处理、当地政府对开发土地的优先购买权等参数，构建了衡量"大都市统计区"的城市规划指数，发现城市规划对土地价格和地租的影响是不确定的。

税收政策对土地价格的影响比较复杂，也是一个重要的因素。其研究的主要代表人有本蒂厄克（B.L.Bentiek，1979）、斯库拉斯（A.Skouras，1978）和野口悠纪雄等。一般认为财产税会降低市场地价，因为土地是不可移动的，财产所有者会相应承担一些税负，这就降低了土地所有者的土地价格，从而财产税被土地价值资本化。其他相关税种也会相应对土地价格产生一定影响。以空闲土地市场为例，如罗杰·S. 史密斯（Roger S. Smith，1978），一般情况下，该作用机制可以简单表述成图2-3：若税率增加，回报率由$i+r'$变为$i+r$。投资者的回收期由t_0变为t_1，持有土地的成本增加了，在竞争市场中土地供给将增加，这会导致地价的下降。若税率下降，则作用相反。可见，税收政策是影响土地价格的另一重要因素。

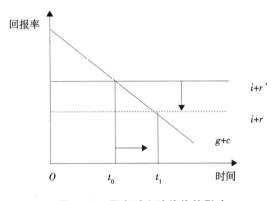

图2-3　税率对土地价格的影响

近年来有些学者开始将其他行政因素资本化到土地价值中，其中研究较多的是交通影响费。交通影响费会抬高土地价格辛格尔（Singell）和勒利达尔（Lillydahl，1990），但最终的转移对象会因土地的开发与否而不同，已开发用地的价格最终会转移给土地所有者，未开发用地的地价最终将由消费者承担，如埃文斯（Evans）、福吉（Forgey）和卢瑟福（Rutherford，2005）。

五、经济因素

这里的经济因素包括居民收入和外部经济力量（经济发展状况、财政金融状况、物价等）。这些因素主要会影响土地需求，从而引起土地价格的变化。随着经济的发展和研究的深入，主要的经济因素变量也在不断增加和细化，从起初的居民收入到各种经济指标（利率、通货膨胀指数、抵押贷款率、股票价格等）。

居民收入不言而喻是一个重要变量，土地价格模型中这都是一个重要变量。威特（Witte，1975）通过衍生需求模型 $Ps = f(Q_D，Q_S)$ 研究土地价格时发现家庭收入和人口密度可解释土地价格的 78%，但居民的居住用地收入需求弹性会因收入的不同而不同，低收入居民的居住用地收入需求弹性为 1.0，高收入居民为 3.0。奥泰斯曼（Ottensman，1977）在研究美国 52 个大都市区 1960—1964 年的数据时，发现收入变化 1 美元，土地价格上升 20—40 美分。

外部经济力量可以分为区域经济因素和全国经济因素，区域经济因素包括地区就业率、收入、人口增长率和区域经济状况等，全国经济因素主要是指反映国家经济发展趋势的因素。海恩波（Broomahll，1995）用模型 $P = f(D，L)，g(I，R，G)$ 来表示，其中 L 为经济因素，I 为通胀率，R 为投资回报率，G 为经济增长速度。研究结果发现，抵押贷款率和国民生产总值对城市地价有显著的负影响，经济外部性对城市地价的解释程度为 70.5%。也有些学者用利率来衡量宏观经济发展状况，研究结果表明利率对城市土地价格有着负影响阿萨比（Asabere）和哈维（Harvey，1985）。股票市场变量近些年也逐渐被引入土地价格模型，瓦伊（Wai）和珍妮特（Jeannette，1991）对香港地区 1982—1988 年的相关数据进行分析时，恒生指数是一个重要解释变量进入方程。

从上述对土地价格的需求影响因素文献综述来看，西方对城市土地价格的研究已非常深入，总体来说，研究的影响因素涵盖的范围非常广泛，包括了人口、政治、经济、心理、社会等领域，各个领域的研究都有相当多的探索，随着土地市场的逐渐成熟，变量逐渐细分，其中涵盖了众多不确定因素。20 世纪六七十年代的研究更多的是侧重于确定性因素，20 世纪 80 年代以来地价模型中加入了很多不确定因素（政策变量、经济变量、心理变量），这不仅反映了对土地价格影响因素的研究逐渐成熟，也从一个侧面说明土地市场的虚拟性日益复杂。

土地作为一种信用，发挥着重要的作用。将土地当做长期信用的担保品，可以作为长久性金融流通的措施。随着金融市场的日益完备，这种作用会进一步加强，土地的虚拟性也不断增强。目前土地信用体制在一些国家已非常完善，土地抵押权早已实现了证券化，并已出现了相关的衍生工具，即土地市场和金融市场紧密联系，两者相互影响。若土地虚拟性在人们理性预期内发展，将有利于土地市场的发展、房产市场的运作、金融市场的稳定及经济的良性运行；若地价的预期大大超过人们的理性预期，一旦预期逆转，便会形成土地泡沫，这种泡沫又会通过传导机制（如土地抵押债券等）直接引发金融市场的波动，甚至引起金融危机和宏观经济的不稳定。反之，金融市场运行状况健康与否也会直接影响土地市场的稳定。由此看来，房地产市场、金融市场、宏观经济已有"牵一发，动全身"的态势。因此，把握好土地虚拟化程度，保持好土地市场及金融市场的关系，是维持经济良好运行的重要条件。房地产中既包括土地又包括附属于土地的房屋，因而房地产虚拟性可在很大程度上解释土地虚拟性，所以下文将用房地产的例子进一步讨论。

次贷危机在 2007 年 4 月爆发，短短一年内已引发了金融风暴，并对美国经济及全球经济造成重大影响，目前危机的影响仍在进一步扩大，最后会对全球经济带来什么后果，没有人可以预知。为什么会引发如此大的风暴？其实，"冰冻三尺，非一日之寒"。次贷危机的爆发不是偶然的，而是有多种内在原因的。这里，将从房地产虚拟性角度对此进行分析。

房地产虚拟性必须要保持在人们理性预期范围内才能促进房地产市场的发展，于是在金融高度发展的今天，信贷安全和金融监管就成为维持房地产健康的关键。2001—2004 年，美国为了刺激经济，采取了低利率等激励政策，促进了美国经济和房地产市场稳步增长，与此同时资产证券化市场也得到了迅速发展。由于房价上涨预期和次级抵押贷款的优惠信用条件，很多低收入家庭采用次贷进行购房，于是美国人的购房热情与日俱增，房价上涨预期随之高涨。另外放贷机构间的竞争激烈，故推出了很多高风险次级抵押贷款产品。由于次贷的对象大部分都是不够信用条件的低收入者，所以信贷安全出现隐患，房地产虚拟性出现膨胀。宽松的贷款资格审核成为房地产交易市场空前活跃的重要推动力，但评级机构的独立性、透明度、公信力受到市场质疑，故金融监管出现失真，这是虚拟性过度膨胀的体制性原因。2001年以来，各大投资银行广泛参与到这场巨大风险的追逐中，由于忽略了风险管理和风险规避，发行了大量低评级的住房抵押贷款，并将其打包成金融投资产品出售给机构投资者、对冲基金等。而惯于攫取丰厚利润和承担巨大风险的对冲基金投资商们，纷纷抢购次级抵押信贷证券。这些次贷相关衍生产品的发展进一步促进了房地产虚拟性的膨胀，并且客观上也造成了风险暴露后波及范围更广的问题。自 2004 年 6 月底开始，美联储不断收紧原本宽松的货币政策，在利率逐渐回升的状态下，房价回落，房地产虚拟性过度膨胀的危机开始暴露，并通过传导机制将波及范围扩大。由于利率上升，购房者的还贷负担不断加重，大量违约客户出现，不再支付贷款，造成坏账，资金链发生断裂，又由于大量次贷证券化，银行、保险公司、投资银行等都出现了资产危机，这直接影响了股东对市场的信心，因此股市大跌。至此次贷危机演变成全面的金融风暴，对美国及全球经济带来巨大冲击。

在这整个次贷发展及破灭过程中，房地产市场、实体经济和金融市场已成为一个整体，互相促进，互相牵制。房地产市场的预期通过实体经济和金融市场进一步上升，并对实体经济和金融市场的繁荣起到推动作用，而后两个市场的发展又助长了房地产市场预期的盲目膨胀和房价的上涨。当房价回落，金融市场和实体经济都迅速做出反应，出现了资产危机和经济增速放缓，这些又进一步降低了房地产市场的预期，使得房价继续回落。这种循环最终酿成了金融风暴和全球经济问题。

土地价格的虚拟性在资本市场的高速运转过程中逐渐显露出来。20世纪后期以来，经济危机或金融危机发生的过程中常常会出现地价的剧烈波动，这正反映了土地资产的虚拟性。在次贷危机中这种虚拟性的作用发挥得淋漓尽致。如何适当地发挥土地资产的虚拟性，使其和金融市场、实体经济和谐健康地发展，是意义深远的课题。

第三节　中国土地制度改革与土地资本化

一、中国土地制度改革历程

土地资本化是一种过程，这一过程的顺利实现取决于土地产权制度（在中国表现为土地使用权制度）、土地价格评估系统及相关配套金融制度的发展和完善。下面从三个方面回顾和总结中国改革开放以来的土地资本化进程。

1. 土地资本化萌芽阶段（1979—1986 年）

（1）土地有偿使用的探索

1979 年 7 月 1 日全国人大五届二次会议通过的《中华人民共和国中外合资经营企业法》，明确提出土地使用权可作为中方的股本进行合营，合营企业须向中国政府交纳使用费。这一法规的实行，揭开了中国城镇使用权制度改革的序幕。

1982—1984 年，深圳特区、抚顺和广州等地也纷纷展开了开征城市土地使用费的工作。尽管土地使用费制度实施的范围小，但短短时间内就取得了初步的成效。以深圳为例，在刚开征的 1982 年已收取了土地使用费约 1000 万元。可见这一制度对旧的土地制度已产生了根本性的冲击。

但另一方面，1982 年通过的《宪法》规定，土地不可买卖、侵占和出租，并视这些形式为非法的；1983 年的《关于制止买卖、租赁土地的通知》与 1986 年的《土地管理法》都重申了这一规定。可见在这一阶段，城市土地使用制度并未真正摆脱"三无"境地。

（2）地价评估方法试点探索

我国城镇地价评估方法发展与评估实践和我国土地有偿使用制度变革是同步的，它的发展实质上受制于土地有偿使用制度改革的需要和土地市场的发展。

为了征收城市土地使用费，有些城市开始进行土地定级估价，以土地级别为基础，根据级差收益进行定价的综合级别地价评估方法开始形成。这一过程分为两步：首先，以城市土地使用价值因素如交通便利条件、基础设施配套情况、繁华程度、规划功能等为维度区分土地级别；然后，以其为基础对工业、商业企业的经营数据进行抽样调查，用相关模型测算得出土地级差收益，以此评估级别地价。

2. 土地资本化形成阶段（1987—1993 年）

（1）土地有偿使用制度的正式确立

1988 年 4 月，全国人民代表大会修改了《宪法》，将土地法规调整为土地使用权在法定条件下可转让，但土地归国家所有，任何个人或集体不具有对土地的所有权。自此，土地所有权与土地使用权相分离的制度在法律上得到了确立，这保证了后续改革的顺利进行。

1990 年 5 月国务院颁布的 55 号令，系统地构筑了我国城市国有土地有偿使用制度的格局，即在坚持土地所有权与土地使用权分离的原则下，土地使用权可进入流通市场。自此我国现行城市土地产权结构的基本架构初步形成了（见图 2—4）。二级市场开始形成。

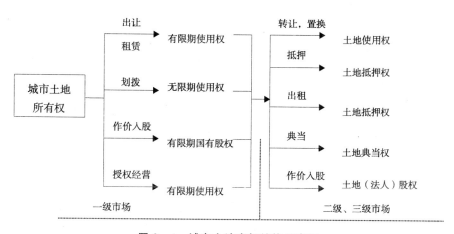

图 2—4 城市土地产权结构示意图

资料来源：李涛：《城市土地市场运行与政策控管研究》，中国大地出版社 2006 年版。

（2）科学城镇地价评估方法体系的形成

为了满足土地使用制度改革深化的要求，特别是土地转让和出让的要求，1989 年，众多相关研究机构对杭州、温州等城市开展地价评估方法试点研究。在理论和实践的基础上，《城镇土地定级规程》（试行）和《城镇土地估价规程》（试行）相继在 1989 年和 1993 年公布，以此适应我国不发育的土地市场。自此，以土地区位条件为基础，以土地收益为根据，以市场交易价为参考的城镇地价评估体系大致建立起来了。按照该体系，土地评估分为四个步骤：首先根据地价影响因素确定土地的区位条件和土地级别；然后用剩余法、收益还原法等评估方法对土地市场交易资料进行评估，得出样本地价；其后用成本逼近法、样本地价均值法、级差收益测算法等评估得出基准地价；最后，在此前的基础上，构建宗地地价因素修正体系，利用基准地价修正代估的宗地地价。

（3）土地使用权可依法抵押

1990 年 5 月国务院颁布的 55 号令规定，有偿获得的土地使用权可以抵押，但若要抵押划拨土地使用权，必须领有国有土地使用证、划拨土地使用证、具有地上建筑物或其他附着物合法的产权证明，且须经过市、县人民政府土地管理部门和房产管理部门批准。这一规定加速了土地使用权的流动。

3. 土地资本化发展阶段（1993—1998 年）

（1）土地使用制度日益完善

1995 年开始施行的《中华人民共和国城市房地产管理法》，以法律形式进一步完善了我国土地使用权的出让和转让制度，特别是划拨用地的转让方式，以顺应我国经济建设和对外开放政策对土地市场的要求。第一，国有企业可将划拨用地作为资产入股中外合资企业；第二，针对土地隐形市场，该法提出了协议出让最低价，并鼓励使用拍卖、招标方式进行土地使用权转让；第三，限制了通过划拨方式取得土地使用权的范围；第四，规定进入一级市场的土地必须满足土地总体规划、城市规划和年度建设用地计划的要求。

这一时期如何盘活和控制一级市场的增量用地与存量用地引起各界重视。1996 年，上海市在我国首先建立了土地发展中心，标志着以市场主导的城市土地收购储备制度诞生。随后，杭州结合上海的经验教训，逐步建立了政府主导型、适合土地市场发展的城市土地收购储备制度。另外，为了实现整个城市社会经济的协调发展和土地资本的效益最大化，杭州开始实行城市国有土地的资本运营，即在市场经济条件下，政府以土地所有者代表的身份，运用经营的观点来运作土地资本。

（2）地价评估系统逐渐完善

1993 年起，《城镇土地估价规程》要求的地价体系逐渐在全国推广开来。各地陆续成立了土地价格评估机构，其工作重心由基准地价评估转向宗地地价评估。这一时期，地价评估方法在《城镇土地估价规程》的基础上作了局部的修正和发展，主要表现在区位条件评价方法、基准地价评估方法和宗地地价评估的发展上。

区位条件评价方法经过土地市场的一定发展后已不能应用于土地有偿使用，因此这一时期土地区位条件方法下得出的评估价格主要用于整理地价样本，宏观控制地价相对价位分布规律。

随着土地市场的发展及土地有偿使用的需要，基准地价由起初的级别地价发展出了路线价和区片价。并采用交易、租赁样本地价统计平均和方差分析评估。在缺少样本的均值区，则建立回归模型或利用因素比较法进行评估。1996年后，有些城镇开始尝试在基准地价评估更新过程中界定其基准条件，从而明确基准地价内涵。

随着这一时期土地市场的迅速发展，交易类型样本的增多，商业、住宅用地更多地采用市场交易数据，利用收益还原法、剩余法等进行直接评估，而不是利用基准地价系数修正法评估。

（3）土地金融迅速发展

20世纪90年代以后是我国土地金融迅速发展时期，国家先后出台了一些政策。1994年国发43条建议开始在全国范围内推出住房公积金制度，而后《政策性住房信贷业务管理暂行规定》和《商业银行自营性住房贷款管理暂行规定》也相继发布，这就构建了我国城市房地产金融制度的轮廓。1998年，实物分配开始停止，国家逐步实行住房分配货币化。同年《关于加大住房信贷投入、支持住房建设与消费的通知》下发，贷款条件及业务范围逐渐放宽。

4. 土地资本化发展突破阶段（1998年至今）

（1）土地使用制度改革各个击破

土地使用权制度改革在这一阶段最大的亮点是土地使用权出让制度的改革。1999年1月国土资源部发布通知，其强调了招标、拍卖在土地出让方式中的重要性，并再度要求要进一步扩大招标、拍卖出让形式在国有土地使用权转让中的比例。2002年5月，国土资源部又发布了《招标拍卖挂牌出让国有土地使用权规定》，规定同年7月1日起，各地"商业、旅游、娱乐和商品住宅等各类经营类用地，必须以招标、拍卖或者挂牌方式出让"。随即，国土资源部于2003年又出台了补充规定，进一步规范协议出让国有土地使用权办法。自此，我国国有土地招拍挂出让方式有了可遵循的统一法规。

这一时期，中央和各级政府都非常重视国有土地资产存量的流转和增量控制，因此土地储备制度在明确指引下在全国迅速推广开来，并且得到进一步完善。自1999年以来，中央政府和国土资源部相继出台各种政策以期规范和促进土地储备制度的发展。国务院于2001年发布通知，大力推动招标、拍卖形式在转让市场中的运用，规范政府在土地市场中的行政行为，鼓励各级地方政府试行土地储备制度。

为了推进土地资源市场配置，国土资源部出台相关政策，以限制划拨土地使用范围，规范协议出让土地行为。2003年国土资源部颁布了《协议出让国有土地所有权规定》，要求协议出让必须公开和引入市场竞争机制。

（2）地价评估系统开始规范化

为适应土地市场发展，国土资源部在全面总结全国各地城镇地价评估方法发展经验后，在2000年修订了《城镇土地估价规程》，中国城镇地价评估房地体系得到进一步完善。该规程充分考虑了土地市场发育对地价评估方法的要求，在地价内涵、宗地地价评估等方面作了较大改进。同时，国土资源部还于2000年着手全国城镇基准地价平衡工作、城市地价动态监测体系建立和地价信息查询与发布信息系统建立的研究。

在前期地价评估体系发展的基础上，这一阶段进一步加强地价管理，已基本建立了健全合理的地价体系。目前，我国的地价体系主要包括三种类型：一是按权能及其形式来划分，有土地所有权价格、土地使用权出让价格以及由其派生出来的土地使用权租赁价格、抵押价格、转让价格和典当价格；二是按土地使用权交易管理层次来划分，有基准地价和宗地地价；三是市场交易地价。

(3) 土地金融新的尝试

2000 年,建设部出台《住房置业担保管理试行办法》,自此个人住房贷款担保新机制建立起来了,这通过专业化的运作降低了风险管理成本。2001 年,中国人民银行发布了《关于规范住房金融业务的通知》,对我国房地产金融模式进行了划定,即银行资金不可成为房地产开发的主要资金来源。2003 年中国人民银行又发布《关于进一步加强房地产信贷业务管理的通知》,以规范房地产业务发展,防范金融风险。

为了调整房地产业的发展,中国人民银行多次调节贷款利率。但随着房地产业的快速增长以及其信贷规模的迅速扩大,提高房地产抵押贷款的流动性成为商业银行的迫切需要。2005 年,中国建设银行获批,成为首家推出个人住房抵押贷款支持债券的银行。随后《信贷资产证券化试点管理办法》出台,且首批住房抵押贷款支持证券 (MBS) 于 2005 年发行上市。

二、中国的土地资本化

改革开放以来,我国城市土地供应方式逐渐由之前的以划拨为主转变为以有偿出让为主,土地转让方式走向多元化,三级土地市场结构已得到发展和完善,我国土地市场建设取得了显著成效。

1. 土地市场投资增长迅速

20 世纪 90 年代以后,随着我国土地制度的不断完善以及土地市场机制的建立,土地市场持续活跃,不仅开发面积增长迅速,投资力度也不断加强。图 2—5 中,完成开发土地面积及房地产开发完成投资额增长迅速,1997—2008 年间,完成开发土地面积增长了 4 倍，房地产开发完成投资额则从 0.32 万亿上升为 3.12 万亿元。

（单位：亿平方米）　　　　　　　　　　　　　　　　（单位：亿元）

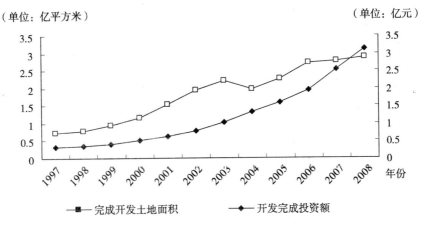

图 2—5　完成开发及投资图

资料来源：《中国统计年鉴》1998—2009 年。

2. 转让方式多样化

现阶段，中国土地使用权市场由一级市场和二级市场构成。在土地市场化的过程中，土地使用权一级市场转让面积不断增加，且转让方式由最初的划拨为主转变为"招拍挂"为主导、划拨为辅的转让结构。1999—2009 年间，"招拍挂"土地面积增长迅速，2009 年已占 85.3%（见图 2—6），划拨土地却逐年递减，这表明我国土地一级市场越来越合理。另外，在土地使用权二级市场中，转让数量激增，1992—2005 年间，土地转让宗数从 79892 宗增加到 1875386 宗，增加了 23 倍（见图 2—7），其中转让和抵押宗数不断增长，但出租宗数却逐渐减少。20 世纪 90 年代以来，我国的土地使用权市场结构逐渐完善，一级市场和二级市场互相促进，共同发展，使得土地市场走向繁荣，市场化不断提高，为土地资本化奠定了良好的基础。

（单位：万公顷）

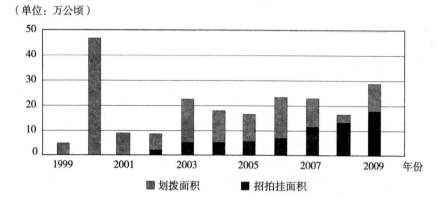

图 2—6　1999—2009 年土地出让结构分布

资料来源：国土资源部，http：//www. mlr. gov. cn/。

（单位：宗数）

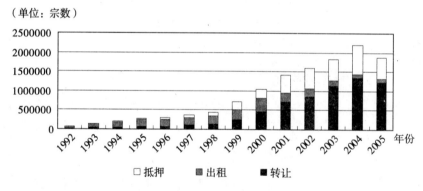

图 2—7　土地二级市场转让方式结构

资料来源：《中国国土资源统计年鉴》1993—2006 年。

3. 市场化不断提高

　　参考曲福田的研究方法，这里将对土地市场化程度进行测算。根据我国土地市场的发展特征，土地配置方式有两种：市场化和行政性。各种土地配置方式代表的市场化程度有所不同，因此，这里将在测算中给予其不同的市场化权重。测算模型如下：

$$L = \frac{X_1 W_1 + X_2 W_2 + X_3 W_3 + X_4 W_4 + X_5 W_5 + X_6 W_6 + X_7 W_7}{X_1 + X_2 + X_3 + X_4 + X_5 + X_6 + X_7} \tag{2—10}$$

其中，L 为土地市场化程度，X_1，…，X_7 分别为市场中各种土地交易方式下实现的宗数（划拨、协议、招标、拍卖、挂牌交易、租赁、转让、出租和抵押），W_1，…，W_7 分别为各种交易方式所对应的市场化权重，其中划拨出让的权重为 0，协议出让的权重为 0.3，租赁交易的权重为 0.5，其他形式由于市场化程度较高，都将其权重赋值为 1。根据相关数据，最终得出我国近些年来的土地市场化程度，如图 2—8 所示。20 世纪以来，我国土地市场化迅速，目前已将近 100％。

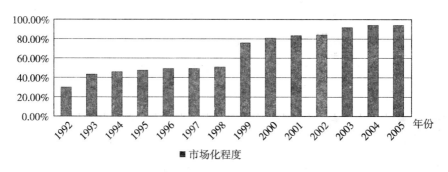

图 2—8 1992—2005 年土地市场化程度

三、土地资本化的作用

在土地资本化的过程中，市场竞争机制不断深化，特别是"招拍挂"制度实行以后，更多的参与者进入土地市场参与竞争，由于土地供给缺乏弹性，这势必导致土地价格上扬。随着与土地使用权抵押相配套的金融制度不断健全，土地市场中的投机因素不断增多，因此土地产生了虚拟性。另外，在地价波动的影响下，房地产价格也将出现波动，其虚拟性也不断显现。本节将分析土地资本化对土地虚拟性与房地产虚拟性的推动作用。

资本化条件下的土地表现出显著的资本化资产特性，即其价格完全是由不确定因素决定的，因此地价表现出波动性，即虚拟性。在土地资本化的过程中，经济基本面、金融政策及预期等因素逐渐成为影响我国地价波动的主要因素[①]。

1. 经济基本面与地价波动

土地是人类生存和发展的基本要素。在土地资本化条件下，经济发展、人口变化、区域分布在受到土地限制的同时，也会对地价产生影响。当经济基本面发生变化时，土地供应为了能调整以适应基本面发展时，地价就会出现波动。

随着经济周期性的变化，社会固定资产投资也会呈现出周期性变化，因此土地要素的供给以及相关产业的生产、结构分布、发展策略等都会随之出现周期性调整，这就带动土地资本的供需结构发生变化，进而地价出现波动。在经济复苏及繁荣期，土地资产投资具有较高的收益，因此投资者对土地需求增加；政府为了刺激经济增长，给予相关政策支持；消费者为了提高生存质量，也提出了对房地产的需求。在三者的作用下，地价上涨。而在经济衰退或萧条期，则反之。

物价波动是经济基本面的指示器，如图2—9所示，近十年来物价波动幅度越来越大，另外地价与物价变化趋于一致。可以发现，起初地价与物价并无关联，但随着时间的推移，它们波动的一致性越来越显著。这表明地价与经济基本面的相关性越来越大。

2. 金融政策与地价波动

地产投资需要巨额资金的支持，因此对金融制度有较强的依

---

① 葛扬、眭小燕：《房地产泡沫化机理及其影响研究评述》，《经济学动态》2009年第11期。

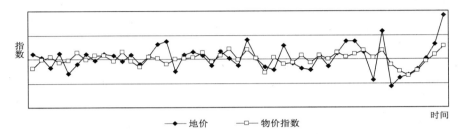

图 2—9 地价指数与 CPI 波动

资料来源：《中国统计年鉴》2009 年。

赖性。在金融自由化条件下，地产投资和银行及信贷关系更加紧密，金融体系的结构性变化会迅速传递到地产行业，并通过金融加速器扩大这种影响效应。若金融市场的变化引起信贷迅速扩张，则会推动土地价格的繁荣，在没有或低效的金融措施下，将出现地价剧烈波动，甚至会出现泡沫现象。在经济萧条或平稳阶段，中央银行往往允许银行自主分配负债结构，因此贷款迅猛上涨，股价随之上涨。这迅速增加了公司的资产项目，土地作为最好的投资项目之一，将很快成为公司的投资对象，从而土地的间接价值上升。企业在贷款条件放松的背景下，继续扩大对土地的投资，这种循环扩大的过程引起了市场对地价上涨的预期行为，最终导致地价脱离基本价格，而出现持续上涨的状态。而在经济持续繁荣，甚至过度繁荣时，中央银行将对银行负债结构及社会流通货币进行管理，这将导致贷款量急剧收缩，银行利润下降，企业甚至出现资金流动性困难，因此不得不减少对土地的投资，这将导致土地存量迅速增加，地价下滑，在市场出现地价下跌的预期后，地价将出现急剧跳水。

2000 年以来，随着我国信贷政策的放宽，房地产业贷款增长迅速（见表 2—1），与 2000 年相比，2008 年的商业性房地产贷款余额已增长了21倍，因此也带动了同期房地产价格的上涨。但2005年以后中央银行多次调整贷款利率，商业性房地产贷款余额增速放缓，地价波动幅度也随之增大。这表明我国的金融政策对地价的影响已显露出来。

表2—1 2000—2008年商业性房地产贷款

年份	2000	2001	2002	2003	2004	2005	2006	2007	2008
商业性房地产贷款余额（亿）	6019	9092	12723	18437	23732	27507	36800	48000	52800
增长率（%）	57.07	51.05	39.94	44.91	28.72	15.91	33.78	30.43	10.40

资料来源：中国人民银行网站（http://www.pbc.gov.cn/）。

另外由于地产的交易数额较大，因此在地产市场中，税收对地价具有显著的杠杆作用。一般认为财产税会降低市场地价，因为土地是不可移动的，财产所有者会相应承担一些税负，这就降低了土地所有者的土地价格，从而财产税被土地价值资本化。其他相关税种也会相应对土地价格产生一定影响。以空闲土地市场为例（Roger S. Smith1978），一般情况下，该作用机制可以简单表述成图2—10：

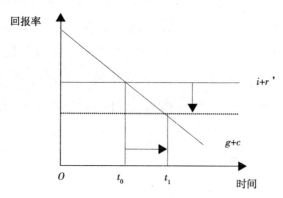

图2—10 税收的作用机制

若税率增加，回报率由 $i+r'$ 变为 $i+r$。投资者的回收期由 t_0 变为 t_1，持有土地的成本增加了，在竞争市场中土地供给将增加，这会导致地价的下降。若税率下降，则作用相反。

从企业决策角度来看，由于土地作为抵押品可以带来较大的避税价值，企业在融资决策中都将土地作为抵押品来减少它们的税收负债。另外，政府一般实施和地价反周期变动的税收政策，即地税税率和地价反向变动。因此，由经济基本面引起的地价小幅振动会被扩大。其具体的机理为：由于税率和地价反周期变动，因此地价初始的增长会降低税率，随之，土地必要的回报率下降，这又推动了地价上涨。税率和地价之间的平衡周而复始地被推高，最终地价波动更加剧烈。从居民决策角度来看，土地所有者一般要缴纳税收，如资产利得税、遗产税等。若税率较低，土地所有者更愿意持有土地，这将推动地价的上涨，因此持有土地的资本利得继续上升，这强化了土地需求，进而导致供求严重不平衡，推动地价继续上涨。若税率上升，则反之。

另外，随着土地资本化的发展，其他政策也逐渐成为地价的影响因素，如城市规划政策等。

3. 预期与地价波动

在房地产市场中，预期是影响地价波动的一个重要因素。预期不同，则投资与消费决策就有所不同，这将影响地产需求，进而带动地价波动。当有利好消息或整体预期较好时，便有更多的购买者进入土地市场，推动土地需求增加，由于一定时期内土地供给不变，地价将上升；而当有利空消息或整体预期下降时，有购买需求的人会持观望状态，选择不买，或放弃购买需求，因此土地需求下降，在供给市场中，有的土地持有者由于悲观情绪转让土地，因此土地供给增加，最终地价下降。可见，预期与同期的地价正相关。

随着我国土地资本化的发展，预期因素对地价波动的作用越来越大。20 世纪 90 年代以来，我国经济形势较好，因此对土地市场的预期上升，随着市场的完善，预期对土地价格的影响逐渐显露出来，21 世纪以来推动了全国地价全面上涨，甚至在有些地区已出现过热现象。

第四节　土地市场结构与房价的波动性

前面从一般的角度分析了土地资本化。考虑到转型时期中国土地制度和土地资本化程度的复杂性，有必要从土地市场结构对房价的波动性作用进行分析。

一、转型期市场条件下地价房价比分析

从 1998 年开始，全国范围内停止住房实物分配，全面实行住房分配货币化，房地产市场开始全面进入商品化时代，房地产市场得到迅速发展。1998—2003 年这 6 年间，全国土地交易价格指数（上期＝100）平均为 103.18，最高为 2003 年的 108.3；全国房屋销售价格指数平均为 102.2，最高为 2003 年的 104.8。2004 年 3 月 30 日，国土资源部、监察部联合下发的《关于继续开展经营性土地使用权招标拍卖挂牌出让情况执法监察工作的通知》中要求，从 9 月 1 日开始，取消国有土地使用权协议出让，国有土地使用权一律采用招、拍、挂。当年，全国土地交易价格指数为 110.1，房屋销售价格指数为 109.7，均创当时历史最高。全面实行"招拍挂"后的 2005—2008 年间，全国土地交易价格指数平均为 109.34，比 1998—2003 年区间内的指数水平增加了

6.16；全国房屋销售价格指数平均为 107.38，比 1998—2003 年区间内的指数水平增加了 5.18。

从数据上看，除 2008 年受全球金融危机影响外，自 1998 年以来，土地市场和商品房市场呈现出这样的特征：在土地交易价格指数较高的年份，房屋销售价格指数也较高，反之亦然。由于土地是房地产商品的重要组成部分，因此，这个特征很容易使人们认为，实行"招拍挂"后，土地价格的快速上涨是房地产价格不断攀升的重要原因。人们产生这样的判断，通常是觉得土地价格是房地产的重要成本。但是，由于房地产商品存在 2—3 年的开发周期，即使从成本的角度来分析，土地价格也不可能在当期就反映在房地产价格中。也就是说如上述所述的土地价格和房地产价格呈同步同向变化的特点并不是两者真实关系的反映。那么人们的直观判断与事实是否一致呢？学术界一直在通过理论和实证的方法来分析和检验人们的直观判断，并进一步研究土地市场和房地产市场之间的关系。

房地产价格的快速上涨，"地王"的不断涌现，土地价格快速推升房价成为一个普遍现象。那么，地价在房地产商品的成本中究竟占多大的比例，地价是怎样推动房价上涨的呢？或者说地价的虚拟性是怎样传导房价的虚拟性的呢？下面先从地价占房价比的角度进行分析。

从会计成本的角度看，房地产商品主要的成本应该包括三个方面：建造成本、土地成本、税金及附加费。2009 年，国土资源部调查了 620 个房地产开发项目，在东部、中部、西部有不同的类型。调查的结果表明，目前在中国，地价占房价 15%—30%，平均是 23.2%。与国际水平做了大致的比较，美国是28%，加拿大是 24%，英国是 25%—38%，韩国是 50%—65%，日本是60％—75％，新加坡是55％—60％。韩国、新加坡、日本均是土地资源紧缺的国家，一般说来，一个国家或者一个地区的土地资源越紧缺，地价占房价的比例就越高。可见，与那些已经完成城市化进程的国家相比，我国地价占房价的比例并不算高。

我们根据《中国统计年鉴2009》所公布的数据对全国的地价占房价比进行了估算。首先估算出历年全国范围内的楼面地价，楼面地价的计算公式为：楼面地价＝土地单价/容积率，其中，土地单价＝土地购置费用/土地购置面积，容积率＝竣工房屋面积/本年完成开发土地面积，经计算，容积率平均为2.1，这个容积率与实际是比较接近的，说明这个估算方法是可信的。得到楼面地价后，根据历年商品房销售平均价格，可以计算出地价占房价的比例，结果显示，1997—2008年间，地价占房价的比例总体呈不断上升趋势（如图2—11所示），平均为11.46％，最低为7.92％（1998年），最高为17.30％（2008年）。估算结果与国土资源部在2009年的调查基本接近。可见，土地成本在房地产价格中的比例不足1/5。

（单位：%）

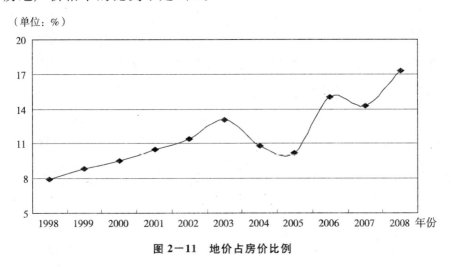

图2—11　地价占房价比例

此外，根据统计年鉴中公布的经营税金及附加和商品房销售面积两项指标，按照"单位面积税金及附加＝经营税金及附加／商品房销售面积"的公式，我们得到每平方米房地产商品所分摊的经营税金和附加，再综合商品房竣工造价和楼面地价，我们基本上得到了房地产建设中主要的会计成本，并将其构成比例用图2－12表示。从成本增量上看，2004—2008年间，历年楼面地价分别增加了－7元/平方米、21元/平方米、184元/平方米、44元/平方米、107元/平方米，而历年商品房竣工造价分别增加了129元/平方米、49元/平方米、113元/平方米、93元/平方米、138元/平方米，可见，即使在实行土地"招拍挂"后，除2006年外，商品房竣工造价增加的绝对值都要远远高于土地成本增加的绝对值。因此，地价推升了房价的说法，显然是夸大了地价上涨对房价的影响程度。

（单位：元/平方米）

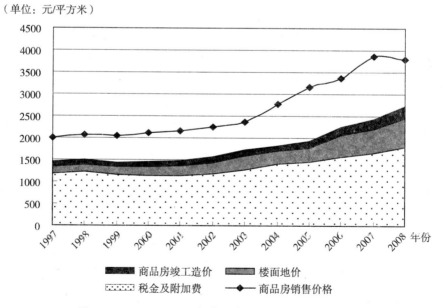

图2－12　1997—2008年商品房竣工造价、楼面地价、
税金及附加费和商品房销售价格

当前，我国经济发展正处于加快转型阶段，土地市场对房地产市场的影响，与其自身的市场结构有着密切的关系。我国的土地市场结构存在两个层次；一是土地增量市场，由国家垄断经营，将土地使用权有偿出让给土地使用者，我们称之为一级土地市场。从一定程度上讲，在城市化进程初期的一级土地市场中，供给决定了需求。二是土地存量市场，是使用权在不同使用者之间的横向转让，主要由土地的使用者如开发商决定土地对消费者市场的供应量，我们称之为二级土地市场。一级和二级土地市场对房地产市场的供应有着各自不同的重要影响。因此，研究土地市场对房地产供给和价格的影响，必须从两个层次的土地供应市场分别进行分析。

二、土地市场结构与房价虚拟性影响机理及其实证分析

一级土地市场和二级土地市场怎样对房地产价格产生影响呢？下面分别进行分析。

在一级土地市场中，一般来说，土地供应量的增加，会增加房地产市场的供给量。在需求不变的情况下，房地产价格将会下降。为了进一步分析一级土地市场与房价之间的影响，我们进行了实证方面的检验。检验涉及的变量有：商品房平均销售价格和土地购置面积，商品房平均销售价格即代表了房价，用 P 表示；土地购置面积代表了土地供给面积，用 LAND 表示。样本的区间为 1997—2008 年，所有数据均根据历年《中国统计年鉴》整理得到。利用 Eviews 软件，采用 ADF 的检验方法，我们对 P 和 LAND 进行平稳性检验，结果如表 2－2 所示，变量 P 和 LAND 均为非平稳序列，对其进行差分后分析，结果显示 P 和 LAND 均为二阶单整时间序列。

表 2—2 P 和 LAND 进行平稳性检验

变量	P	△P	△²P	LAND	△LAND	△²LAND
检验方法	(C, 0, 0)	(C, 0, 0)	(C, 0, 0)	(C, 0, 0)	(C, 0, 0)	(C, 0, 0)
T统计量	0.728409	−2.250573	−4.432452	−1.781489	−1.537165	−3.205592
临界值	−3.175352**	−3.212696**	−3.259808**	−3.175352**	−3.212696**	−2.771129***
P值	0.9862	0.2024	0.0098	0.3689	0.4752	0.0540

注：**、***分别表示5%和10%的显著水平。

由于 P 和 LAND 为同阶单整，因此我们可以利用 Johansen 检验判断它们之间是否存在协整关系。

迹检验和最大特征值检验结果均显示（表 2—3 仅列出迹检验结果）：P 与 LAND 在 5% 的显著性水平上至少存在两个协整方程，也即 P 和 LAND 之间存在长期协整关系。

表 2—3 P 与 LAND 之间的协整关系检验

原假设：协整向量个数	特征值	迹统计量	5%临界值	Prob.**
0 个*	0.745431	17.96999	15.49471	0.0208
最多1个*	0.348719	4.288138	3.841466	0.0384

注：*、**分别表示5%和10%的显著水平。

因此，我们可以利用向量自回归模型（VAR）进行冲击响应（impulse response）分析。脉冲响应函数刻画的是在扰动项上加一个一次性的冲击对于内生变量当前值和未来值所带来的影响。由于脉冲响应函数要求扰动项之间是正交化的，因此，本书将通过 Cholesky 分解来计算脉冲响应函数[1]。我们建立 P 和

① 詹姆斯·D. 汉密尔顿：《时间序列分析》，刘明志译，中国社会科学出版社 1999 年版，第 101—106 页。

LAND 的 VAR 模型进行分析，并根据 AIC 准则确立最优滞后期。本书估计得到的 VAR 模型特征多项式根的倒数均在单位圆内，因此，VAR 模型是稳定的。结果如图 2－13 和图 2－14 所示。在各图中，横轴表示冲击作用的滞后期间（单位：年），纵轴表示响应数（单位：次），实线表示脉冲响应函数，虚线表示两倍标准差的偏离带。

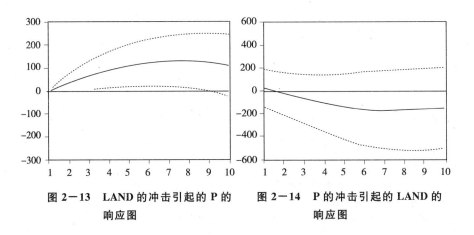

图 2－13　LAND 的冲击引起的 P 的　　图 2－14　P 的冲击引起的 LAND 的
　　　　　响应图　　　　　　　　　　　　　　响应图

从图 2－13 中，可以看出，在一级土地市场中，土地供应量的正向冲击会使房价在滞后的各期内呈正向影响，从第 1 期开始逐渐增加，到第 7 期时达到最大，随后趋于稳定，在第 9 期后稍微有所下降；这个结果与土地供给增加—房地产供给增加—房价下降的传统路径恰恰相反，也就是说，一级土地市场供给面积的增加不仅未能使房价下降，反而使房价不断上升。从图 2－14 中可以看出，房价的正向冲击在第 1 期使土地供给量有所增加，但很快便不断下降，到第 7 期达到最低点，随后趋于稳定，在第 9 期后下降的幅度稍微减小。这表明，当房价上升时，一级土地市场的供给总体上会不断减少。

　　为什么一级土地市场和房价之间的关系，与经典的供给对价格影响的理论相悖呢?

　　事实上,在一级土地市场和房地产市场之间,还存在一个二级土地市场,也就是说,一级土地市场供给的变化并不是直接影响到房地产市场,而是首先影响到二级土地市场。当一级土地市场增加土地出让面积时,二级市场的存量增加,之后,二级土地市场中开发速度和面积决定了房地产市场的供给量。由于二级土地市场的开发数量和速度是由房地产开发商决定的,因此,如果开发商囤积土地的话,那么增加一级土地市场供给量对房地产市场供给的影响就大打折扣。

　　据统计年鉴的数据显示,1997—2008 年间,我国城镇人口以平均每年约 2000 万的速度增加,按照平均每个家庭 2 个人一套住房,每个家庭用 6 年的收入来实现住房需求的愿望计算的话,那么,这 12 年间的住房需求量约为 6000 万套。而这 12 年间,我国一级土地市场共出让商品房用地 330288.66 万平方米,按照平均容积率为 2,每套住宅平均 100 平米计算的话,这些土地理论上可以提供 660577.32 万平方米或是约 6605.58 万套的商品房。可见,一级土地市场不存在供小于求的局面。但是,二级土地市场的实际开发面积和房地产市场的实际供给面积却并非如此(图 2-15 显示了历年的土地购置面积和完成开发土地面积)。统计显示,1997—2008 年间,全国共完成开发土地面积为 218806.0 万平方米,完成开发土地面积仅占总土地供给面积的 66%,商品房总供给面积为 465073.5 万平方米,商品房总供给套数仅为 3322.16 万套,这是远远低于房地产市场的正常需求的。

　　如果仍按照容积率为 2,每套住宅 100 平方米来计算的话,全国闲置的 111482.6 万平方米待开发土地,使房地产市场减少

（单位：万平方米）

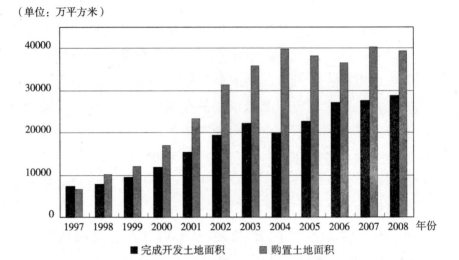

图 2—15　历年的土地购置面积和完成开发土地面积

了 222965.3 万平方米的供给，或是等同于减少了约 2229 万套住宅的供给。减少的供给面积占 1997 年以来房地产总供给面积的48％之多，减少的商品房套数占 1999—2008 年间的供给套数近67％。综合供给面积和供给套数减少的情况，可以说，土地的大量囤积和闲置，使房地产市场的有效供给几乎减少了一半。可见，由于二级土地市场存在着严重的土地囤积和闲置现象，导致一级土地市场的供给与房价之间关系与传统的供给对价格影响的理论相悖。

针对开发商的土地囤积和闲置行为，2004 年 10 月，国务院发布了《国务院关于深化改革严格土地管理的决定》，决定要求："严禁闲置土地。农用地转用批准后，满两年未实施具体征地或用地行为的，批准文件自动失效；已实施征地，满两年未供地的，在下一年度的农用地转用计划时扣减相应指标，对具备耕作条件的土地，应当交原土地使用者继续耕种，也可以由当地人民政府组织耕种。对用地单位闲置的土地，严格依照《中华人民共和国土地管理法》的有关规定处理。"2007 年 11 月 19 日，国土资源部、财政部、中国人民银行联合制定发布了《土地储备管理办法》，进一步加强及完善了土地管理，加大打击开发商囤地行为。2008 年 1 月 7 日，国务院下发了《关于促进节约集约用地的通知》，通知指出：土地闲置满两年、依法应当无偿收回的，坚决无偿收回，重新安排使用；土地闲置满一年不满两年的，按出让或划拨土地价款的 20％征收土地闲置费。对闲置土地特别是闲置房地产用地要征缴增值地价。然而，土地的囤积和闲置行为始终未得到有效遏制。

土地的囤积和闲置，对房价会产生重要影响。下面我们将从实证角度来检验二级土地市场的囤地和闲置行为对房价的影响。

检验涉及的变量有：商品房价格增长率[①]和土地闲置面积，其中，商品房价格增长率由商品房价格指数增长率替代，用 PS 表示；土地闲置面积用待开发土地面积替代，用 DL 表示。样本区间为 1998—2008 年，所有数据均根据历年《中国统计年鉴》整理得到。利用 Eviews 软件，采用 ADF 的检验方法，我们对 PS 和 DL 进行平稳性检验，结果如表 2—4 所示，变量 PS 和 DL 均为非平稳序列，对其进行差分后分析，结果显示 PS 和 DL 均为一阶单整时间序列。

---

① 由于商品房平均销售价格与待开发面积不是同阶单整的时间序列，因此，我们用商品房价格增长率来代替商品房平均销售价格来研究土地闲置与商品房价格之间的关系。

表 2—4　PS 和 DL 进行平稳性检验

变　　量	PS	△PS	DL	△DL
检验方法	(C, 0, 0)	(C, 0, 0)	(C, 0, 1)	(C, 0, 0)
T 统计量	−1.207905	−3.337480	0.379786	−5.426680
临界值	−2.747676***	−3.259808**	−3.259808**	−3.259808**
P 值	0.6253	0.0448	0.9677	0.0028

注：**、***分别表示 5% 和 10% 的显著水平。

由于 PS 和 DL 为同阶单整，因此我们可以利用 Johansen 检验判断它们之间是否存在协整关系，如表 2—5 所示。

表 2—5　PS 与 DL 之间的协整关系检验

原假设：协整向量个数	特征值	迹统计量	5%临界值	Prob.**
0 个*	0.963006	29.67306	15.49471	0.0002
最多 1 个	5.59E−06	5.03E−05	3.841466	0.9967

注：*、**分别表示 1% 和 5% 的显著水平。

迹检验和最大特征值检验结果均显示（表 2—5 仅列出迹检验结果）：PS 与 DL 在 5% 的显著性水平上存在一个协整方程，也即 PS 和 DL 之间存在长期协整关系。

我们同样建立 VAR 模型进行脉冲响应分析，估计得到的 VAR 模型特征多项式根的倒数均在单位圆内，因此，VAR 模型是稳定的。结果如图 2—16 和图 2—17 所示。

从图 2—16 和图 2—17 中可以看出：土地闲置面积的正向冲击会使房价在滞后的各期内呈加速上涨的趋势，第 1 期增速为最大，随后的各期逐渐下降，这表明，二级市场土地的大量囤积和闲置会加快房地产价格上涨的速度；房价增速的正向冲击会使土地闲置的面积在滞后的各期内呈增加趋势，第 1 期为 0，随后逐

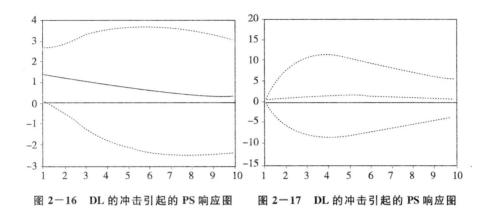

图 2—16　DL 的冲击引起的 PS 响应图　　图 2—17　DL 的冲击引起的 PS 响应图

渐增加，到第 4 期达到最大，之后逐渐减小，趋近于 0，这表明，房价上涨速度的加快会诱发开发商的囤地行为。

更重要的是，图 2—16 和图 2—17 还反映了这样一种情况：当房价快速上涨时，诱使开发商囤积土地，而土地的囤积和大量闲置又会使房价增速进一步加快，从而进一步使开发商大量囤积土地。这样，在土地市场和房地产市场之间，就陷入一方面土地大量闲置、有效供给不足，另一方面房地产价格不断上涨的恶性循环局面。

理论和实证分析表明，由于我国土地市场结构的特点，土地对房价的影响并不是简单反映在成本上，土地的二级市场发挥着重要的作用，其作用路径是："一级土地市场供给—二级土地市场供给—房地产市场供给—房价"。由于在现有土地制度下二级土地市场上大量囤积和闲置导致的房地产有效供给不足，不仅加剧了供需矛盾，而且使政府通过一级土地市场来调控房地产市场的力度逐渐弱化。因此，地价虚拟性向房价虚拟性的传导主要是通过二级土地市场实现的，也就是说，问题出在二级土地市场。

根据上面的分析可知，改善房地产市场的供求关系关键是有效遏制二级土地市场的囤积和闲置的问题。第一，加强政策执行力度，严厉打击二级市场土地囤积和闲置。要严格执行 2008 年《关于促进节约集约用地的通知》中"土地闲置满两年、依法应当无偿收回的，坚决无偿收回，重新安排使用；土地闲置满一年不满两年的，按出让或划拨土地价款的 20％征收土地闲置费。对闲置土地特别是闲置房地产用地要征缴增值地价"的要求。如果政策出台后不能有效执行，有法不依，执法不严，那么，再多的政策都毫无意义。第二，建立土地信息管理系统，强化日常监管环节。将区域内土地来源、土地供应（国有土地使用权出让计划、招拍挂公告以及土地出让结果）、开发利用、市场交易以及集体建设用地等信息录入土地利用批后监管系统，不断加强对出让土地的日常监督力度，督促用地单位及时足额缴款履约。第三，土地一级市场的供给规模应具有前瞻性。房地产商品开发周期所具有的供给刚性和滞后的特点，要求一级土地市场的供给必须考虑这种滞后效应，在供给规模上应该考虑超前于 2—3 年的市场需求，才能建立起有效的反周期机制，克服供给约束对房价上涨的负面作用。因此，规划土地的出让数量时，必须考虑增量土地供给与存量土地供给的合理配比。第四，优化土地出让结构。严格限制大宗土地的出让数量，在总体规划的前提下，以多宗数和小面积为土地出让的主要方式，缩短房产开发周期，防止开发商以分期开发的名义囤积土地。同时，还必须考虑区域内土地利用的平衡性和开发产品用地的合理性，不得随意变更用地性质。

第三章 土地资本化条件下的
房地产虚拟性

获得土地使用权所支付的成本是房地产价格中一个重要组成部分，因此，土地市场中形成的地价将对房地产市场中的供需关系造成影响，最终影响房地产价格。因此地价波动往往会引起房地产价格的波动。虚拟性是资本化资产的一个重要表现。房地产业也不例外。在我国，经过三十多年的改革和发展，房地产的这种特性也逐渐显现出来。房地产虚拟性的重要表现就是其价格的强波动性，经过二十多年的土地资本化进程，中国房地产价格表现出较强的波动性，其虚拟性显著。房产与地产是不可分割的，在市场条件下地价的虚拟性一定会在房价上体现出来，而且房地产的虚拟性一旦形成就具有其发展的相对独立性。

第一节 房地产产品的属性及其虚拟性

一、房地产产品属性

在研究房地产定价机制及其理论模型之前，必须先弄清楚房地产这一商品所具有的特殊属性。

1. 投资和消费两重属性

首先，房地产是人们日常生活中所必须的生活和生产资料。一方面，房地产为广大居民提供了必备的生活场所。而随着人们收入水平和居住偏好的不断改善，对住房的需求也会不断提升。另一方面，房地产还为广大企业提供了生产经营所必备的场所。在企业的资产构成中，房地产资产往往占据较高的比重。此外，房地产还是最基本的投入要素。房地产投资在公共投资和个人总投资额中占有相当大的比重。我国国家统计局城调总队于2002年7月进行首次"中国城市居民家庭财产调查"，结果表明："城镇居民家庭资产户均总值为22.83万元。其中，金融资产为7.98万元，占家庭财产的34.9%；住宅为10.94万元，占家庭财产的47.9%。"[①] 可见，房地产投资也逐渐成为很多家庭进行投资的重要选择之一。因此，房地产产品具有明显的消费和投资双重属性。正是由于房地产这种双重属性，在进行房地产定价过程中，不仅要考虑消费者自身的效用和预算约束问题，还必须考虑投资房地产所能获得的投资收益。而在定价过程中考虑投资收益就会使得房地产价格具有极大的不确定性和波动性。

2. 产业关联度高，带动效应明显

房地产业与其他行业相比，明显具有较长的产业链。房地产业的发展需要国民经济中的金融、检测、建材、设备、机械、冶金、陶瓷、仪表、森工、化塑、玻璃、五金、燃料动力等许多物资生产部门和服务部门相协调配合。而房地产业的发展也会对这些行业的产品或服务带来一定的需求。因此，房地产业的发展对其他产业具有非常明显的带动作用。王国军、刘水杏（2004）就

---

① 引自国家统计局网站，2002年9月28日。http://www.stats.gov.cn/

房地产业对相关产业的带动进行了系统的研究。根据他们的研究："我国房地产业每增加 1 单位产值对各产业的总带动效应为 1.416，其中对金融保险业的带动效应为 0.145，居各产业之首。"①

3. 位置的不动性和使用的耐久性

房地产位置的不动性是指土地以及土地之上的建筑物不能被大量移动，这一点就内在决定了房地产的不动产属性。房地产位置的不动性主要体现在自然地理位置的不动性、区位关系的不动性和社会经济位置的相对不动性。房地产位置的不动性也就决定了房地产的不可贸易性。房地产具有非常强烈的国别性或是区域性。对房地产进行定价时就不能使用一般的对具有较好流通性的商品进行定价的模型。为此，有些学者尝试使用实物期权的定价方法。房地产使用的耐久性是指房地产相对于其他生产、生活资料更不易遭受自然磨损和功能磨损。一方面，土地具有不可毁灭性，非农用土地可以反复持续利用；另一方面，土地上的建筑物相对于其他商品来说也更具耐久性。例如，有些房屋的使用年限可达到几十年甚至数百年。房地产使用的耐久性的经济意义主要体现在以房地产进行抵押可以获得长期贷款；它的使用权和所有权可以分离，并由此产生租赁这一房地产经营行为。

4. 产品的异质性

房地产在位置的差异性和在质量差异上的普遍性决定了其有别于其他标准化的产品，是一种差异化程度较大的产品。从位置的差异性来看，区位差异、邻居差异和各项设施差异对房地产价

---

① 王国军、刘水杏：《房地产业对相关产业的带动效应研究》，《经济研究》2004 年第 8 期。

格有较大的影响。其中，区位差异性尤为重要。由于特定地点的房地产的价值往往积淀了周围的社会资本，如地铁、学校、公园和医院等一系列配套设施。因此区位对于价值的决定作用往往是房地产独有的。在购买房地产的过程中，区位显然已经成为人们最为看重的因素。从质量的差异性来看，对于每个商品房来说，用途、结构、选用材料、装饰、朝向、高度等因素都会影响其价格水平。当然人们在购买房地产的过程中，也往往基于自身的偏好来做出选择。

二、房地产虚拟性理论分析

房地产的产品属性表明，其不仅具有使用价值，同时还具投资价值，这使得其与普通商品和纯粹的金融商品有所区别。根据这一特点，我们可以引入存量与流量模型对房地产价格进行分析。根据该理论，房地产价格可被认为是三部分关系的组合：

一是使用市场，这主要决定于供需情况，其中需求量取决于租金水平，这用公式可表示为：

$$D_t = a - dR_t$$
$$S_t = S_{t-1}(1-d) + \Delta S_{t-1} \tag{3-1}$$

其中，d 为折现率，假设其为常数。

二是投资市场，这主要取决于对未来租金收益的预期。假设租金水平保持不变，则房地产价格可表示为：

$$P_t = \frac{R_t}{i} \tag{3-2}$$

三是房地产增量市场，这主要决定于生产房地产的成本，假设该成本为：

$$f(\Delta S_t) = \alpha \Delta S_t{}^2 + \beta \Delta S_t + c$$

该市场中的厂商将根据利润最大化原则确定新生产房地产数量：

$$\max_{\Delta S_t} P_t \Delta S_t - f(\Delta S_t)$$

$$F.O.C \quad P_t - 2\alpha \Delta S_t - \beta = 0$$

因此，该市场新增房地产数量可表示为：

$$\Delta S_t = \frac{P_t - \beta}{2\alpha} \tag{3-3}$$

存量市场和增量市场中的均衡条件分别为：

$$D_t = S_t$$

$$S_t = S_{t-1}$$

由此可得，房地产均衡数量及价格为：

$$P = \frac{\beta + 2\alpha ad}{1 + 2\alpha bdi}, \quad S = \frac{\alpha - ib\beta}{1 + 2\alpha bdi}, \quad \Delta S = \frac{(a - ib\beta)d}{1 + 2\alpha bdi}$$

$$R = i\frac{\beta + 2\alpha ad}{1 + 2\alpha bdi}$$

这三个市场的关系可以简单地用图 3-1 来表示，其中第一象限为使用市场，没有弹性的供给曲线（S）和需求曲线（D）决定该市场中的供应量和租金水平；第二象限表示投资市场，可发现房地产价格会随着租金的变动而发生剧烈变动；第三象限为房地产增量市场，其新增量由房价和生产成本决定。最后通过第四象限，本期房地产新增数量将影响下期使用市场的供给数量。

在土地资本化条件下，地价波动性往往比较显著，由于新增房地产的生产成本中最重要的是获得土地的成本，因此地价波动性将对房地产市场产生显著的影响。假设土地资本化促使地价上涨，这将增加新建房地产的成本，因此新增房地产市场中的厂家将减少房地产新增量，在图中反映为 ΔS 减少，从而使用市场中的房地产供应量随之减少，这将推动租金上涨，进而带动房价迅速上涨。

当一些重要的外生变量发生变化时，房地产市场中的均衡价格及数量也将发生变化。当经济繁荣时，房地产消费需求增加，在图3－1中即为需求曲线（D）向右移动，这将导致租金、房地产价格、新增房地产数量和存量房地产数量全面增长。若在这种情形下，地价上涨，又会按照之前的路径推动房价的进一步上涨。

可见，在土地资本化条件下，土地价格波动将加剧房地产价格的波动，增加房地产市场的虚拟性。在成熟的房地产市场中，投资市场、使用市场和增量市场会因不确定因素而调整，而土地价格波动则会强化这个调整过程及强度。

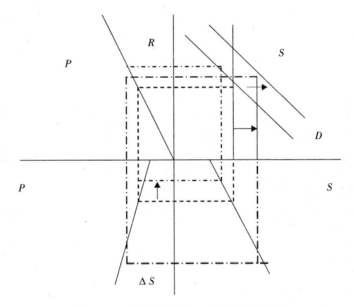

图3－1　房地产使用、投资及新增市场

三、房地产虚拟性的产生

获得土地使用权所支付的成本是房地产价格中重要的一部分，因此土地市场中形成的地价将对房地产市场中的供需关系造成影响，最终影响房地产价格。因此地价波动往往会引起房地产价格的波动。为了更好地反映地价对房地产价格的影响，这里通过四方图进行分析。

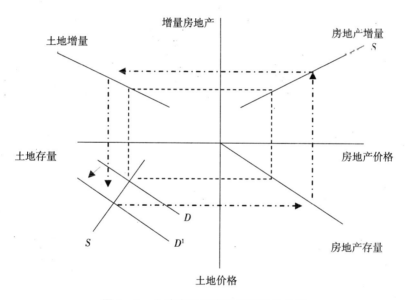

图3-2　土地市场与房地产市场的关系

如图3-2所示，第一象限和第四象限分别代表房地产的增量市场和存量市场，第二象限和第三象限分别代表土地增量市场和土地存量市场。这里将从第三象限开始解释土地价格对房地产价格的影响。当地价影响因素（经济基本面、金融政策或预期）较好时，需求曲线向下移动，因此土地存量供应量和地价同时上升，这将导致房地产存量市场（第四象限）中房地产价格上涨。

存量市场中的房价上涨将刺激开发商扩大房地产开发规模，这反映在第一象限中。最后土地增量市场（第二象限）将根据房地产新增开发量重新确定土地存量。从该分析中，我们发现地价波动将通过市场调节传递到房地产市场中，最终引起房地产价格的波动，因此在土地资本化条件下，地价的虚拟性产生也将带动房地产虚拟性的产生。

近几年，我国房地产价格波动较大，从图3-3中可以看出，房价和地价均表现出较大涨幅，这主要是由于近些年我国经济基本面良好，对该市场的预期上升，因此推动了两者的上涨。从图3-3中，我们发现房价指数和地价指数在样本期间内有相同的变化趋势，即波浪式上升，且波峰和波谷存在一定程度的重合，应用Eviews5.1可得它们的相关性高达0.990754，即它们之间高度相关。另外，这种变化在2000年到2002年三季度内相对平缓，但此后的区间内波动性迅速增大，且房价波动滞后于地价波动。这是由于2002年土地使用权转让制度改革后，土地资本化进入新的阶段，不仅土地制度得到完善，而且房地产金融走向多元化，土地虚拟性日益凸显，因此地价上升较快。另外土地虚拟性的发展也带动了房价虚拟性的发展，房地产在经济基本面、金融政策和预期的作用下表现出较强的波动性。

四、影响房地产价格波动的主要因素

房地产行业作为一种极其重要的产业深深的扎根于宏观经济的体系中。因此，在任何一个经济体中，住房价格与宏观经济都存在着非常密切的联系。我们可以将宏观经济中影响住房价格波动的因素分为以下三类：一是经济因素，二是政策和制度因素，三是社会文化因素。何国钊、曹振良、李晟（1996）曾研究了政

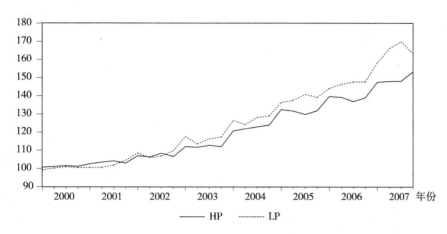

图3—3 房价指数与地价指数波动

策因素对我国房地产市场的影响。他们通过研究发现，我国房地产市场受宏观政策影响较大，"中国房地产经济波动的主要根源来自于外部冲击——政策周期"①。虽然我国现在的房地产市场日趋市场化，但2008年我国房地产市场在政策的打压之下曾一度低迷，而在2009年4万亿经济刺激政策下又迅速复苏。可见，我国房地产市场还是较易受宏观政策的冲击。下面，我们主要分析宏观经济因素对住房价格波动的影响。

一般来说，在一系列宏观经济因素中，人口因素、居民的收入水平、利率、住房开发成本、金融支持、空置率、住房投资者和消费者对未来的预期、消费者的消费习惯等都会对房地产价格的波动产生较大的影响。

1. 人口因素

住房是人类的最基本需求，因此，人口因素也就成了决定住房需求的最基本因素。一般来说，人口决定了住房价格的长期趋

---

① 何国钊、曹振良、李晟：《中国房地产业周期研究》，《经济研究》1996年第12期。

势，但短期影响却不是非常明显。人口对住房价格的影响主要有三个方面：一是人口结构的变迁。一般来说，住房需求的主题是26—35岁的婚龄人口，因此，如果这部分人口在总人口中的比重较大的话，将推动房价的上涨。二是家庭结构的变迁。家庭结构的变迁主要体现在家庭的小型化上。而家庭的小型化无疑会增加对住房的需求，也就会促进房地产市场的繁荣。三是城市化的推进。目前，我国的城市化率只有将近47%，与欧美发达国家相比还有较大的差距。随着城市化的快速推进，城市人口将快速增长，从而进一步增加对住房的需求。

2. 收入

由于房地产是切切实实的商品，购房者需要支出相应的货币来购买。因此，居民收入水平的高低直接决定了其是否有能力来购买其所中意的住房。这就决定了居民收入水平是决定住房价格的最重要因素之一。

（单位：元）

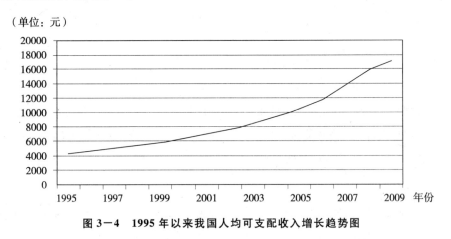

图3—4　1995年以来我国人均可支配收入增长趋势图

居民收入水平的高低直接决定了其购买力的大小，进而决定了市场需求的大小。而在短期住房供给不变的情况下，居民收入水平的提高会造成房地产价格的上涨。相反，收入的降低也可能会造成房地产价格的下跌。根据国际经验，在衡量房地产价格是否存在泡沫的时候，也往往运用房价收入比这一指标来衡量。由此可见，收入这一因素在决定房地产价格过程中的重要性。

3. 住房开发成本

住房开发成本对房地产价格也有较大的影响。一方面，在其他条件不变的情况下，房地产开发成本的高低直接决定了房地产开发商所能获得的利润。而利润水平的高低则决定了房地产开发商进行住房投资的积极性。如果其他条件不变，住房开发成本较低的话，房地产开发商的利润空间就会较大，这将促使开发商投入更多资源或是吸引其他社会资源来进行房地产开发，房地产供给也会相应增加。另一方面，房地产开发成本较低的话，房地产开发商即使降低销售价格，也可以获得较为客观的利润，因此，从这个层面上来看，房地产开发成本的降低有利于房地产价格的下降。在房地产开发成本中，土地价格占了较大的比重。特别是近几年来，各地"地王"频现在一定条件下推动了住房价格的快速上涨。而地价的上涨又与经济发展是相协调的。林毅夫（2003）曾指出："在经济发展中，随着社会总需求的不断增长，供给弹性越小的生产要素，其价格上涨越快。"[①] 而土地正是这样一种要素。因此，一些学者纷纷指出要控制房价，必须先抑制地价的快速上涨。如杨慎（2003）、包宗华（2004）认为地价的大幅上涨必然导致房价大幅度提高。

4. 利率

利率水平反映了经济主体为了获得货币而必须付出的成本。理论上来说，在其他条件不变的情况下，利率下降，会使得房地

---

① 林毅夫、汪利娜：《非理性"圈地"原因何在?》，《建筑时报》2003 年 1 月 22 日。

产开发商的融资成本降低，从而刺激房地产投资规模的扩大。与此同时，利率下降也会使得消费者储蓄意愿下降，投资或消费的意愿增强，这在一定程度上会拉动对住房的消费。此外，利率下降还能使得消费者的按揭成本减小。因此，总体来说，利率下调会促使房地产价格上升。相反，利率上升则会使得房地产价格下降。但这一关系并不是绝对成立的，还要结合具体的市场环境加以分析。在欧美国家，房地产市场较为成熟，利率水平也相对市场化，其住房价格和实际利率就存在较强的负相关关系。而在我国，住房价格与实际利率的关系则并不是特别显著。

5. 通货膨胀率

房地产是一种特殊的商品，它既具有一般商品的属性，又具有投资属性。而在我国投资渠道相对狭窄的环境下，房地产作为一种非常重要的投资品，必然成为广大民众对抗通胀的首要选择。当物价持续上涨并引发通货膨胀时，消费者持有货币的意愿会下降，购买房产的意愿会上升。在其他条件不变的情况下，会使得房地产价格上升。相反，当物价持续下降时，消费者持有货币的意愿会上升，而购买房地产资产的意愿则会下降，从而使得房地产价格下降。

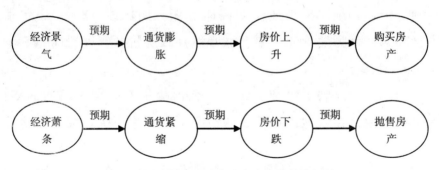

图3-5　通货膨胀对房地产价格的影响机制

王维安和贺冲（2005）通过研究发现房地产价格与通货膨胀的关系存在较为密切的关系。近几年来，通货膨胀率高企的时候，房地产价格往往也会相应上升。这不仅体现了房地产资产的抗通胀属性，也体现了我国居民进行资产配置的需求。

6. 金融支持

房地产行业是典型的资金密集型行业，其发展高度依赖金融支持。金融业对房地产行业的金融支持主要体现在两个方面：一是对房地产开发商的信贷支持，二是对住房购买者的消费信贷支持。房地产开发商在项目运作过程中，无论从购买土地、住宅建设，还是到最后的销售活动，每一个环节都需要雄厚的资金来运作。房地产开发商完全依靠自有资金去完成房地产开发的可能性几乎很小。而对于住房消费者来说，由于住房的价格较高，完全依靠自身的储蓄很难一次性付清全部价格，也需要向商业银行寻求信贷支持。由此可见，金融支持在房地产投资与消费中占了非常重要的地位。周京奎（2006）通过房地产市场局部均衡的框架研究分析了金融支持过度与房地产泡沫生成和演化的过程，最后发现"我国部分城市房地产金融支持过度促使了住房价格的大幅上涨"[1]。

7. 预期因素

经济微观主体对未来经济形势的预期对社会经济运行有着重大的影响。正如波特巴（Poterba 等，1991）指出："对经济增长预期的改变是导致短期内住房价格较大波动的因素之一。"消费者若预期未来经济形势向好，其购买住房的意愿会上升，从而会

---

[1]　周京奎：《房地产泡沫生成与演化——基于金融支持过度假说的一种解释》，《财贸经济》2006 年第 5 期。

带动住房价格的上升，对经济形势的预期与市场投机行为是紧密相连的。墨菲（Murphy，1997）通过研究发现："房地产确实存在投机行为，并且是房地产价格波动的决定因素之一。"市场投机如果盛行的话，就会推动住房价格暴涨，从而产生资产价格泡沫，这对经济的危害是非常大的。近些年来，我国的住房市场的投机行为已经逐渐开始盛行起来，很多购房者都逐渐形成了买涨不买跌的投机心理。这严重影响到了我国房地产市场的健康、稳定发展。

事实上，在宏观经济体系中，还有很多因素会影响到住房价格波动。这里就不再一一赘述。总体来说，经济基本面决定了住房价格水平。虽然短期内住房价格可能脱离基本面独立发展，但从长期来看，住房价格最终还是要回归到与经济基本面相协调的位置。历史上几次房地产泡沫的破灭很好的说明了这一点。

宏观经济因素影响住房价格的波动，都是通过影响住房需求和供给，进而引起价格的变化。上文阐述的房地产四象限系统能很好地解释宏观经济如何影响房地产市场。根据迪帕斯奎尔（Dipasquale）和惠顿（Wheaton，1996）的理论，房地产市场可以分为房地产资产市场和房地产使用市场。房地产资产市场决定了物业的资产价格，而房地产使用市场则决定了物业的租金。在这两个市场相互作用下，最终实现房地产市场的市场均衡。例如，当宏观经济景气上升时，房地产使用市场上的使用需求会随之上升，从而使得租金水平上升，而租金水平的上升会对房地产价格形成一定的上涨压力。宏观经济的景气回升也会使得资产市场投资需求上升，同样也对房地产价格形成了上涨压力。房地产价格的上升、使用市场上存量供应的减少和资产市场上开发成本的下降会促使房地产开发商加大投资，这无疑将增加房地产市场上的供给。而供给的增加将使得房地产价格形成下降压力。最终，在各种因素的影响之下，房地产市场会形成新的均衡价格。

第二节 房地产价格波动及其理论分析

一、房地产价格波动的机理分析

与其他商品一样，房地产价格的形成也是由其需求和供给来共同决定的。但与一般商品不同的是，由于土地资源的稀缺性和住房建设周期性较长，从短期来看，房地产供给是不变或变动较小的，其价格供给弹性较小，供给曲线接近于垂直。因此，在短期内，若住房需求大幅度增加，会使得房地产价格产生较大幅度的上涨。

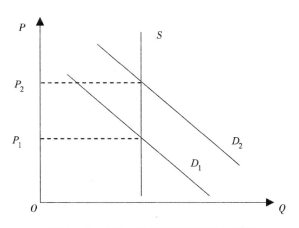

图3—6 短期内房地产价格波动机制图

如图3—6，短期内，若经济持续高涨且城市化持续推进，居民对房地产的需求会相应上升，需求曲线 D_1 上移成为需求曲线 D_2，而住房供给曲线 S 不变时，房地产均衡价格由 P_1 上升为

P_2。房地产价格的上升，使得从事房地产投资有利可图，因此，就会吸引本行业或其他行业的资源投入更多资本到房地产开发中。由于房地产建设期长，投入量大，因此，一旦投入，在短时间就难以退出。这也是住房价格容易产生泡沫的原因之一。

短期来看，住房供给很难增加。但从长期来看，由于房地产开发项目的陆续完工，房地产供给则会相应增加。那么，房地产的供给曲线也由短期的垂直型变为向右上方倾斜（具体见图3－7）。

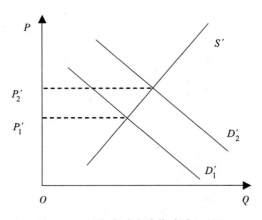

图3－7 长期房地产价格波动机制图

如图3－7，与短期相同，当一国经济从长期来看持续繁荣，那么会使得居民的住房需求上升，这时长期需求曲线 D_1' 向上移动成为长期需求曲线 D_2'。此时，长期均衡价格也由 P_1' 上升为 P_2'，从而在房地产市场上形成新的均衡。相反，若房地产市场经历了非理性繁荣，均衡价格由 P_1' 上升为 P_2' 时，居民的实际住房需求并没有增加，反而减少了。而在住房价格大幅上涨的刺激下，房地产开发商会进一步增加房地产开发投资，从而使得房地产供给继续上升。这就造成了房地产市场上的供需失衡，大量的住房会被空置。最终，房地产价格会向下调整，直至达到新的均衡为止。

二、房地产价格波动的理论模型

国外对于住房价格的理论研究的文献非常丰富。其中，关于房地产价格与宏观经济研究的分析方法主要有房地产供需方程、存量—流量分析、理性预期的房价泡沫模型、基于资产定价方法的房价模型、费尔—杰斐非均衡模型与绝对非均衡模型等。其中，房地产供需方程主要包括静态供求价格模型和动态供求价格模型（蛛网模型）。存量—流量分析方法则是将房地产市场作为一个相对独立的市场，分析宏观经济因素变化对房地产市场和房价的影响。四象限模型就属于典型的存量—流量分析方法。由于房地产具有一定的资产属性，因此，基于资产定价方法的房地产价格模型也占据了一席之地。这里，我们主要介绍静态供求价格模型、动态供求价格模型（蛛网模型）和房地产四象限模型。

1. 静态供求价格模型

静态供求价格模型就是在一般均衡的条件下，不考虑需求与供给的跨期动态变化，研究价格水平的决定，其对应的产量就是均衡产量。假设住房需求函数和供给函数为一次函数，那么可以得到最为简单的一般均衡模型如下：

$$\begin{cases} D_t = a_1 + b_1 P_t \\ S_t = a_2 + b_2 P_t \\ D_t = S_t \end{cases}$$

把 D_t 和 S_t 表达式代入第三个等式时，可以得出房价的静态均衡价格，记为 P_t。

$$P_t = \frac{a_1 - a_2}{b_2 - b_1} \qquad\qquad (3-4)$$

但在现实情况下，影响房地产价格的因素非常之多，其机制也非常复杂，不可能存在上述的模型形式。因此，国内外学者都想方设法进行模型的细化和深化。穆特（Muth，1969）[①] 较早地提出了住房需求方程的一般形式为：

$$D = f(Y,\ P_h,\ P_0,\ T) \qquad\qquad (3-5)$$

其中，D 为住宅需求量，Y 为家庭收入，P_h 为住宅价格，P_0 为其他商品和服务的价格，T 为家庭偏好。

国内学者也有类似的研究。周伟林、严冀等（2005）[②] 提出的住宅需求方程为：

$$D = f(Y,\ P,\ A,\ TH,\ B,\ I,\ EH) \qquad\qquad (3-6)$$

（3—6）式中，Y 为家庭收入，P 为住宅价格，A 为家庭资产，TH 为家庭偏好，B 为其他商品价格，I 为利率，EH 为家庭未来的预期。

影响住房供给的主要因素有住宅价格、土地供给、住房存量、利率、建造成本等。那么一般的供给方程可以表示为：

$$S = f(P,\ L,\ HS,\ I,\ C,\ Z) \qquad\qquad (3-7)$$

P 为住宅价格，L 为土地供给，HS 为住房存量，I 为利率，C 为建造成本，Z 为其他变量。

有了房地产需求方程和供给方程后，通过联立方程组便可求出一般均衡条件下的住房价格，这里就不再赘述了。

---

① Muth，R. F.，*Cities and Housing*，Chicago：The University of Chicago Press，1969，p.189.

② 周伟林、严冀：《城市经济学》，复旦大学出版社 2005 年版，第 199 页。

2. 动态供求价格模型——蛛网模型

蛛网模型在微观经济学中有广泛的运用。它的建立有三个假设条件：（1）一种产品的生产，即从开始生产到上市要经历相当长的一段时间，并且本期供给量是上一时期价格的函数，因而供给量存在时滞。（2）需求量的变动不存在时滞，市场价格一有变动，需求量就有变动。（3）不考虑产品的存储，必须每期出清市场。由于住房的生产到销售需要一个较长的周期，并且，我国的房地产市场在最近几年来一直存在着供给不足的问题，住房基本都是当期出清的。因此，把蛛网模型运用于房地产市场分析有较强的适用性。

蛛网模型的动态方程为：

$$\begin{cases} D_t = a_1 + b_1 P_t \\ S_t = a_2 + b_2 P_{t-1} \\ D_t = S_t \end{cases}$$

其中，联立方程组中的第一个方程式表明需求是当期价格的函数；第二个方程式表明当期的供给由上一期的价格决定，即住房供给滞后于住房价格一个周期。第三个方程式为供需均衡的条件。将上述模型化解，可以得到价格方程为：

$$P_t = A \left(\frac{b_2}{b_1}\right)^t + P_e \tag{3—8}$$

其中，A 为任意常数，若初始价格已知，则 $A = P_0 - P_e$；P_e 为静态均衡价格。如果初始价格 $P_0 \neq P_e$，那么 P_t 的运动方向可能趋近于 P_e，也可能背离 P_e，结果取决于 $\frac{b_2}{b_1}$ 的值。当 $b_2 < -b_1$ 时，即供给价格弹性小于需求价格弹性，则整个模型是收敛的；当 $b_2 = -b_1$ 时，即供给价格弹性等于需求价格弹性，

模型是循环、平稳的；当 $b_2 > -b_1$ 时，即供给价格弹性大于需求价格弹性，模型是发散的。

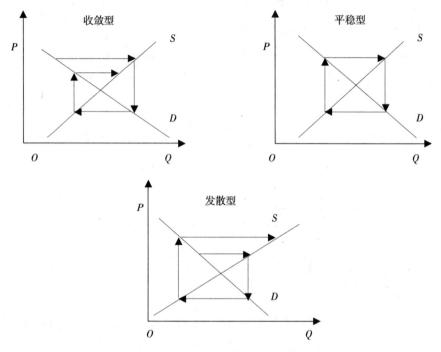

图 3—8　房地产市场的蛛网模型图

上述分析所采用的需求和供给方程都是较为简单的一次函数。也可以将其化为上述隐函数的形式，这样蛛网模型就会变得较为复杂，但总体的分析思路还是不变的。

3. 四象限模型①

丹尼斯·迪帕斯奎尔（Dennis Dipasquale）和威廉·C.惠顿（Wiiliam C. Wheaton，1996）提出的四象限模型。此模型通

---

① 高波、葛扬等：《现代房地产经济学导论》，南京大学出版社 2007 年版，第 211 页。

过对于房地产资本市场和使用市场相互作用过程的分析，比较全面直观地描述了房地产市场的供求调节过程。

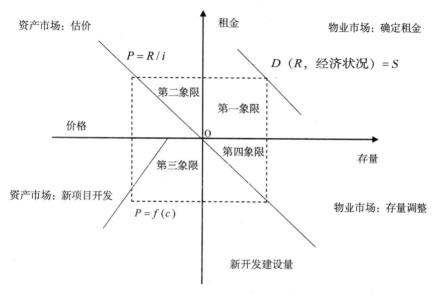

图3－9　四象限模型图示

第一象限描述了房地产使用市场，即租金和存量之间的关系。如图3－9，横坐标表示物业存量，纵坐标表示租金水平。象限中的曲线表明，在房地产使用市场中，物业的需求数量决定了其租金水平。若家庭或企业的物业需求数量不变，那么曲线则会几乎变成一条完全垂直的直线，即曲线的斜率较大；如果物业的需求量相对于租金的变化特别敏感，则曲线就会变得更为水平，即斜率为零。因此，曲线的斜率反映了物业的需求量相对于租金的变化敏感程度（需求弹性）。如果除租金以外的社会、经济因素发生变动时，整个曲线就会发生移动。例如，当中青年人口在总人口所占的比重上升时，曲线就会向上移动，表明在租金不变的情况下，物业需求会增加；而当中青年人口在总人口所占的比重下降时，曲线会向下移动，表明物业需求会减少。

为了使物业需求量和物业存量达到平衡，必须确定适当的租金水平，从而使得需求量等于存量。因此，需求是租金和经济状况的函数，即：

$$D(R，经济状况) = S$$

第二象限表示价格和租金的关系。横坐标表示价格，纵坐标表示租金。以原点为起点的射线表示价格和租金的关系，斜率代表房地产资产的资本化率。这是投资者愿意持有房地产资产的当前收益率。一般来说，影响资本化率的因素主要有长期利率、租金的预期上涨率、风险以及税收等。租金水平 R 和资本化率 i 共同决定了房地产价格，即：

$$P = \frac{R}{i} \tag{3-9}$$

第三象限解释了房地产新资产形成的原因，也可以视为房地产价格对房地产投资开发或房地产新增数量的影响。本期房地产新增数量决定房地产价格和房地产生产成本，其中房地产价格是由资产持有市场决定的。在这个资产市场上，新增物业的开发成本应当和资产价格保持平衡，所以新的房地产开发建设量应该保持在房地产价格和房地产开发成本相等的水平上，即：

$$P = f(c) \tag{3-10}$$

第四象限解释了年度新开发建设量和房地产物业长期存量之间的关系。在一定时期内，存量变化 ΔS 等于新建房地产数量减去房屋拆迁、折旧等导致的存量损失。设折旧率为 δ，那么具体可表示为：

$$\Delta S = C - \delta S \tag{3-11}$$

四象限模型可以分析各宏观经济因素对房地产价格的影响。

当经济景气时，国民收入、人口数量一般都会出现一定的增长。因此，对物业的使用需求也会增加。那么，第一象限内的需求曲线就会上移。由于短期内供给缺乏弹性，租金便会相应提高，而租金的上升则会导致第二象限内资产价格的上涨，进而导致第三象限内新开发建设量上升，最后导致第四象限内物业存量的增加。市场在新的租金水平和价格水平上形成均衡。

第三节 土地资本化条件下房地产虚拟性的特征

一、房地产虚拟性的主要特征

土地资本化的发展将推动房地产虚拟性的逐渐显现。在我国，经过三十多年的改革和发展，房地产的这种特性也逐渐显现出来。这主要表现在以下几个方面：

1. 房地产价格的强波动性

房地产虚拟性的重要表现就是其价格的强波动性。随着土地资本化不断深化，地产预期收益和资产升值的不确定性不断增加，进而地产价格波动经常脱离土地基础价值的支撑，并表现出明显的非平稳性，这也迅速传导到房产市场，房价随之也表现出较强的波动性。这里将对普通商品、地价、房价和金融资产价格波动进行比较。如表3－1所示，1998—2009年，城市地价指数波动与房价指数波动的平均值和波动幅度均大于我国消费价格指数。城市地价指数波动的方差为消费者价格指数的2倍，另外房价指数的方差也远远大于消费者价格指数。以上证综指为代表的金融资产价格，其波动性又远远超过普通商品和房地产。这表明经过二十多年的土地资本化进程，房地产价格表现出较强的波动性，其虚拟性显著。

表3-1 中国物价、房地产价格与证券价格的波动性比较

	CPI	地价指数	房价指数	上证综指
平均值	0.03	0.26	0.14	2.72
最大值	2.70	9.10	5.0	129.30
最小值	-3.40	-5.70	-4.7	-133.58
方　差	1.32	2.72	1.7	36.56

资料来源：由《中国统计年鉴》1998—2009年相关数据整理所得。

2. 房地产市场与实际经济因素的联系逐渐下降

实际经济因素对房地产市场影响的减弱反映在长期内房地产价格与租金变动的分离。租金主要是对房地产实际生产或消费的需求，同时房地产价格是未来租金的现值，这两者在通常情况下的变动是一致的。但从近几年的发展来看，我国房地产增长速度明显超过租金的增长速度，且房价与地价呈现出的波动性比租金更强（参见图3-10）。这说明我国房地产已呈现出一定的虚拟资产性质，越来越体现出虚拟资产的相对独立性。

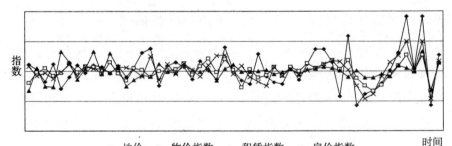

图3-10 房地产指数波动比较图

资料来源：《中国统计年鉴》1998—2009年。

3. 房地产融资方式的变化

目前，我国土地融资与房产融资是一体的，因此这里将对房地产融资方式的发展进行分析。随着我国经济发展、城市化进程加快，房地产业也快速发展，同时房地产业对资金的需求也不断增加，因此推动了融资渠道走向多元化。我国现有的融资渠道呈现以银行贷款为主，信托基金、股市融资等多种形式共同发展的态势。

传统上房地产资金需求主要依靠商业银行贷款来满足，在我国房地产业前期的发展中也不例外。如图 3—11 所示，从 1997 年到 2003 年，商业银行贷款占了房地产建设资金来源的 25% 左右，且增速非常快，远远高于同期金融机构贷款的增速。这在一定时期内促进了我国房地产行业的发展，但也加大了银行的经营风险，增加了银行体系的系统风险。

随着上市融资及信托业的兴起，房地产融资渠道不断增加，银行贷款所占比例也不断下降。从图 3—12 得知，近几年，自筹资金和其他资金所占比例迅速上升，特别是自筹资金占 2009 年房地产建设资金的将近 50%，这突出表现在房地产信托融资和股市融资的迅猛发展。

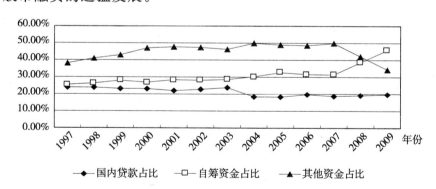

图 3—11 房地产建设资金来源分布

资料来源：《中国统计年鉴》1998—2009 年。

自 2002 年相关信托法规出台后，信托产品逐渐兴起。特别是 2003 年 121 号文件出台后，信托成为房地产融资新的热点。目前国内房地产市场的信托主要分为集合信托和银信信托两种。从图 3－12 中，我们可以看到 2002—2009 年的房地产集合信托发行规模走势。无论融资额还是发行数量，都呈现迅速上涨的趋势。短短几年内，融资额和发行数量均上涨了 7 倍。尽管 2007 年由于政策原因信托规模略有下降，但从趋势来看，信托融资渠道已成为房地产融资的重要资金来源。

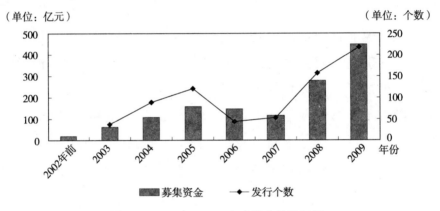

图 3－12　2002—2009 年房地产信托规模

资料来源：用益信托工作室。

对于房地产行业来说，股市融资是房地产开发与资本运作相结合的理想融资方式。自我国于 1991 年建立股票市场开始至 2009 年，房地产业已通过这一渠道共融资 3526.56 亿元，其中债券募集资金 934.45 亿元，股市融资 2592.11 亿元，其中首发和增发融资占总融资数额的 64％。特别是近几年，房地产股市融资发展迅速，2006—2009 年的总融资额达 2836.29 亿元，是之前 14 年总融资额的 14 倍，如图 3－13 所示。

（单位：亿元）

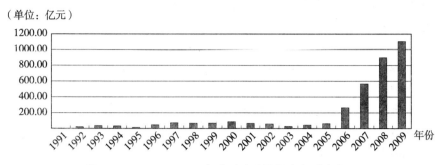

图 3—13　1991—2009 年房地产业股票市场融资额

资料来源：Wind 资讯，http：//www. wind. com. cn/。

二、房地产虚拟性的实证分析

根据前面的分析，租金可被认为是完全竞争市场中形成的房地产价值解释变量，所以它包含了所有对房地产价格基本因素的解释，即经济发展、城市化进程、人口变动因素等。但房地产市场由于资本化、投机、信息不对称等原因，房地产实际价值往往偏离基本价值。

由于土地资本化条件下，房地产价格波动较大，其中地价受虚拟因素的影响更大，是完全资本化的产物，因此其虚拟性要强于房价。且地价是房价的重要组成部分，其价格波动是推动房价波动的重要原因，所以地价虚拟性在很大程度上可以解释房地产的虚拟性。同时为了考察土地资本化对房地产虚拟性的影响，这里试图通过地价与租金之间的关系来衡量我国土地资本化条件下房地产所形成的虚拟性。

图 3—14 显示了 2000 年至 2009 年间我国房地产价格指数与租赁价格指数的变化趋势。从图中可以看出，租赁价格增长一直保持平稳，但房地产价格上升迅速，特别是地价，2003 年以后，

指数从 177.7 增长到 2009 年的 192.76，与租赁价格的走势形成明显的剪刀差。

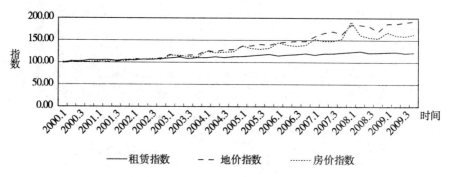

图 3-14 2000—2009 年地价指数、房价指数与租赁指数

资料来源：根据《中国统计年鉴》相关数据计算所得。

可见我国房地产价格已越来越偏离租赁价格，说明租赁价格对地价的决定作用在减弱。下文将对地价的影响因素做分析，以此探讨房地产虚拟性。

为了进行有效的实证分析，有必要进行样本数据选择与模型构建。

我国土地市场从 2000 年以后开始正式施行"招拍挂"制度，故本书以 2000—2009 年土地销售价格指数（P）和租赁价格指数（R）的季度数据作为样本数据。考虑到这些数据都是同比数据，因此为了更好地呈现其变化趋势，我们以 1999 年数据为基准，进行数据调整，并分别取对数。

本书选用个人住房公积金五年以上利率作为贴现率（I）。从2000 年到 2009 年，法定贷款利率（个人住房公积金五年以上利率）调整了 11 次。由于个人住房公积金于 2002 年推出，因此之前的贷款利率使用 5 年以上长期贷款利率作为替代变量（6.21%）；2002 年利率为 4.05%，2004 年调整为 4.41%，2006

年升为 4.59％，2007 年对其进行了 4 次调整，分别定为 4.86％、4.95％、5.04％、5.22％，而后 2008 年也实施了三次调整，分别调整为 4.59％、4.05％和 3.87％。

"招拍挂"制度对我国土地市场的发展影响较大，本书将引入虚拟变量 L 对其进行分析。《关于加强国有土地资产管理的通知》于 2001 年 5 月 30 日正式颁布，2002 年全面在全国推广施行，因此本书从 2000 年至 2002 年第二季度取该值为零，从 2002 年第三季度到 2009 年取值为 1。

根据 Levin 和 Wright 的房地产定价模型，价格由两部分构成：确定性收益（未来租金现值）与不确定性收益（由房地产预期价格变动而产生的收益），即

$$P_t = P_t{}^m + S_t$$

其中 $P_t{}^m$ 为确定性收益，可反映房地产的基本价格；S_t 为不确定收益，可反映虚拟因素所导致的未来房地产价格变动而引起的当期房价变化。因此我们可认为，这里的 S_t 为投机因子。

当投机行为产生时，投机收益一般与前一期的收益相关，即会受前一期资产价格增长率的影响，假定其为线性关系，未来一期预期所得投机收益用公式可表示为：

$$S_{t+1} = kg_{t-1} \tag{3-12}$$

又根据资产定价理论，$S_t = \dfrac{S_{t+1}}{1+i}$ \hfill (3-13)

所以得到：$S_t = \dfrac{kg_{t-1}}{1+i}$ \hfill (3-14)

本书将用 $\dfrac{g_{t-1}}{1+i_t}$ 代表投机因子（S）。

根据上述分析，影响地价的主要因素为租金、贴现率、土地

制度和投机因子。为了实证的可行性，本书假设地价与这些变量成线性关系，建立估计方程为：

$$P_t = \alpha_0 + \alpha_1 R_t + \alpha_2 I_t + \alpha_3 L_t + \alpha_4 S_t + \mu_t \qquad (3-15)$$

接下来，进行实证检验。将数据带入检验方程，并分阶段对其进行处理，结果如表3-2所示：

表3-2　回归结果

		2000—2009 年	2000—2003 年	2004—2009 年
常数 C	α_0 t—统计量	1.0745 10.527	1.324 11.064	1.0043 5.834
租金 R	α_1 t—统计量	0.312 8.574	0.376 9.132	0.272 5.24
贴现率 I	α_2 t—统计量	5.126 4.538	−0.942 −0.647	6.827 3.625
土地制度 L	α_3 t—统计量	0.143 9.348	0.015 1.436	0.145 1.643
投机因子 S	α_4 t—统计量	1.743 2.843	1.254 1.246	1.843 2.243
R^2 调整后的 R^2		0.933 0.926	0.822 0.757	0.803 0.774	

根据表3-2可知，在三个检验区间，该方程 R^2 值都在0.75以上，因此该回归方程可较好的解释地价的决定因素。下面将对四个变量进行进一步的分析：

（1）地价与租金

表3-2表明：租金可较显著地解释地价。在2000—2009年的不同区间，t—统计量分别为8.574、9.132和5.24，它们均能在5%的置信水平下拒绝原假设，这说明租金是地价非常重要的解释变量。但可以看出，租金对地价的解释力在不断下降。

租金的系数 α_1 可以表明租金对地价的带动作用。从检验结果来看，2000—2003 年间，α_1 为 0.376，即租赁指数上涨 1，土地销售价格指数将上涨 0.376；而 2004—2009 年间，α_2 为 0.272，小于前一阶段的值，即这一时期租赁价格指数每上涨 1，土地销售价格指数只增长 0.272。该系数越大，租金对地价的影响越大。因此第一阶段租金对地价的影响要大于第二阶段租金的影响力。

（2）贴现率与地价

据多国经验，利率变动对房地产市场会产生较大影响。在我国土地市场 2002 年后开始在全国推广"招拍挂"制度，利率对地价的影响也逐渐显现出来。2000—2003 年，t—统计量较小，即使在 10% 的置信水平上也无法拒绝原假设，因此对地价的影响不显著。从 2004 年到 2009 年，利率对地价的显著性显著增强，t—统计量达到 3.625，可在 5% 的显著性水平下拒绝原假设。

一般贷款利率对地价的影响应该是反向的，即随着贷款利率的上升，地价将下降。但对 2004—2009 年数据的检验结果却表明，贷款利率和地价呈正相关关系。对这种现象，可能有一种解释：在地价上涨速度较快时期，购买者有对地价上涨的预期，且其收益远远超过贷款成本，所以他们对调控政策并不敏感。这表明 2004 年以后，预期对地价的影响力不断增强。

（3）土地制度

"招拍挂"制度的施行对地价上涨的作用较显著，特别是该制度在全国全面实行以后。在房地产价格上升时期，市场参与者对地价升值的预期较强烈。土地市场中任何经济活动都将推动群体效应，强化土地升值预期。

（4）投机因子与地价

如表 3-2 所示，投机因子对地价的影响比较显著。在

2000—2009 年间，t-统计量为 2.843，可在 1% 的显著水平下拒绝原假设，即投机因子对地价的影响比较显著。从不同时期来看，2000—2003 年期间，t-统计量为 1.246，接受原假设，即投机因子对地价的影响不显著；而在后一时期，可在 5% 的显著水平下拒绝原假设，即投机因子在这一阶段对地价的影响是显著的。从中，我们可以看出，随着"招拍挂"制度在全国全面实行，对土地的需求更多的是来自对未来收益预期。

由于我国正处于经济高速发展期，且人口结构变化较大，地价和房价处于快速上升通道，这更是助长了地价上涨的预期。于是开发商开始大肆囤地，从而继续推高地价，进一步助长地价上涨的预期。在宏观因素与投机因素的共同作用下，房价也水涨船高，这同时也推动了房价上涨的预期，房地产市场的投机行为随之增加。由于土地市场与房地产市场的紧密关系，这也推动了房地产市场投机行为的增加。总之，经过这个循环机制，房地产市场中的投机因素不断增加，房地产价格变动逐渐偏离租金变动，房地产市场的虚拟性不断增加。

第四章 房地产泡沫化的形成 及其运行分析

房地产作为一种可以带来收益的资产，有着其自身的实体资本，但也有虚拟化的成分，因此房地产是除金融资产以外的另一种重要的虚拟资产。这正是房地产可能泡沫化发展的前提。在房地产经济迅速发展，比重越来越大的情况下，我们必须关注这个产业是否可能出现泡沫。在我国房价高涨的同时，有没有泡沫化的成分，或者在多大程度上有泡沫成分，在既知存在泡沫的情况下，如何用一系列的指标去衡量泡沫的程度，对泡沫实行监测预警，进而采取相应的对策防止泡沫的破裂，都是值得去深入研究和进一步探讨的。

第一节 房地产泡沫及其形成

一、泡沫与房地产泡沫研究文献回顾

较早的泡沫事件有：1636 年的荷兰"郁金香热"、1719 年的英国"南海泡沫"及 18 世纪巴黎的"密西西比泡沫"。《帕尔格雷夫经济学大辞典》将这些事件中的共性即"泡沫"定义为："一种或一系列资产在一个连续过程中陡然涨价，开始价格上升

会使人们产生还要涨价的预期，于是又吸引新买主——只想通过买卖牟取利润，对资本本身使用和产生盈利能力不感兴趣。随着涨价常常是预期逆转，接着是价格暴跌，最后以金融危机告终。"从这个定义上看，泡沫的产生必须有投机者的参与。

然而，米尔顿·弗里德曼（Milton-Friedman，1953）认为不存在不稳定的投机活动，因为一个深具不稳定性的投机者往往在价格上升时买进，价格下跌时卖出，高买低卖会使他们亏损，因此，具有不稳定性的投机者很难生存下去。到 20 世纪 70 年代，这种有效市场理论（EMH）占据了主导地位。EMH 理论实质上是认为在一个理性预期的有效市场中，泡沫不会存在。希勒（Shiller，1981）对 EMH 提出了质疑，他认为股票市场存在着过度波动。布兰查德（Blanchard）和沃森（Watson，1982）提出了理性泡沫理论，认为即使在理性预期和行为的情况下，资产价格与其内在价值的"理性"偏离是可能的。布兰查德（Blanchard）和菲舍（Fischer，1998）给出了理性泡沫的明确定义。如果人们对某种商品的价格预期满足理性预期假说，如果人们对某商品的价格预期满足理性预期方程：$P_t = \alpha \cdot E_t P_{t-1} + c x_t$，则可求解：$P_t = c \sum_{i=0}^{T} \alpha^i E_t x_{t+i} + \alpha^{T+1} E_t P_{i+T+1}$。当 $|\alpha| < 1$ 且 x 预期值的增长率不大于 $(1/\alpha) - 1$ 时，右式第一项收敛，记做 $c \sum_{i=0}^{T} \alpha^i E_t x_{t+i} \equiv P^*$，如果 $\lim_{T \to \infty} \alpha^{T+1} E_t P_{t+T+1} = 0$，则 $P_t = P^*$ 即是理性预期的基本解，即商品的基本价值。如果存在一个鞅过程 $b_t = \alpha E_t b_{t+1}$，则 $P_t = P^* + b_t$，也是理性预期方程的解。由于 $|\alpha| < 1$，当 $b_t > 0$ 时，$\lim_{T \to \infty} E_t b_{t+i} = \alpha^{-i} b_t \to +\infty$，当 $b_t < 0$，$\lim_{T \to \infty} E_t b_{t+i} = \alpha^{-i} b_t \to -\infty$，$b_t$ 形象地刻画了商品价格暴涨暴跌所引

起的泡沫成分。因此，可以定义满足理性预期方程的鞅过程 $b_t = P_t - P^*$ 为"理性泡沫"，即商品市场价格超过其基本价值的部分。艾伦（Allen）和戈顿（Gorton，1991）证明，即使所有参与者都是理性的，投资者和资产组合管理者之间的代理问题也会产生泡沫。

但是，希勒（Shiller，1981）对股票市场泡沫的实证研究，却拒绝了资产价格的超常易变性假设，也即不存在泡沫。这引发了经济学界的强烈反应和随后研究。弗莱温（Flavin，1983）、马什（Marsh）和默顿（Merton，1986）从变量的平稳性角度对希勒（Shiller）的方法提出质疑；默顿（Metron，1987）认为希勒（Shiller）拒绝的是"资本市场有效性"和"理性泡沫存在性"的联合假设，而这两者应当分别予以检验。但是，West（1987）构造的两步检验方法，同样拒绝了资产价格超常易变性的存在。此外，弗勒德（Flood）和加贝尔（Garber，1980）对德国的恶性通货膨胀进行了研究，以试图证明泡沫的存在，但结果表明，泡沫在恶性通货膨胀中似乎也不存在。克莱顿（Clayton，1996）在理性预期房价模型的基础上，采用加拿大温哥华1979—1991年单户住房房价的数据，经验检验了理性预期对房价的影响。经验研究结果表明，理性预期不能解释房价的波动，同时房价也偏离了其基本价值。盖亚（Gaia）和沙朗（Saron，2004）在OLG的框架下，阐述了房地产市场中理性泡沫的产生机制，并且检验了英国房地产价格中的理性泡沫是否存在。

理性预期也引起了较大的争议。有的学者认为，理性预期和泡沫存在的假设是不能相容的。泰罗勒（Tirole，1982）证明在时期无限、市场交易者有限的情况下不可能存在泡沫；而在时期有限、市场交易者无限的情况下，泰罗勒（Tirole，1985）和韦伊（Weil，1987）证明当经济动态有效时不可能存在泡沫，但在经济动态无效时，不仅稳定的泡沫可以存在，而且其对经济整体是一种帕累托改进。迪巴（Diba）和格罗斯曼（Grossman，1987、1988）认为，如果一个理性泡沫在 t 期不存在，那么它不能在 $t+1$ 期和随后任何一期开始，也即一个理性泡沫一旦崩溃就不能再开始。希默尔贝格（Himmelberg 等，2005）对住房所有者年使用成本进行了测算，并运用年使用成本与当地收入和租金的比率来衡量泡沫存在与否，通过对美国 46 个城市 1980—2004 年的研究表明，没有证据表明这些城市存在住房泡沫；而且衡量泡沫的比率随城市而不同，因此，房价波动纯粹是一种地方现象。因此，经济学家们试图从非理性的视角来研究资产泡沫问题，主要包括：羊群行为（D. Scharftein、J. Stein，1990）、噪声交易者（Campbell 和 Kyle，1988；DeLong、Shieiefr、Shleifer、Smmuers 和 Waldmann，1990）、时尚泡沫（Robert J. shiller，1984、1989）、货币政策（Allan H. Meltzer，1995）、信贷扩张（Allen 和 Gale，2000；Barry Eichengreen 和 Kris Mitchener，2003）、金融自由化（Allen 和 Gale，1998；Franklin Allen 和 Douglas，1999；Reinhart，1999）、国际资本流动（Guillermo A. Calvo、Leonardo Leiderman 和 Carmen M. Reinhart，1996）等。

国内学者也对中国房地产市场的泡沫进行了大量有益的研究。丰雷等（2002）对中国地产的泡沫进行了案例和实证分析，认为中国地产泡沫是地区性而非全国性的，土地投机是地产泡沫的最直接原因，政府干预失败是主要原因，而权力寻租和法制不健全等因素在地产泡沫形成中起了推动作用。袁志刚、樊潇彦

（2003）构造了一个房地产市场的局部均衡模型，给出了地产均衡价格中理性泡沫产生和存在的条件，以及导致泡沫破灭的相应条件。姜春海（2005）在袁志刚等的模型基础之上对中国房地产市场泡沫度进行了测度。周京奎（2004）认为房地产开发商的投机性预期、房地产市场中买卖双方的交易行为是房地产投机行为产生的主导因素，也是房地产价格及房地产泡沫形成的关键性因素之一。杨帆等（2005）在综合各种理论的基础上，提出了一系列衡量房地产泡沫的标准，并对中国房地产进行分析，结论显示中国房地产泡沫已经产生，并以极快的速度发展。梁云芳、高铁梅等（2006）利用协整分析和 H－P 滤波，计算了房地产均衡价格水平，以及房地产价格偏离均衡价格的波动状态，认为房地产市场价格的偏离只是受部分地区的影响，即存在"局部泡沫"。史永东、陈日清（2008）构造了一个随机最优控制模型，分析了不确定性环境下房地产价格的决定因素，结果显示房地产价格受按揭贷款额度、按揭贷款利率、居民财富等多种因素的影响。况大伟（2008）利用 GMM 模型对 1996—2006 年中国 31 个省份的数据进行了经验检验，结果表明，中国东部地区存在较严重的住房泡沫，中西部地区没有明显的住房泡沫。葛扬等（2009）对房地产泡沫化机理进行了研究和评述，认为土地价格的泡沫化、房地产市场的资本化是房地产泡沫的重要原因。

　　上面所谈论的分别从 EMH、理性泡沫和非理性泡沫等角度对资产泡沫进行了有益的研究。历次的房地产泡沫，20 世纪 80 年代的日本房地产泡沫、20 世纪 90 年代的东南亚和中国香港房地产泡沫，以及 2008 年的美国次贷危机均表明，信贷扩张、金融自由化和非理性的杠杆率，是导致房地产投机泡沫的重要原因。金融参与房地产市场，一方面使普通消费者和开发商能够实现提前消费和融资，另一方面，它也支持了部分投机者和开发商哄抬房价和囤积居奇的行为，加剧了房地产泡沫的形成。尽管造成房地产泡沫的因素是非理性的，但是，在测度房地产基本价值时，如模型中考虑信贷和金融的参与，则房地产基本价值将被高估，从而泡沫被低估甚至掩盖。因此，本书赞同理性泡沫理论从价格偏离基本价值的视角来研究和测度房地产泡沫。而且，在测度房地产基本价值时，应该剔除金融因素来建立模型。鉴于此，本书将在袁志刚、樊潇彦（2003）和姜春海（2005）的研究基础上，采用房地产市场在自有资金条件下的局部均衡价格来定义房地产的基本价值，并对房地产市场的泡沫度进行测度。

房地产经济是国民经济的支柱之一，投资密集，需求旺盛，在健康的经济环境中，房地产价格较大幅度的上涨属于正常现象，也是有利的。即便存在一定的泡沫也不至于危害整个行业和宏观经济的安全，也就是说，适度的房地产泡沫是正常的、无害的。否则，害怕泡沫远离泡沫，实际上等于将自己封闭起来。但是，如果泡沫长时间过度积累，就有可能形成房地产经济的行业性、全局性泡沫，那样就会带来严重的后果。

二、房地产价格的基本决定因素

1. 房地产市场的产业特性

房地产不同于普通的商品，不能只用简单的供给需求来分析，商品房具有耐久性、异质性、固定性等特点，决定了房地产市场实际上是一个彼此分割、联系比较松散的市场。

房地产市场是一个垄断竞争的市场，它的垄断性是由土地市场的垄断性决定的，而土地市场的垄断性又是由土地供给的稀缺性决定的，土地是一种不可再生的资源，而且具有有限性和固定性的自然属性，这就决定了房地产市场价格组成中会有很大一部分垄断因素；同时房地产市场也呈现出一定的竞争性，例如，在土地市场上，土地使用者为了取得土地使用权，而参加土地的招标、拍卖，在同类住宅的销售上也存在房地产开发商为扩大销量，追求利润而展开的竞争。尽管如此，由于房地产的先期投入较高，需要大量的资金，使它的进入门坎也较高。房地产供给者与需求者之间对市场的信息不对称等产业特性，也不符合完全竞争市场的假设条件，所以同一时点房地产市场上的供给者是不多的，不足以完全成为市场价格的接受者。

2. 需求因素的影响

住房需求是指在一个特定时期内，在各种可能的价格条件下消费者愿意且有能力购买的房地产的数量。影响房地产市场的需求因素分为真实需求和投机需求，本节只探讨真实需求，涉及投机的需求因素将在后面讨论。需求的增加会促使房地产价格升高，因为房地产市场的投入产出周期较长，需求就成为影响房地产价格的主要因素，如果再加上预期的强化作用，需求的提高就可能会带动房地产价格的大幅提高。

影响人们对住房需求的因素主要有以下几点：

（1）收入和财富因素

居民收入增长对房地产需求的增加具有极其重要的影响，而且这种影响将是长期性的，住房需求受制于家庭收入预算，收入上升，对住房的需求就会增加。

从现实的角度看，最近几年来，在中国尤其是各大城市如上海、北京、广州、天津的房地产业呈现出非常繁荣的景象，房地产需求的增长很快。从房地产业发展的国际经验看，当一个国家人均GDP达到300美元时，房地产行业开始起步，达到600—

800 美元时，房地产行业高速发展，到了 1300 美元，房地产行业进入稳定快速增长期，达到 8000 美元，进入平衡期。我国人均 GDP 在 2005 年已超过 1000 美元，上海、北京、深圳等城市人均 GDP 已经超过 3000 美元，我国正处在工业化中期和居民消费结构升级阶段，对房地产的旺盛需求所带动的房地产业的发展将持续一个较长的时期。

（2）人口与家庭因素

人口的增长必然增加对住房的需求，而且随着城市化进程的不断深入，旧城区改造的加速进行，人口流动的频繁，使得对房地产的需求不断增大。此外，高收入家庭，对住房质量产生较高需求，消费结构升级，也从另一方面刺激了需求。另外，年轻人追求独立，需要住房另立门户。2006 年年底，我国城镇人口约为 5.8 亿人，按自然增长率 0.6％计算，每年将新增人口 350 万左右，按照城镇居民人均住房面积 24 平方米来计算，需要增加住房面积近 8000 万平方米。另外，城镇化速度加快，也带来更多的住房需求。至 2004 年年底，城镇化率已超过 42％，如果每年城镇化率提高 0.5 个百分点，将有 650 万的农村人口流向城镇，导致增加住房需求近 16000 万平方米。

（3）宏观政策因素

国家为了推动房地产业发展曾采取了很多政策措施来促进居民对住房的消费，这势必增加需求总量，拉动房价上扬。

一是金融政策。如降低利率，开展住房消费信贷，推行住房公积金制度等，这些政策都有效地增加了住房的有效需求。

二是减免税费政策。为了促进住宅消费，有关部门几次降低了住房销售中的税费。

三是土地政策。为了有效调控房地产市场，政府适当控制了土地供应量，由于我国 18 亿亩耕地红线的限制，土地供应量必然会逐年下降，影响到住房的供应量，进而影响房价。

四是产业政策。为了使住宅业成为新的经济增长点和消费热点，为了把房地产业发展成支柱产业，国家采取了很多优惠政策。这既有鼓励开发商积极投资开发建设增加住房供给方面的政策，也有鼓励居民住房消费方面的政策。

3. 供给因素的影响

房价由供给和需求决定，但供给和需求对住房价格变动的反应程度是不同的。总体来讲，房地产的供给是缺乏弹性的，房地产一切投资开发经营的载体是土地，在我国，土地归国有，而且土地的供给本身就是有限制的。在计划经济时代，土地不能买卖，也不是商品，导致土地被大量低效率使用，随着我国经济制度的转轨，在社会主义市场经济的宏观环境下，土地最初取得了商品化的形式，而后土地资本化通过土地商品化来实现，由此，以前全部通过行政划拨的土地由一文不值而身价倍增。1987 年，深圳开始拍卖土地，可以说是序幕，进入 1998 年以后，土地资本化进程加快，土地价格连年大幅度上升。

土地资源具有稀缺性，不可再生，供给总量是固定的，长期供给弹性很小，而短期供给弹性几乎为零。除此之外，如果将土地供给的区位因素纳入考虑的范围，特定地段、特定交通位置的土地供给弹性就更小。土地供给往往会受到政府的控制和干预，这就进一步增加了土地供给的刚性，为土地价格以及相应的房产价格上涨奠定了基础。例如，韩国实行严格的土地供给制度，刚性的土地政策措施限制了土地—资本之间的替换，使得城市发展的密度不能根据土地价格加以调整。结果，土地供给和开发限制成为首尔房价飙升的重要原因之一。与之相反，泰国曼谷的土地控制没有出现首尔一样的情况，而是相对比较宽松。

我们可以利用经典的供给—需求模型对房地产市场中的价格波动进行分析，参见图4－1。在 t 时刻，房地产市场处于供给均衡状态，均衡点为 O_t，均衡价格为 P_t，此时的供给与需求量分别为 S_t 和 D_t。需要注意的是，供给曲线 S 为垂直曲线，表明其短期供给弹性为零，这个特点成为房地产价格大幅度波动的基础。正是由于土地的供给弹性较小，当市场需求增加时，房地产市场短时间内不可能提供足够多的供给，这时市场最直接的反应就是房地产价格的上升。

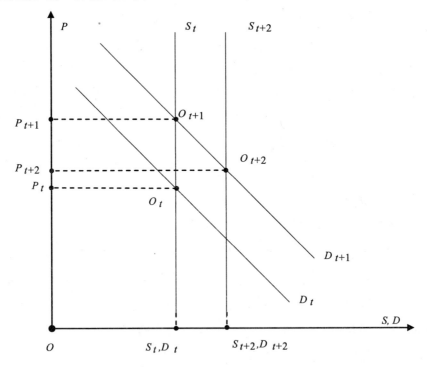

图4－1　对房地产价格波动的分析

到 $t+1$ 时刻，房地产市场上需求增加，D_t 移动到 D_{t+1}，由于房地产市场供给弹性较小，S_t 保持不变，市场的均衡点由 O_t

移动到 O_{t+1}，均衡价格上升为 P_{t+1}。在这个时期的价格上涨过程中，如果需求增加过多，就会导致价格 P_{t+1} 上涨到不合理的水平，从而出现房地产市场泡沫。

到 $t+2$ 时刻，房地产市场供给开始做出反应，供给曲线从 S_t 移动到 S_{t+2}，这时假设市场需求没有发生变化仍然保持在前一期的 D_{t+1}，那么市场均衡点将从 O_{t+1} 移动到 O_{t+2}。均衡价格从 P_{t+1} 下降到 P_{t+2}。如果在前一期，房地产市场中积累了泡沫，在这一周期，供给增加的冲击将导致房地产泡沫的破裂。进一步的分析我们可以发现，当房地产市场的需求弹性较小时（D 曲线斜率的绝对值较大），出现市场价格暴涨暴跌的可能性就更大。

三、预期和投机因素的作用

1. 自我实现的预期效应

对预期的研究主要基于理性预期的理论框架，预期一词的经济学含义是：某个特定经济变量的预期并不是一个单独的预测值，而是关于该变量未来值的完全的概率分布（John F. Muth）。预期是市场参与者决策的主要依据，为了实现最优目标，理性的市场参与者会在利益的驱动下最大限度的利用自身能够获得的信息，力图使自己形成的预期尽可能与未来经济变量的实际值相吻合。

预期反映了市场参与者对未来市场行情的信心，预期看涨意味着对未来的充分乐观，反之预期看跌则表明对未来的信心不足。房地产的实际价格和预期价格之间有着密切的联系，这是因为当期的实际交易决策和交易行为离不开对未来价格发展趋势的预期。在预期的自我实现效应作用机制下，房地产市场的预期价格会持续上涨，由此推动了当期的实际价格水平也不断上涨。这也导致了房地产泡沫形成的可能。若市场预期价格会下跌，那么消费者会持币观望，而供给者会尽量减少未来的供给而增加当期的供给，这样只会使当期的价格下跌。同样，若预期未来市场价格不变，那么当期的实际价格也不会上涨。

当然，最初的价格上涨可能有着合理的一面，比如，经济形势的好转使得办公楼或者工业厂房的需求增加，收入水平的提高使居民能够购买新宅以改善居住环境。但是，价格上涨到一定程度后就有可能脱离了房地产的实际价值，导致"由预期再到预期"，进一步推动价格的上涨。因为在投资者眼里，再高的价格水平都是合理的，都是可以接受的，只要确信将来的卖出价格高于现在买进时的价格，就可选择在当前买进。这能解释房地产价格处于高位时仍然受众多投资者追逐的现象。

下面用一个简单的局部均衡模型来说明预期的自我实现效应对房地产市场的影响。

由于在短期内，房地产商品的供给几乎是没有弹性的，因而房地产市场的供给曲线可由直线近似，房地产市场的需求曲线可由向右下倾斜的直线近似表示，如下图4-2。

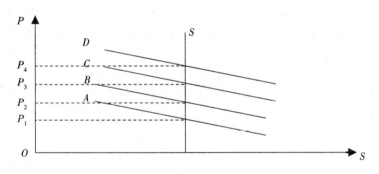

图4-2　短期预期推动价格不断上涨

当出现房地产利好消息的时候，人们对房地产价格的预期值

由原来的 p_1 上升到 p_2，从而使需求曲线从 A 上升到 B，由于房地产市场在当期证实了人们对价格的预期，那么就可能会产生进一步价格上涨的预期，即房地产价格从 p_2 上升到了 p_3，导致需求曲线从 B 上升到 C，当期房地产价格又一次实现上涨，人们再一次受到预期实现的鼓励，这样，市场价格由上述预期的不断重复递推而越来越高。

运用简单的局部均衡分析的方法，很容易揭开这一现象的基本原理。

假定房地产市场的供求双方对于未来的价格有着相同的预期，并简单起见，不妨设需求函数和供给函数是分别具有如下特征的简单显性方程。

需求函数：$Q^d = c^d - \alpha^d p + \beta^d p^e$

其中 p 代表了当期价格，p^e 代表供求双方对商品未来的预期价格，c^d、α^d、β^d 是正的常数。当预期价格上涨时，消费者会增加对当期商品的需求。

供给函数：$Q^s = c^s + \alpha^s p - \beta^s p^e$

其中 c^s、α^s、β^s 是正的常数。当预期价格上涨时，供给者会减少当期的商品供应以用于未来销售。

这样，联立方程 $Q^s = Q^d$，解之可得：

$$均衡价格 \ p^* = \frac{c^d - c^s}{\alpha^d + \alpha^s} + \frac{\beta^d + \beta^s}{\alpha^d + \alpha^s} p^e$$

上式表明了当期的均衡价格与未来的预期价格具有同向变化的关系。因此，在这个模型中，房地产价格的不断上涨的预期是自我实现的。

2. 投机因素的影响

房地产市场上的需求大致上可以分为两类：真实需求和投机

需求，两者具有不同的内涵，真实需求可以推动房地产市场健康的发展，而过多的投机需求则有可能导致房地产泡沫的形成。

真实需求的内涵是：人们需要商品或服务的目的是为了满足自身的消费或者再生产，这些需求反映了人们的收入水平和生活水平。而投机需求的目的不是为了日常的消费或生产投入，买进商品的目的是为了再卖出，从中牟取利润。真实需求相对比较稳定，可以根据历史数据来预测下一期的需求，不会有很大的增加或减少，通过宏观经济统计的相关指标，基本可以解释真实需求的变化。而投机需求只是一部分人的需求，有着明显的羊群效应，可能在短期内需求量就会大幅上升。如果某个时期房地产的需求突然变动较大，用基本的经济要素不能解释，那么很可能就是出现了较强的投机需求。

投机需求的形成因素很多，包括政策性因素、心理性因素等、如过于宽松的金融货币政策、流动性过剩、人们的从众心理等。正如前述，过于乐观的预期也可以导致投机需求。假设在一个地区，由于经济的高速发展，人们收入水平的提高，导致该地区的房地产真实需求旺盛，供求关系趋于紧张，房价有上升趋势。这时便给投机者传递了一个信息，到这个地区买卖房地产可能会获取超额利润，从而导致投机需求也会增加，很可能在短期内就形成房地产泡沫。

不可否认，无论在任何情况下，市场行情好或是不好，投机者在市场中总是客观存在的，因此投机需求也是不可避免的，但是只要没有超过一定的度，就不会导致房地产泡沫的形成。

下面用一个简单的需求曲线的斜率来说明这个问题。根据经济学的一般规律，对于正常商品，需求曲线具有负斜率。在房地产市场上，真实需求的表现和正常商品的需求相同，即价格上升时需求量减少，价格下降时需求量增加，因为一般居民在购买商品房的时候必然要考虑自己的实际收入水平和支付能力，支付能力强大买大一点的、价格高一点的房子，而收入低的就买小一点的。如果房价太高，他们甚至可能推迟购买住房。而投机需求的购房目的并不是为了自己居住，买进的目的是为了卖出牟取利润，因此，他们必然是买涨不买落，房价越高，投机需求也就越旺盛，其需求曲线表现为正斜率，如图4－3所示。

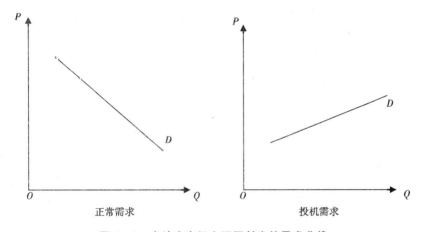

正常需求　　　　　　　　　　投机需求

图4－3　房地产市场上不同斜率的需求曲线

这样，当房地产市场上的投机需求逐步增加的时候，房地产市场总的需求曲线的斜率也相应要发生变化。投资需求所占的比重越大，总的需求曲线的斜率就越平，斜率从负的逐渐向零变化，直至变为正的斜率。在此基础上，我们可以做出判断，当需求曲线超过了水平线变为正斜率的时候，房地产市场存在泡沫，水平的房地产市场的需求曲线是界定泡沫经济的标准。这样，一旦泡沫形成，房地产市场上的需求曲线和供给曲线都是正的斜率，市场机制就会失灵，市场的扭曲将越来越严重，无法达到均衡，因此必须采取措施加以干预。

四、银行信贷的过度支持

在我国房地产市场发展的过程中，房地产贷款的作用至关重要，其增长对房地产市场的供求、价格均产生了较大影响。房地产业是资金高度密集的行业，具有投资规模大、经营周期长、资金需求量大的特点，能否获得足够的资金支持是房地产业发展的关键。而我国房地产业是近十年才获得快速发展的新兴产业，一方面，开发企业的起点较低，资本金普遍较少，融资渠道单一，银行贷款成为房地产开发中主要的资金来源；另一方面，随着住房体制改革，城市化进程的加快，居民（包括外来的投资、就业者）对于住房的需求正以高于收入增长的速度提前释放，而高速增长的个人住房贷款成为实现并扩张这种需求的主要支撑力量。这些原因使得我国的房地产信贷与房地产业形成了过分紧密的关联关系。

根据国家统计局 2006 年的数据，银行信贷占我国房地产开发企业资金来源的 30% 左右，其他资金来源和自筹资金两项之和占 50% 左右，其中主要是来自商品房销售收入，如果按 30%的银行按揭比率计算，则银行信贷资金将占到开发资金来源的 50% 以上。在房地产周期的上升阶段，房地产信贷与房地产业之间这种紧密互动的关系能够促进市场的繁荣，但这种状况的长期持续或进一步增强，则将对房地产市场和房地产信贷的健康发展产生不利的影响。

纵观国内外房地产泡沫产生的背景、发生和发展的过程，可以看出各地产生的房地产泡沫原因是不相同的，既有全国性的，也有地区性以城市为单位的。但是无论哪一种房地产泡沫的产生都离不开银行部门资金的过度支持。没有银行的支持，房地产业很难积聚大量的资金。房地产信贷过高的集中度对金融机构来讲风险很大，但是，基于如下一些原因，银行仍然会向房地产业提供贷款：

第一，向房地产部门发放贷款是有吸引力的，因为它常常是有盈利的。房地产部门所承诺的回报往往高于优质公司可获得贷款的利率，银行的这种扩张旨在提高银行盈利，并帮助它们与其他金融企业展开竞争。

第二，上升的房地产价格可能还会在两方面直接鼓励银行向房地产部门贷款。首先由于银行自身所有的房地产价值的上升及银行资本的货币价值的上升，使得银行愿意持有更多的房地产贷款。其次由于尚未偿还贷款的房地产抵押品市场价值的上升，现有贷款组合中的损失风险下降了，这使得银行可以放心的发放更多的房地产抵押贷款。

第三，银行错误的评估了房地产业的风险，当然一般是低估高度集中的房地产信贷的风险。

银行低估房地产业的风险可能基于以下几种原因：

一是银行对危机的短视。心理学专家已经发现，决策制定者，即便是训练有素的人，也往往具有主观化的倾向。这些决策的制定者简单的依靠猜想来判断未来将要发生的事件，因为决策制定者在自然而然的状态下所猜想的事件与实际发生的事件在频率上有很高的相关性。但是，其他因素也会对它产生影响，如上次危机以后的时间流逝。这种情况下，直觉就会产生偏差，也就是说随着时间的推移，人们倾向于低估小概率事件发生的概率。在一定程度上，银行不知不觉承担了相对于其资本实力较大的风险。因此，银行体系抵御危机的能力变得更加脆弱，这是一个不断加剧的过程。

为数众多的银行均有可能发生危机短视，其原因在于不确定性会导致大家产生从众行为的心理。从众行为是所有银行家证明自己判断正确的一个"显而易见的证据"。更为重要的是，银行家知道监管当局不可能把所有的银行全部关闭。

二是信息不充分。由于信息不充分和分析手段的缺乏，银行可能还会低估房地产贷款过度集中的风险。我们知道，在最好的经济环境中，也很难估计房地产项目的现值。它取决于其他一些因素：项目租金收入、通货膨胀率调整的贴现值、因物理或功能性折旧引起的价值损失、因项目间的竞争引起的空置率等。估计值对假定的贴现率或净收益的一点变化都会非常敏感。但是，在一些市场这些数据非常难于获得并证实。

一般评估房地产市场价值的方法包括市场比较法、重置成本法、假设开发法等。虽然基于市场比较法的评估是比较容易获得的，但对发放贷款机构的用处确实非常有限。因为比较法仅能证明过去的情形是怎样的，而不是随着事件推移的变动情况。尽管重置成本是一项有用的原则，但当投资者不严格的将过去的价格增长外推到未来时，价格可能会提高到不可持续的水平，市场价值脱离持续的长期均衡，这样会误导市场抵押品的定价。当价格上升时，银行会感觉比他们实际的状况安全一些，当价格下降时，则相反。

当投机泡沫处于扩张阶段时，这是一个明显的问题，由于在新增建筑的需求与供给之间达到平衡需要很多年，因此，在新建筑完成时房地产的当前价格可以会上升到远远超过其合理价格。考虑到建筑时滞，在初期的需求之后，可以预期市场价格会下降，如果确实如此，银行将冒高风险向这些建筑项目发放贷款。

三是不正当激励。房地产业在资金上往往具有高杠杆性，房地产开发商往往以最小的资本来运营，以便把可能多的风险转嫁到银行。银行一般通过担保、长期贷款中的回收条款以及严格的贷款合同等来保护自己，这样有助于银行在贷款发放之后防止开发商的冒险行为。但当房地产市场变得过热时，这些合同便难以发挥效应。银行认为他们可以在不增加风险损失的条件下获得更高的利润，从而放松贷款合同中的约束条件。另外，银行之间不断加剧的竞争也会迫使决策者接受这种放宽约束条件的合同，或者从市场中退出。在这种环境下，房地产开发商已经拥有通过提高投资项目的风险过度利用其债权人的机会，二者往往很难得到监管。另外，当一个项目接近违约时，开发商可能缺乏增加资本投入的动力，由于该项目的大部分收益将归债权人所有，这相当于为银行提供了一种保护该项目的激励措施，这种不恰当激励会使银行低估房地产业的风险。

五、经济周期的影响

在经济学中，经济周期是指国民收入、就业和生产的波动，是繁荣时期和萧条时期的更迭。整个经济周期分为繁荣、萧条、危机和复苏四个阶段，通常我们把复苏和繁荣阶段称为扩张阶段，而把萧条和危机阶段称为收缩阶段。

宏观经济的周期性变化对经济体系中的变量产生一定影响，其中最显著的变量之一便是房地产价格，尤其是在经济处于增长阶段，房地产作为实体经济不仅受到周期带来的正常的景气波动，而且作为主要虚拟资产在人们的预期之下产生持续的价格增长。建筑物是一般商品，而土地则是虚拟资产，它的定价方式使得其价格随经济发展的起伏产生非常大的价格波动，而它的实物形态又使得它被看成为更具有抵押价值的资产。因而在可能获得较大资产收益的预期下，房地产市场会被过度投资，导致房地产泡沫的形成和扩张。

房地产要素供给、要素结合程度以及房地产关联产业群在生产能力、地区分布、产业政策等方面都呈现周期性的变动，这些周期性波动必然会影响房地产市场的价格波动。另外，由于房地产建设周期长，供给具有时滞性，使即期供求的时间连续性被割裂，加之区位的固定性容易打破房地产市场供求在空间上的一致性，也正好符合了库兹涅茨经济周期，即中长期的经济周期波动。

1. 经济周期对房地产收益预期的影响

（1）财富效应

当宏观经济整体处在高涨的时候，名义的增长，必然导致资本存量价值的提高和资产拥有者名义财富的提高，财富效应就是指由于局部经济泡沫的存在使资产拥有者的名义财富增加，引起其实际消费支出增加。

在这种情况下，居民因为受到预期高资产收益回报的激励，往往积极增加投资股票市场和房地产市场，最容易形成经济泡沫，也最容易在经济高涨的时候使得资产价格波动剧烈。由于股票和房地产一般说来是由众多的个人拥有，如果股票价格和房地产价格暴涨，这些拥有者的资产财富评估额就会大幅度提高。

（2）资金成本效应

一般来讲，资金成本效应主要是针对股票市场而言的，它是指由于股市暴涨使企业筹资成本降低对投资需求的影响。在房地产市场上，因经济增长而使房地产价格上升时，往往会刺激房地产开发商进一步对该行业投资。此时房地产存量具有更大的抵押价值，资产抵押价值高就相应地容易借款，从而进一步刺激住宅的投资，并且增大居民对房地产资产收益的预期。

2. 经济周期改变房地产抵押风险

抵押风险是指提供房地产抵押贷款的金融机构在借款人违约后处分抵押物时所面临的风险，主要包括抵押物价格风险和抵押物变现风险。影响抵押物价格风险的主要因素是房地产价格。其相比发放贷款时下跌越多，抵押物价格风险便越大。抵押物变现风险的影响因素主要是抵押市场的发展水平和房地产价格，房地产抵押市场越完善，抵押变现风险越小。房地产价格下跌降低了房地产抵押市场的流动性，同时也会抬高处分抵押物的相对成本，加大抵押物变现风险。

在经济周期不同阶段，房地产抵押贷款风险不同，所以对房地产泡沫的形成有不同的影响。在经济扩张阶段，由于房地产需求增加和房地产价格的上升，企业利润率会随之提高，房地产开发商的收入增加。相应的由于企业利润率上升，经营规模扩大，从而增加雇员人数或提高员工工资，因此居民收入随之增加。至于房地产投资者，随着房地产价格的上升，其收入也会上升，或至少其财富总值增加。房地产抵押贷款风险中的借款人的现实风险水平会有下降的趋势。在这样一种繁荣和安全状态影响下，开发商会不断扩大房地产投资，促进泡沫的形成。

而在经济衰退阶段，由于房地产需求的减少和价格的下跌，企业利润率下降，房地产开发商的收入下降。对居民来说，由于企业利润率下降，经营规模缩减，解雇员工或者降低员工工资，居民的收入随之下降。同样随着房地产价格的下降，房地产投资者收入也会下降，或其财富总值缩水。这样在经济衰退过程中借款人风险是处于不断增大状态的，这些不断增大的借款人风险会越来越可能成为现实，从而更多的风险转化为抵押物风险。

第二节 房地产泡沫周期性的理论分析

一、理论分析框架的说明

房地产作为一种可以带来收益的资产，有着其自身的实体资本，但是也有虚拟化的成分，因此当其价格的运行脱离其实际价值即重置成本时，就会产生一定程度的泡沫，泡沫一旦形成，其破灭过程既可能比较缓和，也可能比较剧烈。泡沫破裂的剧烈程度与导致泡沫破裂的因素的作用强度以及协调程度有关系，具体来说，泡沫破灭的影响因素包括：（1）房地产需求的边界。虽然一系列金融相关的制度安排具有放大或者提前释放市场需求的作用（包括房屋的预售机制、房地产贷款的首付比例机制等等），市场需求也不可能是无限大的。例如，住房按揭贷款能够将未来20年左右的市场需求转换成当前需求，但是更长时间内的需求已经无法提前释放。（2）投机者预期逆转。房地产价格上涨在相当大程度上是由于消费者的乐观预期推动的结果，一旦出现预期逆转的情况，也就是消费者开始对房价前景产生悲观预期，并且这种悲观预期和从众行为相互影响，彼此不断放大，房地产价格泡沫的破灭就将来临。（3）房地产价格超过了其替代品价格，这里的替代品主要指租房的价格。（4）政府不恰当的干预措施。讨论日本房地产泡沫破裂时曾经提到，在面对剧烈的市场变动时，如果政府没有能够及时采取恰当措施或者所采取的措施过于"刚性"，就有可能加快泡沫破裂。

关于房地产泡沫周期波动过程，可以参考图4-4进行分析。在这张图中，三条曲线分别是预期最高价格曲线（P_{max}）、预期最低价格曲线（P_{min}）以及实际价格曲线（P）。纵坐标上的 P_0 代表房地产的基础价值，也就是房地产的重置成本，P_{min} 曲线波动的波谷不会低于 P_0。

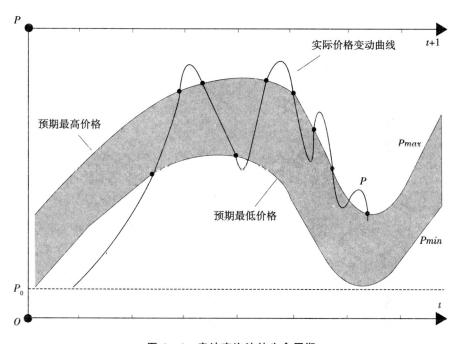

图 4—4　房地产泡沫的生命周期

曲线 P 根据下方的水平坐标轴 t 绘制，表示随着时间的推移，市场上房地产销售价格的变动趋势。而 P_{max} 和 P_{min} 根据上方的水平坐标轴 $t+1$ 绘制，表示市场上的经济主体对于房地产下一期价格的预期值。对未来预期价格区分 P_{max} 和 P_{min} 的原因在于，市场主体的结构非常复杂，预期价格又会受到主观因素的强烈影响，选取期望最高价和期望最低价之间的范围可以更加客观地描绘市场的运行情况。P_{max} 和 P_{min} 将会呈现出相同的变动过程，也就是说，市场对于房地产价格的预期从整体上说是一致的，只不过不同市场主体预期的未来价格的具体值之间有差别。

在 P 和 P_{max}/P_{min} 的互动关系中，有一个基本的观点——当市场价格低于预期价格时，当期市场价格将倾向于上涨，当市场价格高于预期价格时，当期市场价格将倾向于下降。这一观点基于理性人的基本假设。作为房地产市场中的理性人，投资者（或者投机者）都会以对未来房价的预期做出当期购买或者销售的判断，因为保有房地产的价值就在于将来以更高的价格出售来获得利润，实现财富的保值和增值。如果经济主体预计房地产价格在下一期将会下降，就会倾向于在当期进行抛售，增加市场供给同时减少需求，引起当期价格下降。类似的，如果经济主体预计房地产价格在下一期会上升，就会倾向于在当期进行购买，增加市场需求同时减少供给，引起当期价格上升。

二、稳定波动和非稳定波动

当 P 曲线位于 P_{max} 和 P_{min} 之间时，不论 P 处于上升段还是下降段，我们都可以看到 P 的波动比较小。其经济含义就是，如果房地产市场价格低于市场的最高预期，同时高于市场的最低预期，推动房地产价格上升的力量和阻止其上升的力量会相互抵消一部分，从而使市场价格保持比较平稳的变化态势。因此，我们可以称 P_{max} 和 P_{min} 之间的区域为房地产价格的"稳定波动区域"。在比较平稳的市场中，房地产的当期价格会在 P_{max} 和 P_{min} 之间稳定地波动上升。之所以会波动就是因为上述的力量作用不均匀所导致，之所以会上升是因为经济增长和土地资源稀缺性引起的。

当 P 曲线突破 P_{max} 和 P_{min} 的限制，情况就有所不同了。如果 P 位于 P_{max} 上方（当然更位于 P_{min} 上方），P 将会迅速下滑，因为所有的市场主体都对价格失去信心，开始抛售手中的房地产，造成需求减少，价格下降。这种价格下滑属于房地产市场的正常调整过程，并不代表泡沫的破裂。如果 P 位于 P_{min} 下方（当然更加位于 P_{max} 下方），P 将会迅速上升，因为所有的市场主体都认定价格会马上回升，需求加大，价格上升。因此，我们可以认为 P 曲线在 P_{max} 和 P_{min} 之外的区域不会停留太长的时间，这些区域可以称之为"非稳定波动区域"。

房地产价格的波动是不可避免的，以前面建立的分析框架为基础，我们可以如下描述房地产价格在比较正常的市场情况下的表现。这里所谓的"比较正常的市场情况"是指，市场中不存在或者仅仅存在较少的足以导致房地产市场泡沫的因素。在这种情况下，每当房地产的当期价格突破 P_{max} 或者 P_{min}，价格会在较短的时间内回落或者回升。这时，我们也可以认为房地产市场中出现了"小泡沫"，价格的调整标志着这些小泡沫的破裂。由于这些泡沫破裂都比较及时，因此价格波动的幅度比较小，不会产生太大的全局性的负面影响。也就是说，由于上述的预期价格对当期价格有比较强的约束作用，当期价格 P 突破 P_{max} 和 P_{min} 的幅度不大，因此当 P 回升（回落）时一般都会在比较短的时间内重新进入 P_{max} 和 P_{min} 之间的稳定波动区域，并开始新一轮调整。图4—4所示的就是这种一般的价格调整过程。

在"非稳定区域"中，如果 P、P_{max} 和 P_{min} 三条曲线满足以下条件时，房地产价格可能会出现连续的猛烈下降，如图4—5所示：

（1）P 曲线向上突破 P_{max} 曲线，并且幅度较大；

（2）P 曲线开始下降时，位于 P_{max} 和 P_{min} 的下降段的上方；

（3）在比较长的时间段内，P 曲线无法进入稳定波动区域，价格连续下降。

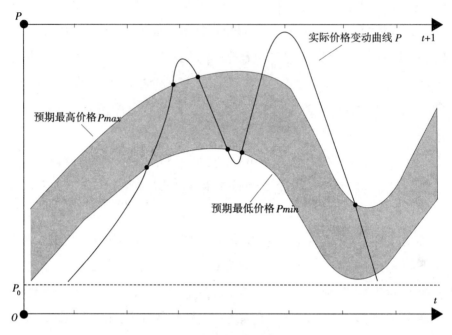

图 4—5 "陷阱区域"与房地产泡沫破裂

这时，我们可以认为出现房地产泡沫破灭的情况，P_{max} 和 P_{min} 波谷以上的区域可以称之为"陷阱区域"。需要强调的是，P 进入"陷阱区域"后并不必然意味着出现房地产泡沫的大规模破裂，还必须满足上述的三个条件。

三、泡沫运动过程的数学模型

建立数学模型时，我们将对以上的分析进行一些简化处理。首先，假设经济已经达到充分就业，不再有经济增长，房地产市场的 P_{max} 和 P_{min} 按照标准正弦函数的形式围绕固定的值上下波动。其次，根据前面的分析，房地产市场的 P 并不是一个完全独立的指标，而是会根据 P_{max} 以及 P_{min} 的变化而波动。基于以上假设，我们可以分别写出 P_{max}、P_{min} 和 P 的曲线方程：

$$P_{max} = Sin(\frac{t}{n})$$

$$P_{min} = Sin(\frac{t}{n}) - P_e$$

$$P = \theta Sin(\frac{t+1}{n}) + F(E，M，S，\cdots)$$

$$\theta = \theta(t)$$

在以上方程中，t 表示时间，P_{max} 和 P_{min} 是 t 的函数；而 P 是 $t+1$ 的函数，代表滞后 1 期；m 为 P 波动的周期；n 为 P_{max} 和 P_{min} 的波动周期；P_e 为 P_{max} 和 P_{min} 之间的差额，为一常数；θ 为房地产市场中预期价格对实际价格变化产生影响的加权因子，它随着时间 t 波动；F 是房地产市场中会影响价格波动的主观性因素，它是市场期望 E、道德风险 M 以及投机行为 S 等参数的函数。

在理想化的条件下，我们假设 P 按照正弦函数波动，结合发达国家成熟的房地产市场的经验，预期周期取 13 年左右。$n=2$，并假设 P_e 的值为 1。因为实际价格的变化趋势完全理想化，不受预期价格变化的影响，故 $\theta = \theta(t)$ 取常数 1。而 $F(E，M，S，\cdots)$ 也为常数，因为我们假定在完善的市场体系下，各种主观性因素对房地产价格的影响和冲击可以被削弱，最后趋势性的影响虽然存在，但波动性的影响可以被滤除，于是在时间序列上，$F(E，M，S，\cdots)$ 应该为一正的或负的常数。假设在这一周期中，初始条件是实际价格等于预期最高价，则可以根据这一初值条件解出 $F(E，M，S，\cdots)$ 的值为 -0.5，于是得到的函数表达式如下：

$$P_{max} = Sin(\frac{t}{2})$$

$$P_{min} = Sin(\frac{t}{2}) - 1$$

$$P = Sin(\frac{t+1}{2}) - 0.5$$

$$\theta(t) = 1$$

如前述，若预期下一期的价格上涨，则当期的实际价格上涨，反之则反是。则 P 曲线的波动范围在 P_{max} 和 P_{min} 之间，如图 4—6 所示：

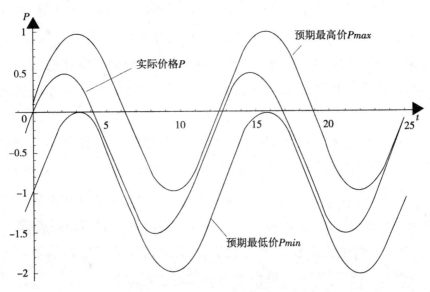

图4—6　理想状况下实际价格与预期价格的波动状况

当然，理想化的状态是很难达到的，在一般情况下，市场的泡沫化因素的存在将导致 P 曲线的波动向上突破 P_{max}，向下突破 P_{min}。我们放宽假定条件，在上述理想化波动的基础之上，仍以发达国家的房地产市场为例，市场制度比较完善，国家的相关调控政策也很健全，但是根据理性预期的假说，在市场中，预期价格对实际价格的影响是客观存在的，完善的市场体系也不能消除这种影响，这种影响会使实际价格在短时期内有轻微的异常波动，可能会小幅度偏离"稳定区域"，但不会造成太大的冲击和危害，因为完善的市场体系和宏观调控机制很快会把实际价格拉回到"稳定区域"中。因为预期价格的变化对实际价格的变化的影响是规律性的，故取 $\theta(t)=Sin(t)$。而 $F(E，M，S，\cdots)$ 如前述，仍为常数。

构造出实际价格，预期价格的函数如下：

$$P_{max}-Sin(\frac{t}{2})$$

$$P_{min}=Sin(\frac{t}{2})-1$$

$$P=\theta(t)Sin(\frac{t+1}{2})-0.5$$

$$\theta(t)=Sin(t)$$

再根据以上函数，可以绘制出图 4—7。

当然，在以上数学模型分析的基础之上，我们最关注的问题是泡沫破裂的条件是什么，或者更准确地说，泡沫大规模破裂的条件是什么？这里对"大规模破裂"的定义是，房地产价格短时间内不间断的连续下跌。当市场制度和国家的宏观政策不完善时，考虑到市场的期望，道德风险的存在，会引致大量的投机的机会，就会使实际价格的运行较大幅度的脱离预期价格。出于一般性，不妨假设在上一期，由于各种市场因素的综合作用，实际价格已经降到了预期最低价。这个时候，市场参与者都会预期下期的价格要上涨，如果此时又有房地产的利好消息出现，比如国

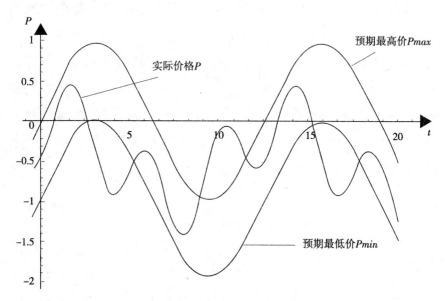

图 4—7　实际价格的轻微波动

家对房地产行业有利的宏观调控政策，或是某地区经济的高速发展导致的实际需求的增加，也有可能是利率的下降导致投资的成本降低等等，都会使下一期的实际价格持续大幅的上涨，并在短时期内超出了正常情况下的预期最高价曲线。而到了再下一期，预期价格曲线已经处于下降的趋势，市场在上一期的过热之后会非常敏感，一旦有不利的消息，就有可能引起投机者的恐慌，导致实际价格的大幅下落，具体到这个模型中就是在 P_{max}/P_{min} 的半个周期内，P 曲线一直呈下降趋势，没有进入"稳定区域"。

在此，我们以发展中国家在经济发展的进程中伴随出现的不完善房地产市场为例，其房地产预期价格周期应较短一些，为8—10年左右，则 n 取 1.4 左右，而实际价格周期会难以把握，有的甚至是没有周期，实际价格的波动可能没有太多的规律性，因为在不完善的市场体系下，不仅是预期价格会对实际价格波动产生影响，而且市场也可能无法抵御道德风险、投机行为等其他主观性因素的冲击，$F(E，M，S，\cdots)$ 不再像理想化的状态下那样为一常数，而是表现出波动性，为了分析方便起见，取

$$F(E，M，S，\cdots) = Cos(t+1)$$

这样，我们构造出的价格函数如下：

$$P_{max} = Sin\left(\frac{t}{1.4}\right)$$

$$P_{min} = Sin\left(\frac{t}{1.4}\right) - 1$$

$$P = \theta Sin\left(\frac{t+1}{2}\right) + Cos(t+1)$$

$$\theta = Sin(t)$$

根据函数绘制出图 4-8：

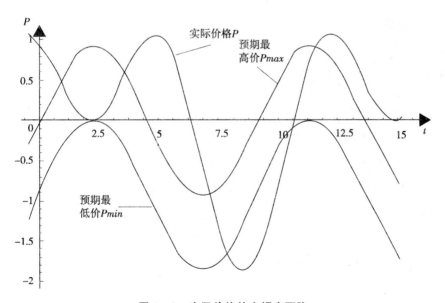

图 4-8 实际价格的大幅度下降

可以看出，在第 5 年的时候，出现了泡沫的大规模破裂。

当然出现泡沫破裂的情况必须满足以下两个基本条件：

（1）P_{max}、P_{min} 和 P 处于下降段，也就是说泡沫破裂总是表现为实际价格和预期价格的连续下降；

（2）P 在下降过程中无法及时落入"稳定区域"。

第三节　中国房地产基本价值和泡沫分析

一、房地产泡沫的研究文献

中国房地产市场是否存在泡沫，泡沫的程度有多大，一直是热点问题并存在争论。基于理性泡沫理论，下面在房地产市场局部均衡模型的框架下，对中国房地产基本价值和泡沫度进行了估算和预测。

受全球金融危机影响，中国房地产市场一度（2008 年）处于观望阶段，随着刺激计划的相继出台实施，经济趋于回暖，房价下跌的预期开始转变，2009 年下半年开始，房地产市场出现了所谓的"报复性上涨"。数据显示，2009 年全国住宅平均价格为 4474 元/平方米，涨幅达 25.1%，为 2001 年以来最高水平。2010 年 1 季度，全国房地产完成投资 6594.45 亿元，比 2009 年同期增长 35.1%，房地产销售面积同比增长 35.8%，而房地产销售额同比增加高达 57.7%。2010 年 3 月份，全国房屋销售价格指数和新建住宅价格指数同比分别上涨 11.7% 和 11.4%。因此，有学者（厉以宁，2010）认为，"房地产泡沫毋庸置疑"。可见，对中国房地产市场的泡沫情况进行研究，具有很强的理论和现实意义。

二、分析的模型选择

1. 房地产市场的需求函数

基本假设：（1）按照国际上公认的房价收入比的合理范围 3—6，消费者的购房决策取决于综合可支配收入 $YD_t^s = \frac{1}{6}\sum YD_i$，$i=t$，$t-1$，…，$t-5$；（2）一般商品 G 和以总价值体现的房产 PH 均能提供效用，且效用函数为对数型、加法可分，其中 P 为房地产销售价格，H 为消费者购买的房地产面积；（3）消费者对各期效用的贴现率为 1，因此，总效用期望为各期效用的简单加总①。在综合可支配收入的约束条件下，消费者选择最大期望效用的购房数量：

$$\max_{H_{t+i}} E_t U^s = \sum_{t=0}^{\infty} \{\ln G_{t+i} + \ln(E_t P_{t+i} \cdot H_{t+i})\}$$

$$s.t. \quad G_{t+i} + E_t P_{t+i} \cdot H_{t+i} = YD_t^s$$

上述最优规划的一阶条件为：

$$(E_t P_{t+i} \cdot H_{t+i})^s = \frac{YD_t^s}{2} \tag{4—1}$$

（4—1）式即为典型消费者的需求函数，加总即可得到房地产市场的总需求曲线。

2. 房地产市场的供给函数

基本假设：（1）房地产开发商只能依靠自有资金从事开发活动；（2）房地产开发商各期利润等于售房收入减去建房成本和使用自有资金的机会成本，且其各期利润的贴现率为 1，总期望利润为各期利润的简单加总；（3）房地产开发商投入的比例为 δ

---

① 在假定贴现率 $\beta < 1$ 的情况下，结论基本一致。

（$0 \leqslant \delta \leqslant 1$）的自有资金，其机会成本为社会平均收益率 r，并假定银行利率也是 r；（4）开发商建房成本 C_t 是建房数量的二次函数，以体现边际成本递增的概念，且建房成本 C_t 反映了政府的土地政策、房地产宏观调控政策和通货膨胀等多种外生因素的影响。开发商最大化期望利润的建房数量为：

$$\max_{H_{t+1}} E_t \Pi^s = \sum_{i=0}^{\infty} \left\{ E_t P_{t+1} \cdot H_{t+i} - \frac{cH_{t+i}^2}{2} - r \cdot \delta \cdot B \right\}$$

$$s.t. \ \frac{cH_{t+i}^2}{2} = \delta \cdot B$$

上述最优规划的一阶条件为：$(E_t P_{t+i})^s = cH_{t+i}(1+r)$

$$(4-2)$$

显然，此即代表开发商的供给函数，加总得到房地产开发商的总供给函数。

联立方程（4—1）、方程（4—2）我们可以得到一个均衡价格 $P^* = (E_t P_{t+i})^s$。此时，对购房者来说，一般商品的边际效用和房产的边际效用之比 $\frac{u'_G}{u'_{PH}} = \frac{PH}{G} = 1$，地产商的各期利润为 $\pi^s = B(1 + r_t)$，即开放商的自有资金投入恰好得到了社会平均利润。此时，房地产市场和其他商品市场达到一般竞争均衡状态，我们得到的房地产市场的均衡价格即是房地产商品的基本价值：

$$P_t^* = \sqrt{\frac{c_t(1+r) \cdot YD_t^s}{2}}$$

$$(4-3)$$

如果第 t 期房地产市场的实际销售价格 P_t 高于其基本价值 P_t^*，则第 t 期的房地产市场泡沫为 b_t，其中 $b_t = P_t - P_t^*$；第 t 期的房地产市场泡沫度为 θ_t：

$$\theta_t = 100\% \cdot (P_t - P_t^*)/P_t^* \tag{4-4}$$

三、检验及预测

根据上述模型中关于房地产基本价值的定义，下面将对中国房地产市场的基本价值、泡沫和泡沫度进行分析。

首先，将相关数据及处理过程给予说明。关于开发商建房成本 C_t，与姜春海（2005）对 C_t 的处理有所不同，本书认为，开发商建房成本 C_t 应该包括三个部分：商品房竣工造价、楼面地价、税金及其他。其中，考虑到开发商有夸大成本倾向，商品房竣工造价采用原值的 90%。楼面地价的处理较为复杂，根据定义，楼面地价＝土地单价/容积率。关于土地单价，考虑到房地产开发项目的周期一般为 2—3 年，因此，t 期房地产的土地单价＝（$t-1$ 期的土地购置费用/$t-1$ 期的土地购置面积＋t−2 期的土地购置费用/$t-2$ 期的土地购置面积）/2。容积率的计算公式为：t 期的容积率＝t 期的竣工房屋面积/（$t-1$ 期的完成开发土地面积＋$t-2$ 期的完成开发土地面积）。单位面积税金及附加的计算方法为：t 期的税金及附加＝t 期的经营税金及其他/商品房销售面积。关于居民可支配收入，考虑国际上公认的房价收入比 3—6 的合理范围，我们采用最大值 6，将综合可支配收入定义为 $YD_t^s = \frac{1}{6}\sum YD_i$，$i=t$，$t-1$，…，$t-5$，也即消费者的购房决策取决于其过去 5 期和当期收入总和的平均水平。社会平均收益率 r 采用当期的一年期商业银行贷款利率 i 来代替。

将上述数据代入到式（4−3）和式（4−4），我们对 1997—2008 年中国房地产基本价值和泡沫度的计算如表 4−1 所示：

表 4－1　1997—2008 年开发商建房成本、房地产基本价值、销售价格和泡沫度

（单位：元/平方米、％）

年份	商品房竣工造价	楼面地价	税金及附加	C_t	YD_t^s	r	P_t^*	P	b_t	θ_t
1997	1175	—	115.7	—	3730.4	—	—	1997	—	—
1998	1218	—	113.9	—	4296.8	7.08	—	2063	—	—
1999	1152	262.4	99.9	1295.4	4842.9	5.85	—	2053	—	—
2000	1139	268.1	115.1	1305.8	5306.9	5.85	—	2112	—	—
2001	1128	299.4	122.0	1335.1	5736.3	5.85	1907	2170	263	13.8
2002	1184	338.6	138.1	1435.7	6213.6	5.31	1991	2250	259	13.0
2003	1273	379.0	146.4	1556.5	6765.6	5.31	2090	2359	269	12.9
2004	1402	507.6	108.0	1751.3	7431.7	5.58	2262	2778	516	22.8
2005	1451	479.7	152.3	1807.3	8204.9	5.58	2471	3168	697	28.2
2006	1564	534.2	182.2	1983.3	9118.1	6.12	2754	3367	613	22.2
2007	1657	740.5	214.6	2297.3	10272.5	6.93	2957	3864	907	30.7
2008	1795	926.2	277.3	2657.5	11618.8	6.34	3300	3800	500	15.1

资料来源：根据《中国统计年鉴》1997—2008 年的数据计算整理。

从表 4－1 中可以看出，2001—2003 年期间，房地产市场泡沫一直维持在 13％左右，从 2004 年开始，房地产市场的泡沫度急剧增加，2004—2006 年分别为 22.8％、28.2％和 22.2％，到 2007 年，更是高达 30.7％，2008 年，受全球金融危机的影响，房价有所回落，泡沫度降到 15.1％的水平。按照一般 5％泡沫度的合理界限，2001 年以来，我国房地产市场一直存在较高的泡沫，2004 年以后，房地产泡沫已远远超过了合理的范围，最高为合理界限的 6 倍。而这尚且是全国的平均水平，在北京、上海和深圳等局部地区，相信泡沫度会更高。

为了对 2009—2011 年的房地产基本价值、房地产销售价格和泡沫度进行预测，首先将相关变量序列进行序列平稳性检验，

结果如表4－2所示：

表4－2　单位根检验（ADF）结果

变量	ADF	变量	ADF
C_t	4.4881	Δr	－3.5180
	（－4.4026）***		（－3.2598）**
YD_t^i	4.2647	P	0.7284
	（－3.2127）**		（－3.1753）*
P^{t*}	3.8954	ΔP	－2.2506
	（－3.4033）**		（－3.2127）**
r	－24979	$\Delta^2 P$	－4.4325
	（－3.2213）*		（－4.4206）**

其中，Δ、Δ^2 分别为一阶和二阶差分算子；*、**、***分别表示 10％、5％、1％的显著水平，（·）代表相应显著水平下的临界值。单位根检验的结果可见，C_t、YD_t^i、P_t^* 为平稳序列；r—I（1），为一阶单整的非平稳序列；P —I（2），为二阶单整的非平稳序列。因此，可以对 P_t^* 建立 ARMA 模型，对 P 建立 ARIMA 模型分别进行预测。

首先，观察时间序列 P_t^* 的自相关图和偏自相关图，确定 ARMA 模型中的 p 和 q 均为 2，按照 AIC 和 SBC 原值，对 P_t^* 建立 ARMA（2，2）模型，并利用 Eviews5.0 对模型估计如下：

$$P_t^* = \alpha P_{t-2}^* + \varepsilon_t + \beta \varepsilon_{t-2}$$

$$P_t^* = 1.1988 P_{t-2}^* + \varepsilon_t + 0.9868 \varepsilon_{t-2} \tag{4-5}$$

$$t = (130.9091) \quad (25.2484)$$

$$R^2 = 0.9974 \quad D.W = 2.5877 \quad AIC = 9.6057$$

同理，令 $\Delta^2 P_t$ 为 t 期房地产价格 P 的二阶差分，对 1997—

2008 年时间序列 P 建立 ARIMA（1，2，2）模型，估计结果如下：

$$\Delta^2 P_t = c + \alpha \Delta^2 P_{t-1} + \varepsilon_t + \beta \varepsilon_{t-2}$$

$$\Delta^2 P_t = -39.5889 - 1.2126 \Delta^2 P_{t-1} + \varepsilon_t + 2.6035 \varepsilon_{t-2} \quad (4-6)$$

$$t = (-31.0904)(-5.8059) \quad (2.4014)$$

$$R^2 = 0.8880 \quad D.W = 1.4628 \quad AIC = 12.3220$$

结果显示，ARMA 和 ARIMA 模型各项统计量均较好，模型残差也符合白噪声过程，因此，可按照（4-5）式和（4-6）式，在其他条件不变的情况下，利用 Static 方法分别对 2009—2011 年房地产基本价值 P_t^* 和销售价格 P 进行预测，如表 4-3 所示。数据表明，拟合值和实际值之间的差异平均控制在 1% 以内，可见两个方程的拟合精度都非常高，如图 4-9、图 4-10 所示。

表 4-3　房地产基本价值和销售价格预测（2009—2011 年）

年份	P_t^*	P	θ_t
2009	3540	4304	21.6
2010	3954	4872	23.2
2011	4234	5009	18.3

图 4-11 的阴影部分显示了 2001—2011 年的房地产价格的实际泡沫和预测泡沫。预测结果显示，2009—2011 年房地产市场泡沫度分别为 21.6%、23.2% 和 18.3%。这说明，在未来的几年内，尽管房地产泡沫未出现进一步加剧的趋势，但仍然保持在高位运行。

我们认为，房地产价格泡沫产生的原因主要有三个方面：

第一，土地的垄断供给。伴随着城市化进程，土地需求必然

（单位：元/平方米）

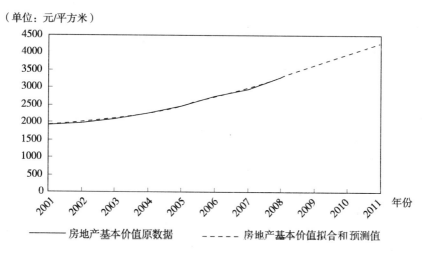

图4-9 2001—2011年房地产销售价格 P 实际值、拟合和预测值

（单位：元/平方米）

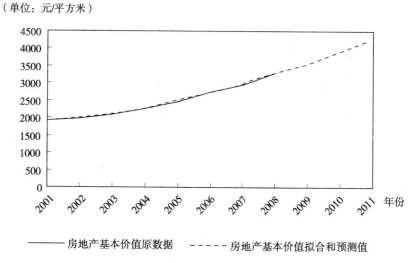

图4-10 2001—2011年房地产基本价值和房地产价格泡沫

急剧增加，然而，由于历史因素形成的土地市场结构，单一垄断的供给和市场化的需求，势必造成土地市场供需矛盾不断突出，地价快速上涨。数据显示，自2002年开始的土地市场"招拍挂"

（单位：元/平方米）

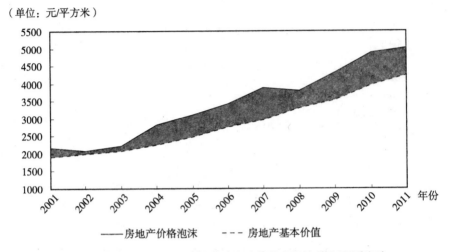

图 4—11　2001—2011 年的房地产价格的实际泡沫和预测泡沫

以来，楼面地价增加速度较快，从 1999 年的 262.4 元/平方米上涨到 2008 年的 926.2 元/平方米，涨幅接近三倍，也就是说，楼面地价三年便可翻一番。从开发商建房成本 C_t 的构成可以看出（如图 4—12 所示），相比于商品房竣工造价、税金及附加，楼面地价占开发商建房成本的比例在三个部分中增长最为迅速，到 2008 年，楼面地价已经占开发商建房成本的 35%，为历史最高水平。据国务院发展研究中心的一份调研报告显示，在一些地方政府，土地直接税收及城市扩张带来的间接税收占地方预算内收入的 40%，而土地出让金净收入占政府预算外收入的 60% 以上。可见，"理性的"垄断供给主体，势必通过制造"地荒"以提高拍卖价格，由此也不断产生新的"地王"。

第二，普遍性的投机行为。在房地产市场中，炒房团和炒房客的存在及其对房价的推升作用，已经是"共识"。普遍性的房地产投机使财富在居民之间呈现"马太效应"式的再分配，富裕群体通过不断投资房地产获得房价高涨带来高收益，并进一步推

（单位：元/平方米）

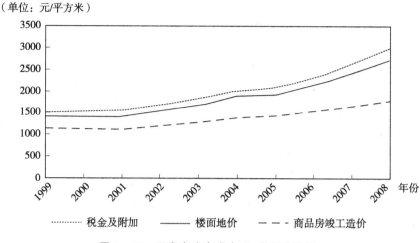

图4－12　开发商建房成本C_t各部分比例

升房价，这使得普通购房者必须付出更高的成本以实现基本的住房需求，甚至被排除在房地产市场之外，贫富差距进一步扩大。据中国社科院一项研究表明，全国85%的家庭难以承担当前的高房价。在"安居"方能"乐业"的传统文化和现实需要的背景下，这种局面不仅有损于经济的长远发展，一定程度上也不利于社会的安定。当然，在法律允许的情况下，作为一种财富保值和增值的方式，任何房地产领域的投资和投机行为无可厚非，但是，决策部门应当丰富投资渠道，引导资金流向更多的产业领域。

　　第三，房地产业的暴利。2000年到2008年，全国房地产企业利润总额从73.28亿元增加到3432.23亿元，增幅近46倍，仅2007—2008年间，房地产企业总利润便增加996亿，有关资料显示，房地产业的平均利润率在30%以上。1999—2009年，各类富豪榜中有1/3的富豪涉足房地产，十大盛产富豪的行业中，房地产业名列第一，十年间上榜人数为567人。高额的利润，吸引大量资本进入房地产领域，1997 年到 2008 年，全国房地产开发企业由 21286 家增加到 87562 家，仅 2007—2008 年间，全国就新增房地产开发企业 25044 家。2009 年国务院公布的六大产能过剩产业中，其中严重过剩的钢铁和水泥产业都和房地产业联系紧密。不仅如此，一些具有产业优势的企业也纷纷投入巨资进入房地产领域，如海尔地产等。大量资金包括银行贷款和企业利润流向房地产行业，使得其他产业尤其高科技领域资金供给相对不足，从短期看，必然造成国民经济发展的结构性失衡，从长期来看，不利于全社会的科技发展和进步，而且，高度依赖房地产等固定资产投资拉动的经济增长方式也难以持续，加剧了经济的波动。

为此，解决房地产泡沫必须从上述因素出发，具体可以采取以下政策措施：首先优化政绩考核机制，改革财政税收制度。抑制土地价格，必须优化领导干部考核机制，改变单纯以 GDP 为标准政绩观，使地方政府更多地关注民生。此外，必须加大税制改革，增加中央税收返还和对地方财政的转移支付，减少地方政府财政压力，将地方财权和事权统一起来，同时加强财政收支监管力度，使地方政府更多地以本地区土地市场实际需求出发，而不是财政收入出发来决定土地供应量。其次，以家庭为单位对第三套住房开征物业税。开征物业税既是国际上的通用做法，而且实践经验也表明，物业税对抑制房地产投机和泡沫积极有效。因此，应尽快在全国范围内，以家庭为单位对第三套住房开征物业税。之所以必须在全国范围内征收，是因为尽管不同地区泡沫情况和程度不同，但是，如果仅对房价高涨的一线城市开征物业税，将使投资者流向未开征物业税的地区，从而造成这些地区新一轮的房价上涨，使政策效果适得其反。此外，物业税的比例不应太低，否则投资者很容易将物业税转嫁给购房者或租赁者，这样不但不能抑制房价，反而进一步推升房价。因此，我们认为从家庭为单位的第三套房开始，应以不低于房屋价值 20％ 的税率开征物业税，使第三套房投资者成本增加，且难以转嫁，从而抑制房地产市场的投机行为，稳定房价。再次，逐步放开垄断领域，不断丰富投资渠道。投资渠道单一，是大量企业和民间资本进入房地产市场的重要原因。因此，国家应该逐渐缩小政府投资范围，将政府职能限制在公共服务和市场失灵的领域，将更多的产业和投资领域交给市场供应和调节；应该逐步开放电力、电信、石油等垄断性行业，鼓励和引导民间资本进入法律未明确禁止准入的领域，这样既可以引入竞争机制，提高产业竞争能力和管理水平，又可以丰富投资渠道，避免企业和民间资本集中在资产市场尤其是房地产市场，防止房地产价格泡沫的形成和加剧。

第四节 中国房地产市场供给结构与价格泡沫的关系

一、房地产市场供给结构与价格泡沫关系的理论分析

在上面分析的基础上，可以进一步提出这样的问题：地产市场供给结构与价格泡沫是否存在关系？为此，下面对此进行分析。

新中国成立后，住房实行福利分配制度，即由国家或单位集中建房，统一分配给职工，产权属于公有，个人缴纳租金获得使用权，这一阶段并不存在商品化的住房市场，从某种意义上是实行全民化的保障房制度，因此，不可能存在所谓的价格泡沫。随

着人口的急剧增加，"统一管理，统一分配，以租养房"的供给模式难以满足日益增加的住房需求，1988年，全国住房制度改革工作会议召开，中国住房体制改革开始，房地产市场进入到双轨制的过渡阶段。1992年和1993年房地产开发投资增长率分别高达117.5%和165%，1994年，国家开始在全国范围内建立住房公积金制度，住房市场开始商品化，这一阶段，局部地区（广西北海，1993；海南，1995）发生了房地产价格泡沫事件。1998年，全国范围内停止住房实物分配，全面实行住房分配货币化，这意味着住房市场完成由计划模式向市场模式的转变，房地产市场开始全面进入商品化时代。统计数据显示，1997—2008年之间，房地产价格指数，以1997年为基年100计算，到2008年已上升到190.29，十年间几乎翻了一番，这个幅度远远高于十年间的CPI指数的上涨幅度27.31%，在一线城市中，房价攀升的幅度更高。2008年，受全球金融危机的影响，房地产市场一度处于观望阶段，随着刺激计划的相继出台实施，经济趋于回暖，房价下跌的预期开始转变，2009年下半年开始，房地产市场出现了所谓的"报复性上涨"。数据显示，2009年全国住宅平均价格为4474元/平方米，涨幅达25.1%，为2001年以来最高水平。2010年1季度，全国房地产完成投资6594.45亿元，比2009年同期增长35.1%，房地产销售面积同比增长35.8%，而房地产销售额同比增加高达57.7%。

在商品化的房地产市场中，产生价格泡沫的因素有很多，大致分为需求因素（消费、投资和投机等）、供给因素和其他因素（市场预期、宏观经济形势和信贷等）。据笔者统计，2003年至2008年，土地政策、金融政策和税收政策的相关调控次数分别约为10次、10次和6次，而与市场供给结构和保障房相关的调控措施约为 3 次。调控政策的着力点偏向打击土地囤积、严控信贷和税收杠杆的原因，一方面是在城市化进程刚刚开始的大背景下，除正常的消费需求外，市场对房价将持续上涨的预期吸引了众多的投资和投机者，甚至部分开发商本身的开发动机就带有投机性，房地产市场投资过热，投机行为普遍，因此，宏观调控政策多采用对打击投机靶向性较强、操作上简单易行的土地、信贷和税收政策；另一方面，对市场供需基本面的调控，如增加居民收入以提高购房能力，或加大保障房住宅供给平抑房价，都受到经济发展或供给刚性的约束，难以取得"立竿见影"的效果，地方政府在 GDP 竞争压力之下缺乏响应的动力，因此，对于加大保障房供给或调整供给结构的调控政策也无法达到激励相容的局面，导致政策调控的无力或无效。

当前，关于土地、信贷和税收层面调控政策是十分必要的，但是，从打击投机角度出台的政策，在使投资和投机性需求暂时受到遏制的同时，也使正常的消费需求受到压抑，甚至可能导致更糟糕的结果，即投资和投机性需求未能有效遏制，反而使正常的消费需求被迫下降。更重要的是，回避基本供需矛盾和供给结构矛盾的"西医疗法"，无疑是"头疼医头脚疼医脚"，其结果（如图 4—13 所示）往往是房价越调越涨，使民众对宏观调控的信任感不断降低。

那么，房地产市场供给结构的状况怎样，它与房地产价格的关系如何呢？

根据《中国统计年鉴 2009》的数据显示，1999—2008 年间，我国房地产市场总住宅供给为 3322.16 万套，其中，别墅和高档公寓供给为 110.63 万套，经适房供给为 451.27 万套。而这十年间，城镇人口以平均每年约 1906 万的速度递增，按照平均每个

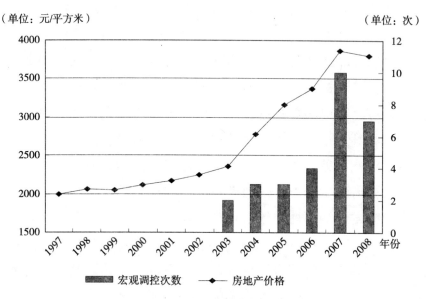

（单位：元/平方米）　　　　　　　　　　　　　　　　　（单位：次）

图4—13　1997—2008年宏观调控次数和房地产价格走势

家庭3个人一套住房，每个家庭用5年的收入来实现住房需求的愿望计算的话，那么，这十年间的住房需求量应为3176万套。如果从房地产市场的总供给（3322.16万套）和总需求（3176万套）的层面上看，房地产市场的总供求应该是基本均衡的。但是，需要注意的是，这十年间经适房的供给套数仅为451.27万套，仅占总市场需求的14％，这尚且不说还有约1亿进城人口大约3000万套的居住需求必须要通过租赁市场来满足。据2008年的统计数据显示，全国已经建成的廉租房仅有100万户左右，仅占十年间进城人口住宅需求的1/6。此外，在1997—2008年间，经适房占总住宅开发面积的比例（下称面积占比）和经适房投资占总住宅投资的比例（下称投资占比）总体上呈不断下降的趋势（如图4—14所示），且两者的变化趋势如出一辙。其中，面积占比最高仅为20.83％（1998年），此后不断下降，到2005

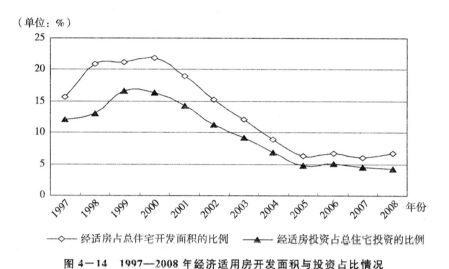

（单位：%）

图4—14　1997—2008年经济适用房开发面积与投资占比情况

年之后，仅维持在6%左右；投资占比最高仅为16.56%（1999年），此后也不断下降，到2005年之后，仅维持在4%—5%之间。此外，1997—2008年间，经适房历年新开工面积总和占历年住宅新开工面积总和的比例仅为10%，经适房投资历年投资额总和占住宅投资历年总和的比例不足7%。综合以上对我国房地产市场供给结构的分析可以看出，房地产市场商品化以来，保障房（包括经适房和廉租房）总供给占总住宅供给的比例不足20%。

这个比例，不仅与2007年9月30日，国土资源部《关于认真贯彻〈国务院关于解决城市低收入家庭住房困难若干意见〉》中要求的"廉租住房、经济适用住房和中低价位、中小套型普通商品住房建设用地，其年度供应总量不得低于住宅供应总量的70%"标准存在明显的差距。而且，与同样人多地少，但是却基本解决住房问题的新加坡和我国香港地区相比，差距也是惊人且巨大的。在新加坡，90%住房由政府提供，10%由市场提供，总人口的85%居住在政府提供的租屋，约7%的低收入家庭在乡政府廉价租房，其他约 10％的高收入家庭在市场上购买高档住宅。在香港地区，政府提供 50％的住房，截至到 2010 年，香港共有约 73 万套公屋住房，超过 200 万人租住其中，约占香港总人口的 1/3。居屋单位则有超过 30 万个，约占总人口的 1/6。

可见，我国房地产价格快速上涨的原因不是简单的供需矛盾，从根本上说，是供需之间的结构上出现了问题，与新加坡和我国香港地区类似，约 80％的普通消费者本来需要通过保障房市场来解决住房问题，但却不得不面临一个保障房供给仅占总供给不足 20％的房地产市场。在这样一个供给结构严重失衡的市场中，房价的快速上涨乃至出现价格泡沫是难以避免的。因此，解决房价高企和泡沫问题，就必须从供给结构上入手，不断提高保障房的供给比例，使普通家庭更多地通过保障房市场而不是商品房市场来实现住房需求，只有这样才能从根本上实现"安居乐业"的和谐局面。

那么改善房地产市场的供给结构，加大保障房建设力度，对房地产市场的价格泡沫究竟存在什么影响呢？下文将运用实证分析方法来检验理论分析的结果。

二、房地产市场供给结构与价格泡沫的实证分析

首先对各变量进行单位根检验，以确定其平稳性。涉及的变量包括商品房价格泡沫度、住宅供给面积、商品房（除经适房外的住宅）供给面积和经适房，样本区间为 1999—2008 年，除商品房价格泡沫度外，其余变量数据均根据历年《中国统计年鉴》整理得到。住宅价格泡沫度采用表 4－1 计算所得泡沫度，用 PMD 表示；住宅供给采用住宅竣工面积代替，用 ZZ 表示；商品房供给面积代表了除经适房之外的商住宅供给面积，用 SP 表

示，采用住宅竣工面积减去经适房竣工面积得到；经适房供给面积采用经适房竣工面积代替，用 JS 表示。利用 Eviews 软件，采用 ADF 检验方法，对 PMD、ZZ、SP 和 JS 进行单位根检验，结果显示四个变量均为非平稳变量，因此，分别对 PMD、ZZ、SP 和 JS 采用一阶差分处理，用△PMD、△ZZ、△SP 和△JS 表示，对一阶差分后的四变量进行单位根检验，结果显示 PMD、ZZ、SP 和 JS 均为一阶单整时间序列。具体结果如表 4－4 所示：

表 4－4　PMD、ZZ、SP、JS 进行平稳性检验

币量	PMD	△PMD	ZZ	△ZZ	SP	△SP	JS	△JS
检验方法	(c, 0, 0)	(0, 0, 0)	(c, 0, 1)	(c, t, 0)	(c, 0, 1)	(c, t, 0)	(c, 0, 1)	(0, 0, 0)
T统计量	−1.542091	−2.059839	1.793775	−3.660832	2.771586	−5.144890	−2.091336	−2.380682
临界值	−2.771129*	−1.995865**	−2.801384*	−3.0590496*	−2.801384*	−5.835186***	−2.801384*	−1.995865**
P值	0.4688	0.0445	0.9979	0.0939	0.9997	0.0197	0.2508	0.0248

注：***、**和*分别代表在 1％、5％和 10％水平的临界值。

由于 PMD、ZZ、SP 和 JS 为同阶单整，因此我们可以利用 Johansen 检验判断它们之间是否存在协整关系。

表 4－5　PMD 与 ZZ 之间的协整关系检验

无约束的协整秩检验——迹（Trace）检验				
原假设：协整向量个数	特征值	迹统计量	5％临界值	Prob.**
0 个*	0.962313	28.15979	15.49471	0.0004
最多 1 个	0.214578	1.932268	3.841466	0.1645
PMD 与 SP 之间的协整关系检验				
无约束的协整秩检验——迹（Trace）检验				
原假设：协整向量个数	特征值	迹统计量	5％临界值	Prob.Prob.**
0 个*	0.987808	38.35795	15.49471	0.0000
最多 1 个	0.321418	3.101997	3.841466	0.0782

续表

PMD 与 JS 之间的协整关系检验				
无约束的协整秩检验——迹（Trace）检验				
原假设：协整向量个数	特征值	最大特征值统计量	5%临界值	Prob.**
0 个*	0.860553	21.55446	15.49471	0.0054
最多 1 个*	0.515307	5.793923	3.841466	0.0161

注：*表示 5%的显著水平，**表示 95%水平下拒绝原假设。

迹检验和最大特征值检验结果显示（表 4－5 仅列出迹检验结果）：PMD 与 ZZ 在 5%的显著性水平上存在一个协整方程；PMD 与 SP 在 5%的显著性水平上存在一个协整方程；PMD 与 JS 在 5%的显著性水平上至少存在两个协整方程；也即 PMD 与 ZZ、SP、JS 之间均存在长期协整关系。

因此，我们可以利用向量自回归模型（VAR）进行冲击反应（impulse response）分析，进一步探索 PMD 与 ZZ、SP、JS 之间的关系。为了回避正交化反应变量顺序依赖性的方法，我们分别建立 PMD 与 ZZ、PMD 与 SP、PMD 与 JS 的 VAR 模型进行脉冲响应分析。脉冲响应函数刻画的是在扰动项上加一个一次性的冲击对于内生变量当前值和未来值所带来的影响。本书估计得到的 VAR 模型特征多项式根的倒数均在单位圆内，因此，VAR 模型是稳定的。结果如图 4－15、图 4－16、图 4－17、图 4－18、图 4－19 和图 4－20 所示。在各图中，横轴表示冲击作用的滞后期间（单位：年），纵轴表示响应数，实线表示脉冲响应函数，虚线表示两倍标准差的偏离带。

从图 4－15 中可以看出，商品房供给面积的正向冲击会使房价泡沫度在滞后的各期内呈正向影响，第 1 期达到最大，随后逐渐减小，到第 5 期收敛到 0。这表明，商品房供给面积的增加会在一定程度上使泡沫度增加。

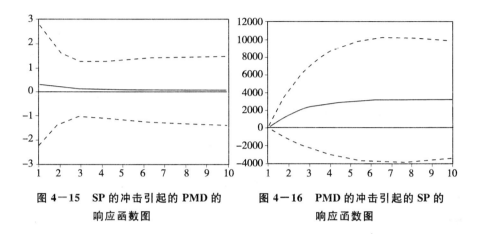

图4—15　SP 的冲击引起的 PMD 的
　　　　响应函数图

图4—16　PMD 的冲击引起的 SP 的
　　　　响应函数图

从图4—16中可以看出，房价泡沫度的增加在滞后的 10 期内，使商品房供给面积呈现同向的变动，并从第 1 期开始逐渐增加，到第 5 期达到最大值，随后各期稳定在第 5 期的水平上，可见，泡沫度的增加对商品房供给面积的影响是持续、正面的。事实上，当泡沫度增加时，往往意味着房地产行业利润率的调高，此时，高额的利润率会吸引更多的资本进入房地产领域投资，从而使商品房的供给面积增加。

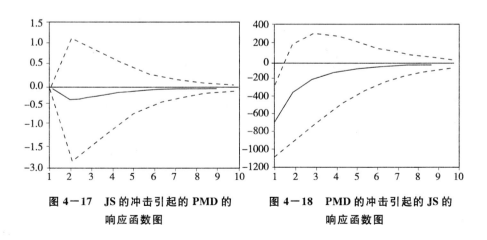

图4—17　JS 的冲击引起的 PMD 的
　　　　响应函数图

图4—18　PMD 的冲击引起的 JS 的
　　　　响应函数图

　　从图4—17中可以看出，经适房供给面积的正向冲击会使房价泡沫度在滞后的6期内产生负的响应，其中，第1期为0，在第2期达到最低点，并在随后的4期内缓慢增加，到第6期后响应均接近为0。可见，增加经适房的供给面积能改善房价持续上涨的局面，降低房价泡沫度。

　　从图4—18中可以看出，房价泡沫度的正向冲击会使经适房供给面积同样产生负的响应，且在第1期幅度最大，随后逐渐收敛减小，第7期后维持在0的水平。对比图4—16，可以发现，房价泡沫度的提高对商品房和经适房的冲击响应恰好是相反的。房价泡沫度的提高会显著降低经适房的供给面积，当泡沫度增加进而房地产行业利润率提高时，一方面会有更多的资本被吸引到房地产市场，另一方面，原本在经适房领域的资本也有可能被吸引到利润率更高的商品房市场，因此，导致经适房供给面积减少。

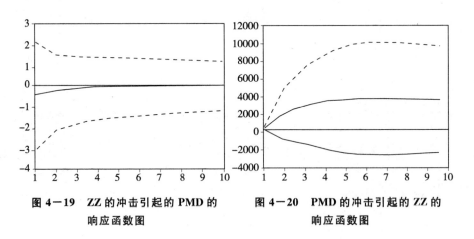

图4—19　ZZ的冲击引起的PMD的
　　　　　响应函数图

图4—20　PMD的冲击引起的ZZ的
　　　　　响应函数图

　　从图4—19中可以看出，当给住宅（包括商品房和保障房）供给面积一个正的冲击后，房价泡沫度对总住宅供给的冲击在最初的 4 期内表现为负的响应，且在第 1 期负向影响最大，随后的 3 期内逐渐减小，到第 4 期接近于 0，并趋于稳定。综合图 4—15 和图 4—17 可知，泡沫度对总住宅冲击的负向响应，应主要来自经适房供给的增加，也即住宅供给对房地产价格泡沫的平抑作用，主要来自经适房供给的增加。

从图 4—20 中可以看出，当给房价泡沫度一个正的冲击后，住宅供给面积始终表现为一个同向的变动，并且从第 1 期开始逐渐增大，第 5 期达到最大值，随后稳定在第 5 期的水平上。可见，泡沫度的增加同时会在长期中使住宅供给面积增加，但是，从图 4—18 和图 4—20 分析中可以发现，增加的住宅供给，主要是商品房供给，而不是经适房供给。

综合以上脉冲响应的分析可见，如果整个房地产市场供给量增加，尤其是经适房供给量增加的话，房价泡沫度会在一定程度受到遏制；但是，反过来，房价泡沫度的增加会引起商品供给面积增加，而经适房供给面积减少。这样，在一个商品房供给、经适房供给和房价泡沫度相互影响的系统中，就会出现两种情况：

情况一：在经适房供给不变的情况下，当增加商品房供给时[①]，房价泡沫度会在一定程度上增加（如图 4—15 所示），而房价泡沫度的提高，会使商品房供给进一步增加，经适房供给减少，商品房供给的增加和经适房供给的减少又进一步导致房价泡沫度提高。这样，房地产市场就会出现这样一个局面，即商品房市场投资过热，供给不断增加，而经适房投资不断减少，房价泡沫度不断增加。此时，市场不是收敛于均衡状态（零泡沫度），而是不断发散的，也即出现了市场失灵。

---

① 当房价泡沫度首先增加时，结论是一样的。

　　情况二：当商品房供给不变的情况下，当增加经适房供给时，房价泡沫度在一定程度上会下降（如图4－19所示），而房价泡沫度的下降，使房地产行业利润率下降，商品房供给减少，同时经适房供给进一步增加，这又会进一步降低房价泡沫度。这样，房地产市场就会出现，经适房供给不断增加，商品房供给不断减少，同时房价泡沫度持续下降，直到收敛到泡沫度为零的均衡点。此时，市场有效地调节了房地产供应和价格之间的关系。

　　遗憾的是，图4－15和图4－16显示，当前我国房地产市场是处于情况一的状态，也即市场失灵。在这种情况下，就必须要求政府出面干预市场，加大保障房供给的力度，促其向情况二的状态转移，以使房地产市场回到健康、理性的轨道上来。

　　上面的分析表明，我国保障房体系建设还相当滞后，不仅与情况类似的新加坡和我国香港地区相比，还有相当大的差距，而且，近年的数据还表明，与商品房投资火热的局面相反，保障房建设占总住宅供给的比例不断减少，且与房地产价格的走势呈反向关系。脉冲响应的结果显示：商品房供给面积的增加会在一定程度上使房价泡沫度增加，经适房的供给面积增加可以改善房价持续上涨的局面，降低房价泡沫度；反过来，房价泡沫度的增加会吸引更多资本进入到房地产市场，商品房供给面积会持续增加，但是，经适房的供给面积会不断下降，进而使房价泡沫度进一步提高。理论和实证的分析均表明，经适房供给面积的增加对平抑房价、抑制泡沫有着明确的作用。这个作用不仅在理论上得到证明，而且在新加坡和我国香港地区的实践也证明了，完善的保障房供给体系，是解决普通居民，尤其是低收入群体住房问题的有效途径。当前，我国房地产市场的快速发展，在拉升经济的同时，也造成了经济结构的失衡，成为经济转型升级、保障民生和拉动需求的巨大阻力。因此，必须解决房地产市场供给结构的严重失衡，商品房归市场调节，保障房由政府承担，不断提高保障房供给占整个房地产市场的比例，才能从根本上使房地产市场走向良性、可持续的发展道路，才能使全体人民实现"安居乐业"的和谐局面。

第五章　房地产波动对宏观经济的
作用及其机理

　　房地产业与国民经济有着紧密的联系，是国民经济的"晴雨表"。一方面，它影响宏观经济的稳定性；另一方面，它与宏观经济产出相关。尽管房价大幅波动并不一定造成银行业陷入萧条，但它确实给一些工业化和新兴市场经济国家银行业带来危机。20 世纪 80 年代末期，很多国家和地区都有过银行信贷在房地产业的迅速扩张及其后的房地产泡沫破裂的痛苦经历，比如1990 年日本房地产泡沫、1997 年东南亚金融危机的泰国、马来西亚、香港地区等。在现代经济中，房地产不仅是重要的实物资产，还是重要的投资品。这种特性决定了在土地资本化条件下，房地产将通过一些传导机制对实体经济产生深远影响。

第一节　房地产对宏观经济发展的推动

一、房地产业对经济增长的贡献

　　房地产业作为支柱产业之一，它可以影响投资、消费、就业等宏观变量，同时由于房地产业产业链长、关联度大，可以拉动多个相关产业的发展，从而对实体经济的增长起到举足轻重的作用。房地产不仅是最真实的物质财富形式，同时也是创造其他财富的基本要素。

2000年以来，中国房地产开发投资保持20％以上的高速增长态势。如图5－1所示，2000—2008年，房地产开发投资率远远高于GDP增长率，大部分年份也都高于全社会固定资产投资增长率。其占GDP的比重也是逐年上升，从20世纪90年代的5％左右上升到近几年的10％以上。由此可见，房地产开发投资已经成为经济增长的动力源泉。

（单位：％）

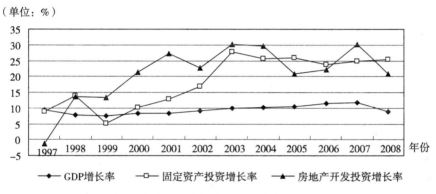

图5－1 房地产开发投资、固定资产投资与GDP

资料来源：《中国统计年鉴》1998—2009年。

从房地产业的增加值来看，改革开放以来该数据已经增长了100多倍，占国内生产总值的比重从2.19％上升到5％以上（见图5－2），对GDP的增长做出了较大贡献。据测算，2000—2007年间，房地产业增加值对GDP增长的贡献率从4.90％上升到5.82％，房地产开发投资的贡献率由9.23％上升到15.6％。可见，房地产业的高速发展是近几年我国经济快速增长的重要推动力。

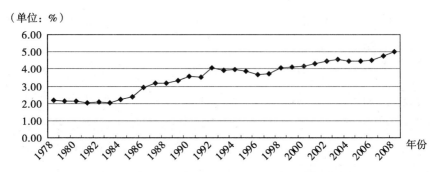

（单位：%）

图 5-2　1978—2008 年房地产业增加值占国内生产总值的比重

资料来源：《中国统计年鉴》1979—2009 年。

二、房地产业对相关产业的带动效应

由于国民经济中绝大部分产业与房地产业都有关联，因此房地产业的变动通常会对众多相关产业产生较大的影响，最终影响宏观经济的稳定、协调发展。在以往的研究中，刘水杏（2004）等对房地产业的带动效应做过估算。如表 5-1 所示，中国房地产业每增加 1 单位产出对其他产业的总带动效应是 1.416，且受带动的行业甚广，其中对金融保险业的刺激作用最显著，带动效应达 0.145。同时，可以发现房地产业对第三产业和第二产业的发展具有显著的推动作用。因此，房地产业不仅对我国经济的增长、各行业的发展具有推动作用，同时也有利于产业结构调整，促进我国经济转型，最终带动整个经济的发展。

表 5-1　中国房地产业对主要产业的带动效应

产业名称	代码	带动效应	产业名称	代码	带动效应
金融保险业	33	0.145	农　业	1	0.048
商　业	30	0.145	电器机械及器材制造业	18	0.045
建筑业	27	0.094	行政机关及其他行业	40	0.041

续表

产业名称	代码	带动效应	产业名称	代码	带动效应
非金属矿物制造业	13	0.093	纺织业	7	0.040
化学工业	12	0.090	金属制品业	15	0.039
社会服务业	35	0.087	食品制造及烟草加工业	6	0.038
金属冶炼及压延加工	14	0.054	电子及通信设备制造业	19	0.038
机械工业	16	0.049	制纸印刷及文教用品制造业	10	0.037
对 40 个产业的总效应		1.416			

引自：王国军、刘水杏：《房地产业对相关产业的带动效应研究》，《经济研究》2004 年第 8 期。

三、房地产业对消费、就业的贡献

房地产业对消费的贡献表现在两个方面：（1）房地产业发展可以推动直接消费增长，如住房消费、耐用品消费等；（2）房地产业发展也会通过财富效应刺激间接消费增长。通过促进这两种消费，将促进经济增长。

随着近几年我国经济社会的发展和人民生活水平的提高，居民消费结构发生了显著变化。在居住支出方面，我国居民消费支出总体上处于上升阶段。从图 5－3 来看，城乡之间表现出较大差异。农村居住支出占比较大，一直维持在 15％以上，从 2000年到 2005 年，该比重处于相对稳定增长阶段，但是近几年，随着房地产业进入高速发展期，该比重的增幅较大，仅 2006 年便上涨了 2％，2008 年升至 20.33％。另外城市居民居住支出则受到住房体制改革的巨大影响，从 20 世纪 90 年代的较低水平提高到 10％以上。

从房地产业创造的就业岗位来看，其贡献是巨大的。1978年至今，建筑业和房地产业就业人数增长迅速，其占总就业人数

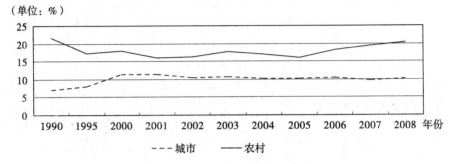

（单位：%）

图5—3　中国居民人均居住消费支出

资料来源：《中国统计年鉴》1991—2009 年。

的比例由 2.20％升至 5.44％。由于建筑业是一个劳动力较容易进入的行业，可以吸收和容纳大量的社会剩余劳动力，特别是农村就业人口，因此对推动我国城市化进程、增加居民收入、促进产业升级起到重要作用。

表5—2　中国建筑业及房地产业就业状况

年份	总就业人数（万人）	建筑业就业人数（万人）	房地产就业人数（万人）	就业比例
1978	40152	954	31	2.20％
1980	42361	993	37	2.43％
1985	49873	2035	36	4.15％
1990	64749	2424	44	3.81％
1995	68065	3322	80	5.00％
2000	72085	3552	100	5.07％
2001	73025	3669	107	5.17％
2002	73740	3893	118	5.44％

资料来源：《中国统计年鉴》，1979—2003。

第二节 房地产价格波动对消费的作用机理

房地产价格波动对消费的影响主要是通过其财富效应分析的。分析财富效应对消费的影响是基于消费函数理论的。财富效应的变化一方面改变着人们一生中总财富量，另一方面又改变着人们的预期，从而改变着人们的边际消费倾向。金融加速器效应是对财富效应的加强，正是通过金融加速器效应，人们的房地产财富效应跨越了时间限制得以在某种程度上实现和放大。

一、房地产财富效应分析

1. 财富效应定义

早先的财富效应，是指哈伯勒（Haberler，1939）、庇古（Pigou，1943）和帕廷金（Patinkin，1956）等倡导了这样一种思想："货币余额的变化，假如其他条件相同，将会在总消费开支方面引起变动。这样的财富效应（wealth effect）常被称为庇古效应（Pigou effect）或实际余额效应"。

2. 房地产财富效应

由于社会财富构成的多元化以及财富结构的不断变化，个人财富价值变动不仅仅局限于货币余额的变化，其他资产如房地产、储蓄、债券与股票等价格的变动同样可以引起财富水平的变动，故财富效应也逐步运用于分析居民资产价格（尤其是股价与房地产价格）变动对消费的影响。人们手中所持有的货币及其他金融资产的价格的变化将导致财富的变动，进一步影响人们消费支出，因而将进一步影响消费品的生产和就业的变化，促使国民经济的产出变化。

房地产财富效应，是指由于房产价格上涨（或下跌），导致房产所有者财富的增长（或减少），其资产组合价值增加（或减少），进而产生增加（或减少）消费，影响短期边际消费倾向促进（或抑制）经济增长的效应。

3. 房地产财富效应的研究

对于房地产财富效应的研究主要有两个方面：一部分学者认为房地产的财富效应很小或者不存在，而另一部分学者认为房地产的财富效应存在且显著。例如，沙因（Sheiner，1995）指出房价上涨意味着年轻的租房者必须为明天购房节省今天的钱。现有住房者增加的消费可能被希望买房的租赁者增加的储蓄所抵消了。莱文（Levin，1998）对退休历史调查数据（RHS）进行了分析，发现房地产对消费没有影响。路德维格（Ludweig）和西奥（Siok，2001）研究了房地产市场财富效应的传导机制，认为房地产财富效应可以通过实现的财富效应、未实现的财富效应、预算约束效应、流动约束效应、替代效应和信心效应得以发挥。这些传导机制，有些是对消费有正向拉动作用，另外一些则负向抑制居民消费，由此导致房地产对社会消费的总影响不甚明朗。

当然，随着研究的不断深入，众多研究结果表明，房地产财富效应的确存在。例如斯古那（Skinner，1989）分析收入动态平行调查数据（PSID）时发现房地产财富对消费的影响较小但很显著。英格哈特（Engelhardt，1994）研究加拿大租赁者时发现较高的房价降低了租赁家庭为买房首付进行储蓄的概率。房价每增加4000美元则降低1%的储蓄率，减少累计资产1200美元，这些减少的储蓄可能会用于增加消费。我国学者刘建江、杨玉娟、袁冬梅（2005）通过持久收入理论和生命周期理论的分析，从不同角度体现房地产财富效应的作用。洪涛（2006）指出房地产价格波动还可能产生间接财富效应。在对房地产财富效应的研究过程中发现房地产财富正效应与负效应对消费的影响是不对称的。例如，凯斯（Case，2003）的研究结果表明房地产财富增加对消费有显著的作用，但房地产财富的下降对消费没有任何影响。

二、消费函数的理论诠释

1. 财富效应与消费函数

消费函数理论为分析财富效应提供了理论基础，本书借助于消费函数进行分析，探寻房地产财富效应通过消费渠道对宏观经济周期波动的影响机制。米尔顿·弗里德曼（Millton Friedman）的持久收入假说把消费与持久的长期的收入联系在一起，认为只有持久收入对消费支出产生影响。如果消费者在他们收入发生变化时将相信这种变化大多数是持久的，直接影响 MPC 的变化。从长期来看，因为土地的稀缺性和人口的不断膨胀，住房的需求弹性远远大于供给的弹性，房地产价格能够维持持续上涨。由持久收入假说的分析思路出发，房价的上涨被预期为或被视为持久性的，于是经济体系中 MPC 扩大，且收入 Y 亦持续扩大，社会消费因此而越来越旺盛，经济景气指数持续上升。

莫迪利安尼提出来的生命周期假说认为消费者是具有理性的，个人在整个生命周期内计划他们的消费和储蓄行为，实现消费的最佳配置。房地产价格上涨带来的财富效应直接带来了财富的增加，从而增加了消费支出。随着金融市场的发展，房价上涨的财富效应通过信贷扩张渠道得以放大，从而进一步扩大消费支出。

2. 扩展的消费函数

R. 霍尔（R. Hall）和 M. 费莱文（M. Flavin）主要探讨了理性预期理论和生命周期理论以及持久收入理论的综合性内涵，把财富当做总消费最重要的决定因素。其简化形式如下所示：

$$C = cWR + bHY_d + b(1 - H)Y_{d-1}(0 < c, \ b, \ H < 1)$$

$$(5-1)$$

其中 Y_d 为当年可支配劳动收入，Y_{d-1} 为上一年可支配劳动收入，WR 为实际财富，c 是指消费的边际财富效应，b 是消费的边际收入效应。

本书假设考察的是无政府的封闭国家的情况，$Y = C + I$，且家庭财富除预期以外，均不发生变动。受房地产市场持续繁荣的影响，消费函数（5-1）改变为消费函数（5-2），即 WR 在原基础上增加 ΦH_t，H 在原基础上增加 ΦH，也即消费者信心增强，MPC 增大，这几方面的共同作用，使消费支出 C 进一步扩大，于是产出增大，形成经济与房地产协同发展的良性循环。但是，居民资产发挥财富效应的一个重要条件是资产价格平稳上升。

$$C = a(WR + \Phi H_t) + b(H + \Phi H)Y_d + b_1 - (H + \Phi H)Y_{d-1}(0 < c, \ b, \ H < 1)$$

$$(5-2)$$

三、房地产财富效应的产出波动分析

图 5-4 是房地产通过消费作用于经济的原理。房地产价格上涨的财富效应对消费的影响分为两个方面，一是财富的增加对边际消费倾向影响，另一方面是财富的增加使得个人一生中总的资源增加，使得消费支出得以增加。

C_0 为原始消费曲线，C_1 为在财富效应的作用机制下，由于

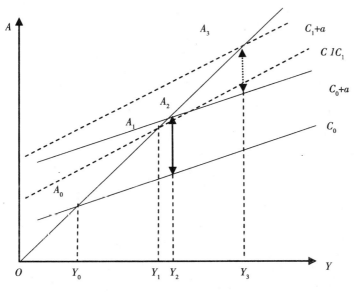

图 5—4　房地产财富效应原理图

边际消费倾向的扩大而产生的新消费曲线，以虚线表示。由于房价上涨，财富效应对边际消费倾向有正向作用，使得消费支出增加，从而引起均衡总收入由原来的 Y_0 增加至 Y_1。a 为财富效应对一生资源增加而引起的新增消费支出，$C_0 + a$ 表示单纯由于一生财富增加产生的消费总支出曲线，$C_1 + a$ 表示受房地产影响后的总支出线，由此决定的均衡总收入增量为 $Y_3 - Y_2$，为直接增加房产所有者的财富水平对经济增长的贡献。总体上来说，房地产价格上涨的财富效应对宏观经济产出的影响是 $Y_0 - Y_3$。

通过以上的消费函数理论的分析，可知房地产价格上涨的财富效应，通过如下环节影响消费：一是通过直接增加房产所有者的财富水平扩大消费；二是通过增强房地产所有者的消费信心，影响短期边际消费倾向，扩大经济系统中的乘数作用；三是借助金融市场的加速器效应，进一步扩大消费的支出。

第三节 房地产价格波动对投资的
作用机理

投资是推动中国经济增长的三驾马车之一，投资的波动对我国宏观经济波动的影响重大。随着经济的发展，房地产投资在我国固定投资中的占比越来越大。因此，房地产投资的波动对宏观经济周期波动产生一定的影响。

这里研究的问题是房价的波动如何通过投资渠道进而影响到宏观经济周期波动。房地产价格波动对投资渠道影响有两种效应：主要是托宾 q 效应，辅助是银行的信贷扩张效应。两种效应最终作用于投资主体的行为，并对投资结构产生一定的影响。

一、房地产价格上涨的托宾 q 效应分析

1. 托宾 q 值理论

托宾把 q 值定义为企业的市场价值与其资本重置成本的比率。在这里，起关键作用的是所谓的 q 值。之所以重要是因为它的大小决定了投资活动，而投资活动进一步影响产出。从长期来看，这个比值应当为 1，但是从短期来看两者之间存在着一定的偏离。若 $q>1$，那么企业资本重置成本就会低于企业的市场价值，企业的投资支出就会增加，从而导致投资的扩张，经济呈现景气态势，反之亦同。

2. 房价上涨的 q 效应

将托宾 q 理论用于房地产市场，q 可以定义为市场的房地产价格和建造成本的比值。由于房地产虚拟资产的特性，其定价采用的是资本化定价，因此房地产价格与建造成本的比率从长期来

看是大于 1 的。q 值高于 1 的程度越大说明房地产市场的投资机会越好，房地产投资增加，引起产出的扩张，宏观经济呈现景气态势。其传导过程表示如下：

$$房地产价格\uparrow \rightarrow 托宾 q 值\uparrow \rightarrow 投资 i\uparrow \rightarrow 收益 Y\uparrow$$

3. 金融加速器下的 q 效应

随着经济发展的进一步深入，通过金融市场的加速器效应进一步放大了房地产价格上涨对投资的影响程度。金融加速器是指金融市场条件的变化扩大和加速经济波动和冲击。房地产价格上升，企业所拥有的净财富存量随之增加。由于房地产虚拟资产属性可以作为一种非现金资产充当抵押品，这样，企业为增加贷款所能提供的抵押就会上升，从而减少贷款人风险，使贷款人放松金融约束，提供贷款，最终使投资扩张。而投资的扩张进而引起企业利润的增加，使进一步投资所需的内部资金来源增加，形成对投资的第二轮扩张效应和随后持续的扩张效应。

在虚拟经济不断发展的条件下，金融加速器的作用更加明显。在虚拟经济不断发展的情况下，金融市场条件不断好转，虚拟资产价格上升，企业和居民的净财富增加，该时期企业和居民的信贷可获得性增强，进而外部融资需要上升，消费和投资增加，产出增加。信贷市场、股票市场等条件的变化将进一步放大最初的实际冲击。在经济复苏和繁荣时期，支出的增加进一步使实体经济良性发展。其传导过程转换为：

$$房地产价格\uparrow \Longrightarrow 托宾 q 值\uparrow \Longrightarrow 投资\uparrow \Longrightarrow \begin{cases} 收益 Y\uparrow \\ 金融加速器 aY\uparrow \end{cases} \Longrightarrow （1+aY）$$

与此同时，房地产价格上涨带来企业净值的增加，企业和银行的资产负债表好转。一方面会使企业的担保价值、净资产上升，企业的还款能力增强；另一方面也使得银行的不良资产降低，使得银行对债务人的信贷约束相应放松，更愿意放贷，从而使得企业的外部资金筹措成本会降低。两者的行为都会在房地产的价格上扬的驱动下趋于乐观，从而形成信贷扩张，投资活动逐渐活跃，从而推动经济产出的增长。其传导过程可表述为：

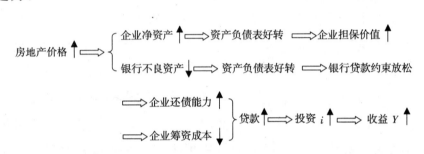

下面我们在投资于产出的曲线把上面的投资的 q 效应曲线图刻画出来，从图 5-5 中我们可以直观的观察到房价上涨对由托宾 q 效应引起的投资曲线的移动，以及投资曲线的移动对产出波动的影响。

图 5-5 为房地产价格上涨过程中 q 效应对投资的作用。房地产价格上涨的托宾 q 效应对投资的影响分为两个方面，一是 q 值的增大对边际投资倾向的影响，另一方面是房价上涨使得以价值表示的国民生产总值变大，从而使得投资常数部分的改变。I_0 为原始投资曲线，$I_0(1+a)$ 为托宾 q 效应的作用机制下，由于边际投资倾向的扩大而产生的新投资曲线，以虚线表示。由于房价上涨，财富效应对边际消费倾向有正向作用，使得消费支出增加，从而引起均衡总收入由原来的 Y_0 增加至 Y_1。a 为国民生产总值下的投资支出，$I_0(1+a)$ 表示单纯由于国民生产总值价值的增加的投资支出曲线，$I_1(1+a)$ 表示受房地产价格上涨影响

后的总支出线，由此决定的均衡总收入增量为 $Y_3 - Y_2$，为直接房地产价值的增加对经济增长的贡献。总体上来说，房地产价格上涨的托宾 q 效应对宏观经济产出的影响是 $Y_0 - Y_3$。

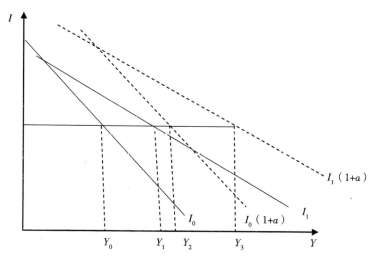

图 5—5　房地产托宾 q 效应原理图

二、房地产 q 值效应实证分析

1. 我国房地产 q 值的计算

根据前文的分析，房地产 q 值可以定义为市场的房地产价格和建造成本的比值。而对于房地产建造成本我们采用商品房的平均价值作为表征指标。对于房地产建造成本我们采用的是竣工房屋价值。房屋竣工价值是指在报告期内竣工房屋本身的建造价值。因此，q=每单位的房地产价格/每单位的房地产竣工价值。

表 5-3 房地产 q 值计算（1998 年二季度至 2007 年四季度数据）

时间（季度）	房地产平均销售价格（元/平方米）	每平方米商品房竣工价值（元/平方米）	房地产 q 值
1998 年二季度	2205.32	1352	1.631153846
1998 年三季度	2125.48	1355.39	1.568168571
1998 年四季度	2002.29	1206.48	1.659613089
1999 年一季度	2025.87	1213.2	1.669856578
1999 年二季度	2049.53	1273.47	1.609405797
1999 年三季度	2042.55	1249.89	1.634183808
1999 年四季度	2051.88	1141.04	1.798254224
2000 年一季度	2126.91	1082.62	1.964595149
2000 年二季度	2074.37	1197.02	1.732945147
2000 年三季度	2060.65	1204.54	1.710736049
2000 年四季度	2103.14	1124.94	1.869557488
2001 年一季度	2409.61	1273.31	1.892398552
2001 年二季度	2304	1290.9	1.784801301
2001 年三季度	2225.92	1253.02	1.776444111
2001 年四季度	2226.13	1178.46	1.889016174
2002 年一季度	2387.88	1303.18	1.832348563
2002 年二季度	2299.59	1241.7	1.851969075
2002 年三季度	2365.04	1303.3	1.814655106
2002 年四季度	2291.3	1199.99	1.909432579
2003 年一季度	2509.42	1488.75	1.685588581
2003 年二季度	2423.53	1429.42	1.695463894
2003 年三季度	2459.92	1463.37	1.680996604
2003 年四季度	2378.78	1325.58	1.794520135
2004 年一季度	2676.88	1433.21	1.867751411
2004 年二季度	2700.79	1382.87	1.953032461
2004 年三季度	2776.59	1417.38	1.958959489
2004 年四季度	2713.91	1401.74	1.936100846

续表

时间 （季度）	房地产平均销售价格 （元/平方米）	每平方米商品房 竣工价值 （元/平方米）	房地产 q 值
2005 年一季度	3014.56	1503.65	2.004828251
2005 年二季度	2973.18	1430.02	2.079117775
2005 年三季度	3257.91	1473.76	2.210610954
2005 年四季度	3241.99	1462.35	2.216972681
2006 年一季度	3375.41	1544.52	2.185410354
2006 年二季度	3463.29	1574.45	2.199682429
2006 年三季度	3459.91	1572.83	2.199799088
2006 年四季度	3382.86	1565.88	2.160357115
2007 年一季度	3821.18	1665.78	2.29392837
2007 年二季度	3814.07	1678.28	2.272606478
2007 年三季度	3944.46	1661.71	2.373735489
2007 年四季度	3885.39	1664.13	2.334787547

资料来源：中经数据库。

2. 房地产 q 值分析

根据表5—3中数据我们计算的房地产 q 值可以用图5—6显示。在图5—6中我们可以清晰的看出，在样本空间范围内房地产的 q 值都是大于1的，浮动范围在1.5—2.5之间。也就是说房地产价格高于房地产竣工价值，这可以说明，把房地产作为虚拟资产投资的效益大于房地产产业本身的投资效益。房地产 q 值实际上解释了，在流动性过剩的背景下，房地产价格波动主要是由于房地产的虚拟资产属性。房地产的虚拟资产属性在托宾 q 值的作用下，使得房地产的投资增加。q 值在2004年三季度之后超过了2，并呈进一步增长的趋势。这与实际经济中房地产投资一直在增加，特别是最近几年房地产价格增长速度飞快的事实一致。

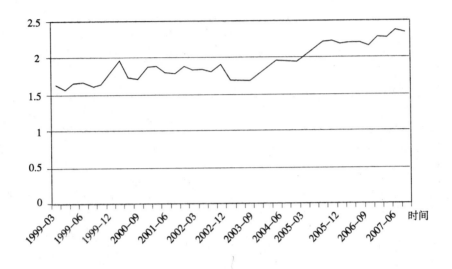

图 5－6　房地产 q 值图

第四节　房地产价格波动的 IS-LM 分析

IS-LM 分析框架最为重要的是把商品市场与货币市场联结起来。倘若我们粗略来看，把货币作为一种虚拟资产，IS-LM 模型就是把实体经济与虚拟经济两个经济系统纳入一个统一的分析框架。

一、IS 曲线

IS 曲线反映的是实体经济领域的均衡。其中包含了收入函数、消费函数和投资函数，均衡条件为投资等于储蓄。下面分析在房价上涨的情况下，IS 曲线的变化情形。

首先是分析消费，前文我们通过消费函数分析了房价上涨对消费支出的影响及其对产出的影响。我们知道房价上涨对消费支出的影响存在不确定性，从而引致的产出效应也有一定的不确定性。但是，无论房地产价格上涨财富效应是正向的还是负向的，我们可以确切的知道房价上涨的财富效应能够使产出发生波动。在这里，为了便于问题的分析我们假设房价上涨的财富效应为正。

其次是对投资渠道的分析。房价上涨通过托宾 q 效应对投资产生影响，在信贷扩张效应的作用下更深化了对投资的影响，产出效应乘数扩张。

在前面理论分析的基础上，我们在商品市场中把房价上涨对消费和投资的影响综合分析。房地产价格上涨对产出的影响分为两个方面，一是对微观主体支出倾向的影响，二是房价上涨使得以价值表示的国民生产总值变大。图 5-7 中我们看出，最初消费和投资的曲线是 C_0+I_0，产出是 Y_0。C_1+I_1 是房价上涨情况下，由于支出倾向的扩大而产生的新支出曲线，以虚线表示。由于房价上涨，国民生产总值变大，从而引起均衡总收入由原来的 Y_0 增加至 Y_1。A 为国民生产总值下的投资支出，C_0+I_0+A 表示单纯由于国民生产总值增加的支出曲线，C_1+I_1+A 表示受房地产价格上涨影响后的总支出线，由此决定的均衡总收入增量为 Y_3-Y_2，为直接房地产价值的增加对经济增长的贡献。总体上来说，房地产价格上涨对宏观经济产出的效应是 Y_0-Y_3。

二、LM 曲线

LM 曲线反映的是货币市场的均衡。如果，我们粗略的把货币看成是一种虚拟资产，则 LM 曲线实际上反映的是虚拟经济领域的均衡。下面分析在房价上涨的情况下，货币需求与货币供给的变化及其 LM 曲线的变化情形。

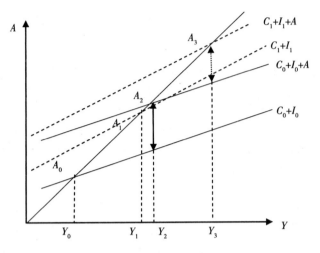

图 5—7　房价上涨对产出波动效图

1. 房价上涨对货币需求的影响

借鉴弗里德曼（1988）对股票交易引起货币需求的途径研究，通过财富效应、资产组合效应、交易效应、替代效应来分析资产价格货币需求的影响。当房价上涨时，房地产财富效应的增加引起居民的投资、消费等需求上升，从而导致货币需求相应增加。由于货币具有交易媒介的功能，房地产的交易也需要货币来完成。房地产价格上升，需要更多的货币来完成这种交易，对交易用货币产生需求。在我国，由于观念的问题，这种交易效应表现得更为显著。房地产采用的是建立在群众心理预期之上的资本化定价，这与实体经济相比风险性很强。房地产价格上涨，投资者资产组合的整体风险增加，在人们的风险偏好不变的情况下，人们将会增加其资产组合中相对安全的货币性资产的比重来抵消这种风险，引起货币需求增加。当房地产价格上涨时，人们预期投资房产的收益率会提高，从而加大对房地产的投资，减少相对收益较小的货币的需求量，这是房地产的替代效应。可以看出替代效应和资产组合效应是同一时期相伴而生的两种相反效应，只是资产组合效应从风险角度考虑，而替代效应从收益角度考虑才得出相反作用的两种影响。在这四种效应中，财富效应、资产组合效应、交易效应是正效应，会增加货币需求。而替代效应是负效应，会减少货币需求。

2. 房价上涨对货币供给的影响

房地产与信用创造有着密切的联系。房地产是存款储蓄机构发行贷款的主要抵押品，房地产抵押贷款是信贷市场最重要的信用工具之一。房地产价格上涨，提高房地产市场整体的价值，从信用创造的角度来看，房地产价格提高了抵押品的价值，使金融机构可以创造出更多的货币供给。更多的货币供给进一步刺激房地产价格的上涨，房地产市场与货币供给产生了一个相反的累积过程。这些新增的货币供给不仅用于与房地产有关的交易，还流通到经济中的其他部门，从而为经济的繁荣提供宽松的货币供给环境。因此，房地产市场与货币供给有着直接的联系，房地产市场的繁荣可以创造出更多的货币供给，而新增的货币数量又可以支持包括房地产在内的资产市场的繁荣。

通过对房价上涨对货币市场的分析，我们可以看出房价的上涨对货币需求和货币供给产生一定的影响。货币需求曲线的斜率主要受整个社会的经济情况影响，不同经济体的需求曲线不同。这里，我们假设货币需求曲线的斜率固定不变。因此货币需求曲线的移动主要是受收入因素的影响，也即我们前面分析的财富效应对货币需求的影响。而货币供给曲线的移动是由于派生货币的创造。我们可以用图 5-8 分析房价上涨对货币市场的作用机制。

在货币供给量一定的情况下，货币需求量的改变不能移动LM 曲线，只有货币供给在货币供给量发生改变的时候，货币市

场的均衡才发生变化。由于房地产的虚拟资产属性,使房地产成
为重要的抵押资产,这种抵押资产在金融市场的作用下,通过信
贷的扩张效应作用于货币市场。房价上涨,对货币的供给有两个
方面的影响。一方面,对抵押贷款的数量产生影响,房地产的抵
押值增加,原来同样数量的房产可以抵押贷到更多的资金。另一
方面,对抵押贷款的可获得性产生一定的影响。房地产价格上涨,
银行预期房地产抵押贷款的风险较小,所以更愿意发放贷款。

图 5－8 中,LM_0 曲线向右移动至 LM_1,产出由 Y_0 增长至
Y_1,至此房价上涨使得通过货币市场的作用进而对产出有一个
波动效应。当然,这是基于银行体系存在超额准备金的前提下,
房价的上涨有助于把这部分资金挤压到货币创造的过程,也只有
启动这部分资金才能真正改变货币市场的均衡,才能对 LM 曲线
的移动产生作用。倘若,不存在超额准备金,房地产的抵押值的
增加只会对贷款的结构发生变化。银行对那些用房地产作为抵押
资产的主体更愿意放贷或者更愿意放更多的贷款,挤压的是其他
方面的贷款,不能真实的影响货币市场的货币供给量。

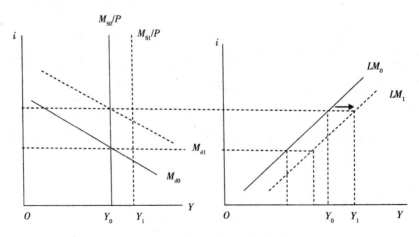

图 5－8 房价上涨的货币市场变动

三、IS-LM 曲线

在前文分析的基础上，综合房价上涨的商品市场和货币市场的曲线图，我们可以得到图 5－9。房地产价格上涨不仅对商品市场的产出波动产生影响，还通过信贷效应作用于货币市场产生货币创造。IS_0 表示的是最初的商品市场均衡曲线和图 5－7 中 C_0+I_0 曲线等同。房价上涨，IS_0 曲线移至 IS_1。IS_1 曲线表示的是房价上涨新的商品市场均衡曲线，等同于图 5－7 中曲线 C_1+I_1+A。当房价上涨，货币市场不变时，单纯由于商品市场均衡发生变化引起的产出变化量为 Y_1 Y_0。LM_0 表示的是最初的货币市场均衡曲线。房价上涨情况下，由于信贷市场的货币创造作用，使得曲线 LM_0 移至 LM_1。当房价上涨，商品市场不变时，单纯由于货币市场均衡发生变化引起的产出变化量为 Y_2-Y_0。总体上来说，房地产价格上涨对宏观经济产出的效应是 Y_3-Y_0。

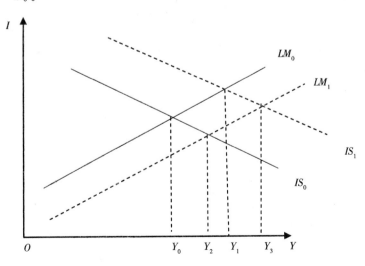

图 5－9　房价上涨的 IS-LM 移动

第五节　房地产价格波动对
通货膨胀作用机理

前面讨论的是房地产价格波动对宏观经济的产出效应，且这样的产出效应是基于通货膨胀率不变的情况分析的。在本节笔者主要是从房地产价格波动对宏观经济的价格效应来分析的。对于价格效应的分析我们主要是通过房地产价格波动对通货膨胀率的影响来分析的。

一、资产价格与通货膨胀的研究

通货膨胀一般指物价普遍上涨，并通过物价指数来表示。最经常使用的是居民消费价格总指数（CPI）。在资产占财富比例不断扩大的情况下，我们应该关注资产价格对通货膨胀的影响。

国内外学者对资产价格与通货膨胀关系的研究，大体上是沿着两条相互联系的思路开展：一是从重新定义通货膨胀的定义出发，将资产价格纳入到通货膨胀的测量中去，具体探讨资产价格在测量通货膨胀中所占的比重；二是从资产价格的变动对未来通货膨胀的影响来展开研究，探讨资产价格的波动与通货膨胀预期之间的稳定关系。[1]

资产价格与通货膨胀的关系早在费雪（Fisher）的《货币购买力》中就提出过这样的问题：政策制订者应致力于稳定包括资产价格（如股票、债券和房地产）及生产消费和服务在内的价格

---

[1]　成家军：《资产价格与货币政策》，社会科学文献出版社 2004 年版，第176 页。

的广义价格指数。美国著名经济学家阿尔钦（Alchian）和克莱因（Klein，1973）在《论通货膨胀的正确测量》中，提出应该考虑更广范围的价格水平来制定货币政策。即货币政策关注的不仅仅是当前的消费价格指数，还有资产价格指数。资产价格理论上可以作为未来商品与服务价格的替代，据此他们构造出"跨期生活成本指数"。

涩谷（日本名）（Shibuya，1992）在此观点的基础上构建了一个动态的均衡模型：

$$P_{ak} = aP + (1-a)P_{ap} \qquad\qquad (5-3)$$

其中，a 为传统的通货膨胀的比重，P_{ak} 为资产价格的波动率，$(1-a)$ 就是资产价格波动率在其中的权重。

斯梅茨（Smets，1997）发展了一个结构模型，阐明了为什么非预期到的资产价格波动可以影响通货膨胀预期的两条理由：（1）资产价格波动可以直接影响总需求；（2）资产价格强烈地受到未来预期回报的影响，而未来预期回报则分别受到未来经济景气、通货膨胀与货币政策预期的影响。

菲拉尔多（Filardo，2000、2001）首先研究了资产价格与通货膨胀的相关关系，得到了房地产价格与未来的通货膨胀指数呈正相关关系，在最初的三年中相关系数都超过了50%。

二、替代效应作用机制

从资产价格与通货膨胀的文献中，我们看出在某些情况下，房地产价格上升可能意味着通货膨胀压力减小；而在另一些情况下，房地产价格波动则与通货膨胀波动表现出一定的正相关关系。下面我们将详细分析房地产价格对通货膨胀的作用机制。

资产替代效应是指如果其他条件不变，当不同资产的相对收益发生变化时，将会产生资产的相互替代，即资金从相对收益低的资产转移到相对收益高的资产。也就是说，在一定财富存量的限定下，大量资金从其他市场流向处于高度繁荣状态的市场。房地产的替代效应分为两个方面：一是房地产与其他货币资产的替代，二是房地产与实物资产的替代。

1. 替代效应——房地产虚拟资产属性

长期以来，房地产是一种有效的抵御通货膨胀风险的投资工具。这体现了房地产作为虚拟资产与其他货币资产的一种替代关系。当房地产价格上涨时，货币量一定时，必然引起房地产资产持有量的增加，从而使得其他资产价格下降。这个时候房地产价格的波动只发生在资本市场，并没有溢出到实体经济中，所以这里的房地产价格波动不会引起通货膨胀的发生产生。这也在一定程度上解释了为什么日本资产价格繁荣时 CPI 几乎接近零。

房地产虚拟资产替代效应作用机制为：

$$P_h \uparrow \Rightarrow D_{ih} \uparrow \Rightarrow WR = H + S \text{ 一定} \Rightarrow D_S \downarrow, \ D_{ih} \uparrow \Rightarrow P_s (\text{货币资产}) \downarrow \Rightarrow CPI \text{ 不变}$$

2. 替代效应——房地产实物资产属性

长期以来，人们把资产替代视为微观经济主体的投资选择行为，而往往忽视了它对宏观经济运行的重要影响。从宏观经济看，公众资产组合的调整往往影响储蓄与投资、消费的比例以及货币乘数与货币需求，进而影响总需求和物价。从这个角度上，通缩可看成是货币资产对实物资产的过度替代，而通胀则相反。① 房地产与实物资产的替代体现了房地产的实物资产属性。

---

① 邱崇明、张亦春、牟敦国：《资产替代与货币政策》，《金融研究》2005年第 1 期。

房地产价格上涨，房地产需求增加，在货币量一定时，房地产需求挤压了其他消费品的需求，其他消费品市场需求减少，价格下降。房地产价格上涨的替代效应溢出到实体经济中，对通货膨胀产生负的效应。如美国 1925—1930 年间 CPI 下降了 10％，而信贷和股票价格却急剧上升。

房地产实物资产替代效应作用机制为：

$$P_h \uparrow \Rightarrow D_{ih} \uparrow \Rightarrow WR = C = H + S \text{ 一定 } \Rightarrow D_S \downarrow,$$
$$D_{ih} \uparrow \Rightarrow P_s \downarrow (\text{实物资产}) \rightarrow CPI \downarrow$$

三、货币创造下的影响机制

房地产价格上涨的替代效应分析，是基于货币量不发生变化的。在前面的分析中已经知道房地产价格上涨实际上对货币量产生影响。在房地产的财富效应以及资产负债表效应下，房地产价格借助信贷市场，会产生一个货币创造功能。货币创造效应产生了过剩的流动性，这些过多的流动性追逐房地产，从而引起了资产价格急剧上升。假设把宏观经济分为房地产市场和其他产业市场，倘若，房地产市场能够完全吸纳这些流动性，价格的变动只在房地产市场内部发生，而不溢出到其他市场。房地产价格的上涨短期内不会带来通货膨胀。但是，随着房地产价格上涨，这种价格的上涨的持续性通过财富效应起作用，从而对通货膨胀带来影响。这样的效应有两个阶段：

短期效应：

$$P_h \uparrow \Rightarrow M_S \uparrow \Rightarrow D_h \uparrow \Rightarrow P_h \uparrow (\text{加强}) \geqslant M_s \Rightarrow CPI \text{ 不变}$$

长期效应：

$$P_h \uparrow \Rightarrow M_S \uparrow \leqslant P_h \uparrow \Rightarrow WR \uparrow = C \uparrow = H + S \Rightarrow D_S \uparrow,$$
$$D_{ih} \uparrow \Rightarrow P_s \uparrow (\text{其他商品}) \Rightarrow CPI \uparrow$$

房地产资产价格的上升不能完全吸收过剩的流动性，这样房地产价格上涨对其他市场产生价格溢出效应。这种价格溢出效应引起了商品市场价格的普遍上涨，而房地产价格上涨的财富效应又进一步推动这种价格水平普遍上涨。这种情况的机制如下：

$$P_h\uparrow \Rightarrow M_S\uparrow \geqslant P_h\uparrow \Rightarrow CPI\uparrow$$

$$P_h\uparrow \Rightarrow WR\uparrow = C\uparrow = H + S \Rightarrow D_S\uparrow,\ D_{ih}\uparrow \Rightarrow P_s\uparrow（实物资产）\Rightarrow CPI\uparrow$$

四、价格效应与产出效应关系

我们知道价格稳定提高金融体系的效率，减少经济前景的不确定性，促进一国经济的健康发展。价格稳定能够带来经济福利。当通货膨胀是温和的时候，能够刺激产出的增加；通货膨胀过高时，由于价格的扭曲效应会阻碍宏观经济的发展，进而影响到产出的增加。当然，发生通货紧缩时对宏观经济的产出有负的作用。房地产价格上涨对宏观经济的效应是通过产出效应和价格效应来分析的。而价格效应最终也有一定的产出效应。

在货币量一定时，房地产价格上涨与虚拟资产之间发生替代，对 CPI 不产生影响，因此宏观经济在稳定的价格环境中，产出有正的效应出现。即：

$$P_h\uparrow \Rightarrow D_{ih}\uparrow \Rightarrow WR = H + S 一定 \Rightarrow D_S\downarrow,\ D_{ih}\uparrow \Rightarrow P_s（货币资产）\downarrow \Rightarrow CPI 不变 \Rightarrow Y\uparrow$$

在货币量一定时，房地产价格上涨与实物资产之间发生替代，对 CPI 产生影响为负的效应，在通货紧缩时，产出减少。

$$P_h\uparrow \Rightarrow D_{ih}\uparrow \Rightarrow WR = C = H + S 一定 \Rightarrow D_S\downarrow,\ D_{ih}\uparrow \Rightarrow P_s\downarrow（实物资产）\Rightarrow CPI\downarrow \Rightarrow Y\downarrow$$

而当发生货币创造时，过剩的流动性如果没有溢出到其他商品市场，被房地产价格全部吸纳，那么，会对产出有一个正的效应。

$$P_h \uparrow \Rightarrow M_S \uparrow \Rightarrow D_h \uparrow \Rightarrow P_h \uparrow（加强）\geqslant M_s \Rightarrow CPI \text{ 不变} \Rightarrow Y \uparrow$$

$$P_h \uparrow \Rightarrow M_S \uparrow \leqslant P_h \uparrow \Rightarrow WR \uparrow = C \uparrow = H + S \Rightarrow D_S \uparrow,$$
$$D_{ih} \uparrow \Rightarrow P_s \uparrow（其他商品）\Rightarrow CPI \uparrow \Rightarrow Y \uparrow$$

当货币创造后，过剩的流动性不能被房地产价格全部吸收，溢出到一般商品市场，这样通货膨胀受到房地产价格上涨的溢出效应和财富效应的双重影响。这时，容易出现严重的通货膨胀，对产出产生负的效应。

$$P_h \uparrow \Rightarrow M_S \uparrow \geqslant P_h \uparrow \Rightarrow CPI \uparrow, P_h \uparrow \Rightarrow WR \uparrow = C \uparrow =$$
$$H + S \Rightarrow D_S \uparrow, D_{ih} \uparrow \Rightarrow P_s \uparrow（实物资产）\Rightarrow CPI \uparrow \Rightarrow Y \downarrow$$

第六节　房地产价格对宏观经济作用的实证研究

一、基于房地产价格波动模型的研究

前面已经总结了在房地产价格波动模型中具有影响力的理论模型，下面，我们主要借鉴前人研究的经验，并结合房地产经济学、宏观经济学和金融学相关理论，构建房地产价格波动模型，以此作为理论基础，展开具体的计量分析。

1. 房地产价格波动模型的构建

在房地产价格波动模型的构建方面，我们主要借鉴米恩（Meen，1990）的思想。下面，我们简单地介绍下米恩的方法。米恩在构建模型的过程中，首先做了如下假设：（1）消费者只消费两种商品，一是住房，记为 H_t；二是除住房外的其他商品，

记为 G_t；（2）假设除住房外的其他商品的价格为标准化的 1；（3）假定在资本市场上没有融资限制。

这样，我们可以建立消费者效用函数：$U(H_t, G_t)$。我们的目标就是要在既定的约束下满足消费者效用最大化的目标，即：

$$\text{Max} \int_0^\infty U(H_t, G_t)e^{-rt}dt \tag{5-4}$$

消费者的预算约束为：

$$p(t)q(t) + S(t) + G(t) = (1-\theta)y(t) + i(1-\theta)M(t) \tag{5-5}$$

其中，$p(t)$ 为住房的购买价格，$q(t)$ 为住房的新增购买数量，$S(t)$ 为新增储蓄。$y(t)$ 为实际人均收入，θ 为边际住宅税率，i 表示实际利率，r 为折现率，$M(t)$ 为除住房以外的实际净资产，$i(1-\theta)M(t)$ 为其取得的收益。

预算约束等式左边为住房消费、储蓄和对住房以外其他商品的消费。等式的右边为消费者税后收入和资产性收入。该预算约束等式表达的意思是：消费者对住房的消费、自身的储蓄和对除住房以外其他商品的消费的总和要等于该消费者税后收入与其资产性收入之和。

在给出预算约束后，Meen 还给出了两个动态方程。

$$\dot{H}(t) = q(t) - \delta H(t) \tag{5-6}$$

$$\dot{M}(t) = S(t) - \pi M(t) \tag{5-7}$$

其中，δ 表示住房的折旧率，π 表示通货膨胀率。

方程（5-6）为住房资产增量方程，表示今年新增的住房消费量等于住房成交量减去住房的折旧。

方程（5—7）为非住房资产增量方程，表示非住房资产的增量等于储蓄减去通货膨胀损失的资产。

在模型建立完毕以后，我们可以建立沃密尔顿（Hamilton）函数。通过一阶条件（first order conditions），最后可以得到如下等式：

$$\frac{U_H}{U_G} = p(t)\left[i(1-\theta) - \pi + \delta - \frac{\dot{P}(t)}{P(t)}\right] \tag{5—8}$$

$\dfrac{U_H}{U_G}$ 实际上就是消费者在住房 H_t 和除住房以外的其他商品 G_t 之间的边际替代率。

Meen 认为，在市场有效的情况下，住房 H_t 对其他商品 G_t 的边际替代率反映了消费者为了获得住房这种服务而必须付出的成本，即为获得住房服务的边际价值。

设住房服务的边际价值为 $R(t)$，那么等式（5—8）可以变为：

$$p(t) = \frac{R(t)}{i(1-\theta) - \pi + \delta - \dfrac{\dot{P}(t)}{P(t)}} \tag{5—9}$$

住房服务的边际价值实际上就是租金水平。在我国，一方面住房服务的边际价值即租金的数据不易获得；另一方面，由于住宅租赁还不是很完善，租金并不能完全反映住宅成本。我们不能直接根据这一理论模型进行实证研究，但我们可以对租金 $R(t)$ 进行适当的变换，将其化为隐函数的形式，以便于做实证研究。

对于租金 $R(t)$ 的形式，国外很多学者，如米尔鲍尔（Muellbauer）和墨菲（Murphy，1997）、布朗（Brown，2001）、罗伯特·H.埃德尔施泰因（Robert H. Edelstein，

2007)等都做过相关的研究。布朗认为贷款抵押利率、房地产的建造成本、房地产税率、折旧率等因素都会影响租金水平。他通过房地产市场的均衡模型得出了住宅使用成本(在资本市场达到均衡时,住宅使用成本等于租金)的方程:

$$R(t) = p^h(i + c + t_h - \dot{p}^{he}/p^h) \qquad (5-10)$$

其中 p^h 为房地产实际价格,i 为贷款抵押利率,c 为房地产的建造成本,t_h 为房地产税率,$\dot{p}^{he}/p^h$ 为预期价格增长率。

罗伯特·H.埃德尔施泰因(Robert H.Edelstein,2007)[1]认为收入、城市化率(城镇人口数量)、长期利率水平、建造成本等因素对租金都会有显著影响。

因此,在前人研究的基础上,并考虑到住房存量水平会显著影响到房屋租赁市场的供给水平,进而影响到租金水平,我们增加住房存量这一指标,并将租金水平 $R(t)$ 化为如下隐函数形式:

$$R(t) = f(pop, income, i, cost, hs, u) \qquad (5-11)$$

其中,pop 表示人口,$income$ 表示收入,$cost$ 表示住宅平均建筑成本,hs 表示住房存量,i 表示税后利率,u 表示其他经济变量。

将(5—11)式租金水平的隐函数模型代入到之前得出的价格方程中,我们可以得到如下隐函数模型:

$$p(t) = F\{pop, income, cost, i, hs, [(1-\theta)i - \pi + \sigma], f(p), u\} \qquad (5-12)$$

其中,$f(p)$ 表示住房价格 $p(t)$ 滞后函数,用来描述房地产价格的历史信息对当期价格的影响。人们对于未来房地产价格的期望总是建立在之前价格的基础之上,当前价格的上涨会使得人

---

[1] Robert H. Edelstein, "Dynamic Residential Housing Cycles Analysis", *J. Real Estate Financial Economy*, Vol. 6, 2007.

们期望未来的价格水平更高或者未来价格上涨的速度更快。因此，$f(p)$ 可以用来代表投机者、消费者以及房地产商对未来房地产的几个心理预期。

2. 指标的选取及其分析

根据上文的隐函数模型，下面我们就可以开展实证分析。在进行实证分析之前，必须对相应指标的选取进行阐述。

在具体的指标选取方面，由于我国没有折旧率或与折旧率相关指标的统计，我们只能略去了这一指标。

在前人的研究中，很多学者都选用房地产价格指数的年度数据来进行实证研究。但由于房地产价格指数只公布跨年度的季度环比数据，无法直接得到纵向可比的时间序列。因此，本书运用当年商品房销售额除以当年商品房销售面积得出当年的商品房销售均价来表示房地产价格。如图 5—10，商品房销售均价基本能反映我国房地产价格的整体走势。

（单位：元/平方米）

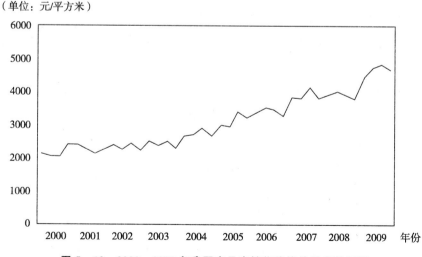

图5—10 2000—2009年我国商品房销售价格的季度数据图

由于人们对于未来房地产价格的期望总是建立在之前价格的基础之上，当前价格的上涨会使得人们期望未来的价格水平更高或者未来价格上涨的速度更快。而前一期的价格水平对当期价格的影响往往是较大的。因此，我们采用前一期的价格来表示消费者对房地产价格的预期。

通货膨胀率指标我们主要选用城镇居民消费价格指数的增长率来表示。

收入我们选用城镇居民人均可支配收入表示。为了剔除价格指数变化的影响，我们对人均可支配收入进行了价格指数调整。

住宅平均建筑成本这个指标的具体数据一方面很难统计，另一方面也很难获取。因此，我们选用土地交易价格的相关数据来进行替代。这一选择存在一定的合理性。因为，近些年来，我国土地成本在整个住房价格中所占的比重越来越大，很多专家学者甚至指出，我国土地价格的不断高涨引起了住房价格的暴涨。在选择土地交易价格的数据时，本书通过用土地交易金额除以土地交易面积得到土地交易价格。但由于缺少 2002 年之前土地交易金额的季度数据，因此，对 2002 年之前的数据，本书通过土地交易价格指数估算出相应的数据。

此外，住房存量指标的数据也难以获得，我们选用商品房销售面积这一指标进行替代。由于前些年，我国房地产市场异常火爆，整体上呈现出供不应求的态势（包括基本需求和投资需求），因此，商品房销售面积这一指标能很好的反映房地产市场的供求关系。用这一指标进行替代存在一定的合理性。

为了更好的反映金融支持对房地产价格的影响，本书考虑运用房地产信贷数据代替利率水平来进行实证研究。由于没有房地产信贷的直接数据，本书选用房地产开发投资资金来源中国内贷款这一指标作为替代变量。这一选择主要是考虑到房地产开发投资资金来源中国内贷款在房地产信贷中占较大的比例。

综上，我们主要选取 2000—2009 年的商品房销售均价（记为 Hp ）、城镇人口数量（记为 Pop ）、城镇居民人均可支配收入（记为 Inc ）、土地成交均价（记为 Lp ）、住房销售面积（记为 $Sale$ ）、通货膨胀率（记为 Cpi ）、房地产开发投资资金来源中的国内贷款（记为 $Loan$ ）的季度数据来进行实证研究。相关的价格与收入指标均进行了消除通货膨胀因素的处理。为了排除季节因素的干扰，在进行分析之前，我们运用了 X－11 方法对所选数据进行了季节调整。上述数据主要来源于中经网数据库、国研网数据库、CCER 金融数据库和 2000—2009 年的《中国统计年鉴》与统计公报。

由于上述变量量纲并不统一，所表示的经济含义也各不相同。本书对除通货膨胀率之外的变量都以自然对数的形式引入模型，这样所有变量都表示为百分比变化的形式。

3. 实证分析及其结果

当所使用的时间序列变量存在着单位根，即非平稳时，传统的统计量可能会出现一定的偏差，此时进行回归分析所得出的结果可能是不可信的。因此为了为避免使用非平稳变量进行回归时可能造成的伪回归，我们首先采用迪奇（Dickey）和富勒（Fuller，1981）提出的 ADF 检验法对相关变量的平稳性进行单位根检验。

ADF 单位根检验方程的一般形式如下：

$$\Delta y_t = \gamma y_{t-1} + \alpha + \delta t + \sum_{i=1}^{\rho} \beta_t \Delta y_{t-1} + u_t \qquad t = 1, 2, 3, \cdots, T$$

$$(5-13)$$

检验方程将检验下列假设：

$$\begin{cases} H_0: \gamma = 0 \\ H_1: \gamma < 0 \end{cases} \tag{5-14}$$

模型的原假设是序列存在单位根，备选假设是序列不存在单位根。因此，若拒绝原假设表示待检验的序列是平稳的。否则，变量就存在单位根，就必须对原序列的差分序列再进行 ADF 检验，直至差分变量平稳为止，由此来判断序列的单整阶数。运用 ADF 检验法，得出的检验结果如表 5-4 所示：

表 5-4 模型各变量的单位根检验表

原序列			一阶差分序列		
变 量	ADF 值	结 论	变 量	ADF 值	结 论
$LnHp$	-0.12	不平稳	$D(LnHp)$	-3.98	平稳
$LnHp(-1)$	1.13	不平稳	$D(LnHp(-1))$	-4.09	平稳
$LnSale$	-1.43	不平稳	$D(LnSale)$	-12.19	平稳
$LnPop$	-0.04	不平稳	$D(LnPop)$	-6.18	平稳
$LnInc$	0.66	不平稳	$D(LnInc)$	-5.85	平稳
$LnLp$	1.98	不平稳	$D(LnLp)$	-2.86	平稳
$LnLoan$	0.28	不平稳	$D(LnLoan)$	-6.43	平稳
$LnCpi$	-1.73	不平稳	$D(LnCpi)$	-4.84	平稳

注：Ln 表示对数序列，$D(\cdot)$ 表示一阶差分序列，上述检验均是在 1% 的置信水平下显著。

从表 5-4 可以看出，所有变量的原序列都是不平稳的。而一阶差分序列则都是平稳的。因此，所选变量都是一阶单整的。

虽然上述各变量都是非平稳序列，但恩格尔（Engle）和格兰杰（Granger，1987）提出的协整理论为非平稳序列的建模提供了另一种途径。虽然一些经济变量的本身是非平稳序列，但是它们的线性组合却有可能是平稳序列。这种平稳的线性组合被称为协整方程，并且可以被解释为变量之间的长期稳定均衡关系。

检验是否存在协整关系主要有两种方法。一种是基于回归系数的协整检验，如约翰森（Johansen）协整检验；另一种是基于回归残差的协整检验，如杜宾—沃森协整回归（cointegration regression Durbin-Watson）检验、DF 检验和 ADF 检验。

由于回归方程中含有滞后项，不能直接采用 Johansen 协整检验，因此，本书采用对回归方程的残存序列进行单位根检验的方法来检验所选变量之间是否存在协整关系。

根据前文得出的隐函数模型，我们可以将回归方程表述为如下形式：

$$\mathrm{Ln}Hp = c + \beta_1 \mathrm{Ln}Hp(-1) + \beta_2 \mathrm{Ln}Pop + \beta_3 \mathrm{Ln}Inc +$$
$$\beta_4 \mathrm{Ln}Sale + \beta_5 \mathrm{Ln}Loan + \beta_6 Cpi + \beta_7 \mathrm{Ln}Lp \tag{5-15}$$

下面我们运用所选的数据，并根据上述回归方程的形式来进行具体的回归分析。在进行回归分析的过程中，我们主要选用最小二乘法（OSL）来对各变量的参数来进行估计。

具体的回归结果如表 5—5 所示：

表 5—5　原模型回归结果表

变量	C	$\mathrm{Ln}Hp(-1)$	$\mathrm{Ln}Pop$	$\mathrm{Ln}Inc$	$\mathrm{Ln}Sale$	$\mathrm{Ln}Loan$	Cpi	$\mathrm{Ln}Lp$
系数值	17.9	0.23	-1.27	-0.18	0.08	0.05	-0.01	0.42
t 值	2.06	1.39	-1.38	-0.48	1.73	0.77	-1.10	2.55
P 值	0.04	0.174	0.176	0.637	0.094	0.449	0.279	0.016
R^2 值	0.971							
DW 值	2.376							

从上述回归结果我们可以看出，模型的 R^2 值达到了 0.97，说明模型整体拟合的较好。DW 值也接近于 2，不存在明显的序

列自相关性。但模型中的收入、房地产信贷和通货膨胀率等变量并不显著。因此，必须对模型进行适当的调整。

下面我们根据模型的回归结果，将模型中不显著的变量进行剔除，并适当引入变量的滞后项。进行调整后，我们可以得到如下几个计量结果：

模型一：

$$LnHp = \beta_1 LnHp(-1) + \beta_2 LnPop + \beta_3 LnInc + \beta_4 LnSale$$
$$+ \beta_5 LnLoan + \beta_6 LnLp \tag{5-16}$$

表 5—6　模型一回归结果表

变量	$LnHp(-1)$	$LnPop$	$LnSale$	$LnInc$	$LnLp$	$LnLoan$
系数值	0.42	0.27	0.05	0.11	0.07	0.01
t 值	2.78	1.45	1.11	0.43	0.79	0.16
P 值	0.009	0.157	0.278	0.669	0.433	0.873
R^2 值	0.965					
DW 值	2.12					

模型二：

$$LnHp = \beta_1 LnHp(-1) + \beta_2 LnPop + \beta_3 LnSale + \beta_4 LnLp$$
$$+ \beta_5 LnInc + \beta_6 LnInc(-1) + \beta_7 LnInc(-2) + \beta_8 LnLoan$$
$$+ \beta_9 LnLoan(-1) + \beta_{10} LnLoan(-2)$$
$$\tag{5-17}$$

表 5—7　模型二回归结果表

变量	$LnHp$ (-1)	$LnPop$	$LnSale$	$LnLp$	$LnInc$	$LnInc$ (-1)	$LnInc$ (-2)	$LnLoan$	$LnLoan$ (-1)	$LnLoan$ (-2)
系数值	0.22	0.27	0.12	0.14	−0.46	0.05	0.72	−0.02	0.10	0.28
t 值	1.64	1.63	2.85	2.60	−1.06	0.10	1.54	−0.24	1.29	−3.95

变　量	LnHp (-1)	LnPop	LnSale	LnLp	LnInc	LnInc (-1)	LnInc (-2)	LnLoan	LnLoan (-1)	LnLoan (-2)
P 值	0.113	0.115	0.008	0.014	0.297	0.923	0.135	0.809	0.206	0.0005
R^2 值	0.981									
DW 值	2.11									

模型三：

$$LnHp = \beta_1 LnHp(-1) + \beta_2 LnPop + \beta_3 LnSale + \beta_4 LnLp$$
$$+ \beta_5 LnInc(-2) + \beta_6 LnLoan(-1) + \beta_7 LnLoan(-2)$$

$$(5-18)$$

表 5-8　模型三回归结果表

变　量	LnHp (-1)	LnPop	LnSale	LnLp	LnInc (-2)	LnLoan (-1)	LnLoan (-2)
系数值	0.28	0.23	0.10	0.11	0.31	0.01	-0.29
t 值	2.28	1.75	3.12	2.34	1.61	0.16	-4.23
P 值	0.03	0.09	0.004	0.02	0.117	0.08	0.0002
R^2 值	0.979						
DW 值	2.09						

　　根据上述回归分析的结果，我们可以看出，在所有回归模型中，模型三拟合的较好。模型三中除了收入的滞后 2 期变量不是很显著，其他变量都非常显著。

　　得出回归模型后，我们对该模型进行协整检验，看整个模型是否存在长期稳定的关系。这里我们主要采用 ADF 检验法，即检验回归模型的残差序列是否是平稳的，若平稳则说明上述回归模型中的变量之间存在协整关系，否则不存在协整关系。

在进行协整检验之前，还必须对新增加的几个变量进行单位根检验，看它们是否也是一阶单整的。

表 5－9　新增变量单位根检验表

原序列			一阶差分序列		
变　量	ADF 值	结　论	变　量	ADF 值	结　论
$LnInc(-2)$	1.704	不平稳	$D(LnHp)$	-6.132	平稳
$LnLoan(-1)$	-0.506	不平稳	$D(LnHp(-1))$	-7.389	平稳
$LnLoan(-2)$	-0.755	不平稳	$D(LnSale)$	-7.413	平稳

从检验结果可以看出，上表中的 3 个变量与模型中的其他变量相同，都是一阶单整的。

为了检验模型三是否存在协整关系，我们对模型的残存序列 e 进行单位根检验。检验结果显示，残差序列 e 的 ADF 值为 -6.634，在 10％置信水平、5％置信水平和 1％置信水平都小于其临界值，残差序列 e 的原序列是平稳序列。因此，我们可以断定模型三的各个变量之间存在长期稳定的协整关系。

4. 实证结果的理论解释

根据上文的实证结果我们可以看出，模型三的回归效果较为理想，并且模型三中的各个变量存在长期稳定的协整关系。下面，我们将对模型三的经济意义进行理论探讨。

$$LnHp = 0.28LnHp(-1) + 0.23LnPop + 0.1LnSale + 0.11LnLP + 0.31LnInc(-2) + 0.01LnLoan(-1) - 0.29LnLoan(-2) \qquad (5-19)$$

从上述回归模型中我们可以看出，我国的经济基本面能够很好的解释房价变动，宏观经济各因素对房地产价格都有较为显著的影响。其中，房地产价格的滞后一期值、人口、销售面积、土地价格和房地产贷款的滞后一期值都对当期房价有正的影响。

房地产价格的滞后一期值，即人们对房地产价格的预期对房地产价格的影响最大。当上期价格上涨 1 个百分点时，会使得当期价格上涨 0.28 个百分点。这在一定程度上反映了我国房地产市场的投机氛围越来越浓厚的现实。目前，很多房地产开发商利用市场信息的不对称性，进行恶意的炒作，强化了消费者对房地产价格持续上涨的预期，从而在房地产市场中引起"羊群"现象，使得很多购房者已经形成了"买涨不买跌"的投资心理。这一点与梁云芳、高铁梅（2006）的研究结论是一致的。

人口因素对房地产价格也有较大的影响。当城镇人口增加 1 个百分点时，会使得房地产价格上涨 0.23 个百分点。这充分体现了城市化的推进对房地产价格的积极影响。根据国外一些学者的研究，在欧美发达国家，人口是对房地产价格波动影响最大的因素。但根据该模型的结果，人口对房地产价格的影响并没有预期因素高。

由于土地价格构成了房地产价格的大部分，因此土地价格的快速上涨也会促使房地产价格随之上涨。根据上述模型，我们可以看出，当土地价格上升 1 个百分点时，会使得房地产价格上涨 0.11 个百分点。总体来讲，土地价格上涨所引致的房地产价格的上涨要小于土地价格本身的上涨幅度。这与国内一些学者的研究成果是一致的，即房价对地价的影响较大，而地价对房价的影响则相对较小。如周京奎（2006）通过实证研究表明房价对地价存在较大影响，地价对房价作用较小。

房地产销售面积的增加同样也会促使房地产价格的上升。根据上述模型可以看出，房地产销售面积增加 1 个百分点会使得房地产价格上升 0.1 个百分点。这中间的主要逻辑关系是房地产销售面积的上升，表明房地产市场处于景气回升或繁荣阶段，在供给一定的情况下，房地产开发商为了获得更高的利润，往往倾向于上调房地产价格。这与我国目前的房地产市场的现实是吻合的。与房地产价格的快速上涨相伴随的总是房地产销售市场的火爆。"一房难求"、"买房就像买白菜一样"等形象的比喻深刻反映了我国房地产市场的现状。

城镇居民人均可支配收入虽然在模型中对房地产价格有正的影响，但总体并不显著。笔者认为，收入对房地产价格影响不显著有以下几种可能：（1）房地产价格可能已经与一般居民的收入水平相背离，存在较大的泡沫。国内一些学者曾对一些热点城市的房价进行过研究，发现部分城市的房价收入比达到了 50∶1，房价租金比达到了 500∶1，按国际上衡量房地产泡沫的经验来看，我国房地产市场已经存在相当程度的泡沫。（2）国内居民的购房习惯决定了收入与房价并不显著。由于我国房价持续攀升，一般的中青年人很难依靠自己的收入来购房，这就出现了夫妻双方，即两家共六口人一起买房的现象。这一购房习惯可能使得收入与房地产价格之间的关系并不显著。梁云芳、高铁梅（2006）也做过类似的研究。他们通过实证研究发现，收入与房价并不显著，并认为"这主要是因为我国市场的需求表现为中青年人的购买力，而他们购买房子大多使用上辈人的财富或储蓄，与收入的增长相关性较小"[①]。（3）我国收入差距的不断扩大，也使得房地产价格与收入之间的关系不显著。目前，我国居民之间收入差

---

① 梁云芳、高铁梅：《我国商品住宅销售价格波动成因的实证分析》，《管理世界》2006 年第 8 期。

距不断扩大已是一个不争的事实。居民收入差距的不断扩大就使得富裕人群对住房的需求价格弹性较小。而房价的持续上涨又使得低收入人群选择的范围不断被压缩，住房对他们来说又是必需品。因此，那些低价住房对低收入群体来说已经成为吉芬商品，低收入群体对它们是无需求价格弹性的。因此，无论房地产价格如何上涨，广大居民都会购买。

房地产开发投资资金来源中国内贷款（即房地产的金融支持）的滞后一期值对房地产价格有正的影响。当房地产开发投资资金来源中国内贷款的滞后一期值上升 1 个百分点时，会使得当期的房地产价格上涨 0.01 个百分点。但房地产开发投资资金来源中国内贷款滞后二期的变量则对当期房地产价格有较大的负影响。出现这一现象可能存在两方面的原因：一是由于我国房地产价格已经达到相当高的水平，纵然有较大的金融支持，也不一定能够促使房价继续上涨。第二，由于这里选用的指标主要是对于房地产开发商的贷款，并没有考虑到对消费者的按揭贷款。而对房地产开放商的贷款主要会增加房地产市场的供给。在需求不变的条件下，供给的增加会在一定程度促使房地产价格下降。

通过以上实证分析，我们发现房地产价格基本由经济基本面决定。其中，对房地产价格的预期对当期房地产价格影响最大，这充分说明了我国房地产市场的投机氛围越来越浓厚。人口因素对房地产价格也有较大的影响。当城镇人口增加 1 个百分点时，会使得房地产价格上涨 0.23 个百分点，这充分体现了城市化的推进对房地产价格的积极影响。由于土地价格构成了房地产价格的绝大部分，因此土地价格的快速上涨也会带动房地产价格的上涨。房地产销售面积上升同样也会促使房地产价格上升。收入因素对房价的影响则并不显著，这反映了我国的房地产价格已经脱离了居民的收入水平。但也可能是由我国居民独特的购房习惯和我国居民贫富差距过大引起的。房地产信贷对房价的影响并没有明确的方向，只能说明金融支持会引起房地产价格的波动。

二、基于 VAR 模型的研究

上面我们已经根据房地产价格波动模型，对宏观经济因素与房地产价格之间的关系作了回归分析。下面，我们将研究另一个问题，即房地产价格波动如何影响宏观经济运行。这里，我们主要运用 VAR 模型来检验房地产价格波动对宏观经济的影响。

1. VAR 模型的理论介绍[①]

1980 年西姆斯（Sims）将向量自回归（VAR）模型引入到经济学中，推动了经济系统动态性分析的广泛应用。VAR 模型是基于数据的统计性质建立模型。VAR 模型把系统中每一个内生变量作为系统中所有变量的滞后值的函数来构造模型，从而将单变量自回归模型推广到由多元时间序列变量组成的"向量"自回归模型，并且在一定条件下，多元 MA 和 ARMA 模型也可以转化为 VAR 模型。VAR 模型常用于预测相互联系的时间序列系统及分析随机扰动对变量系统的动态冲击，从而解释各种经济冲击对经济变量造成的影响。

VAR 模型的数学表达式是：

$$y_t = A_1 y_{t-1} + A_2 y_{t-2} + \cdots + A_p y_{t-p} + B x_t + \varepsilon_t$$

$$t = 1, 2, 3, \cdots, T \qquad\qquad (5-20)$$

其中，y_t 是 k 维内生变量向量，x_t 是 d 维外生变量向量，p 是

[①] ［美］詹姆斯·D.汉密尔顿：《时间序列分析》，中国社会科学出版社 1999 年版，第 253 页。

滞后阶数，T 是样本个数。$k \times k$ 维矩阵 A_1，A_2，$\cdots$，A_p 和 $k \times d$ 维矩阵 B 是要被估计的系数矩阵。ε_t 是 k 维扰动向量，它们之间可以同期相关，但不与自己的滞后值相关及不与右边的变量相关，假设 $\sum$ 是 ε_t 的协方差矩阵，是一个 $k \times k$ 的正定矩阵，那么上述 VAR 模型可以表示为如下形式。

$$\begin{bmatrix} y_{1t} \\ y_{2t} \\ \vdots \\ y_{kt} \end{bmatrix} = A_1 \begin{bmatrix} y_{1t-1} \\ y_{2t-1} \\ \vdots \\ y_{kt-1} \end{bmatrix} + A_2 \begin{bmatrix} y_{1t-2} \\ y_{2t-2} \\ \vdots \\ y_{kt-2} \end{bmatrix} + \cdots + B \begin{bmatrix} x_{1t} \\ x_{2t} \\ \vdots \\ x_{kt} \end{bmatrix} + \begin{bmatrix} \varepsilon_{1t} \\ \varepsilon_{2t} \\ \vdots \\ \varepsilon_{kt} \end{bmatrix}$$

$$(5-21)$$

即含有 k 个时间序列变量的 $VAR(p)$ 模型由 k 个方程组成。还可以将（5－21）式做简单的变换，表示为：

$$\tilde{y}_t = A_1 \tilde{y}_{t-1} + A_2 \tilde{y}_{t-2} \cdots + A_p \tilde{y}_{t-p} + \tilde{\varepsilon}_t \qquad (5-22)$$

其中，$\tilde{y}_t$ 是 y_t 关于外生变量 x_t 回归的残差。

为了叙述方便，下面考虑的 VAR 模型都是不含外生变量的非限制向量自回归模型，用下式表示：

$$y_t = A_1 y_{t-1} + A_2 y_{t-2} + \cdots + A_p y_{t-p} + \varepsilon_t \quad 或 \quad A(L)y_t = \varepsilon_t$$

$$(5-23)$$

其中，$A(L) = I_k - A_1 L - A_2 L_2 - \cdots - A_p L_p \qquad (5-24)$

如果行列式 $\det[A(L)]$ 的根都在单位圆外，则（5－23）满足可逆性条件，可以将其表示为无穷阶的向量动平均 $VAR(\infty)$ 形式。

对 VAR 模型的估计可以通过最小二乘法进行，假如对 $\sum$ 矩阵不施加限制性条件，由最小二乘法可得 $\sum$ 矩阵的估计量：

$$\widetilde{\sum} = \frac{1}{T} \varepsilon_i \varepsilon_i' \qquad (5-25)$$

其中，$\varepsilon_t = y_t - A_1 y_{t-1} - A_2 y_{t-2} - \cdots - A_p y_{t-p}$ （5－26）

由于仅仅有内生变量的滞后值出现在等式的右边，所以不存在同期相关的问题，用普通最小二乘法（OLS）能得到 VAR 简化模型的一致且有效的估计量。即使扰动向量 ε_t 有同期相关，普通最小二乘法依然是有效的，因为所有的方程有相同的回归量，其与广义最小二乘法（GLS）是等价的。

2. 指标的选择及分析

在前文中，我们已经分析了房地产价格波动影响宏观经济运行的机理，即房地产价格波动主要通过影响消费和投资来影响经济的发展。影响消费的渠道主要有实现的财富效应、未实现的财富效应、流动性约束效应、成本效应和替代效应。影响投资的渠道主要有托宾的 q 效应、信贷扩张效应和企业资产负债表效应。此外，房地产价格也会对宏观经济的其他层面产生影响，如房地产价格过快上涨会影响到城市化的推进。房地产价格与货币政策之间也存在着一定的作用机制。遵循这个思路，我们下面选用 2000—2009 年的商品房销售均价（记为 Hp）、GDP 增长率（记为 GDP_{rate}）、社会消费品零售总额（记为 $Consume$）、固定资产投资完成额（记为 $Invest$）和城镇人口（记为 Pop）这五个指标的季度数据共 40 个样本来研究房价波动对它们会产生怎样的影响，上述指标除了 GDP 增长率外都取其对数形式，表示为百分比变化，并对所有变量都进行季节处理。

3. 实证检验及其理论解释

在运用 VAR 模型进行研究之前，还必须对上述变量进行单位根检验。下面对 GDP 增长率、社会消费品零售总额和固定资产投资完成额进行单位根检验（房地产价格和城镇人口数量之前已进行过平稳性检验，这里就不再重复）。

表 5－10　VAR 模型变量单位根检验表

原序列			一阶差分序列		
变　量	ADF 值	结　论	变　量	ADF 值	结　论
GDP_{rate}	−1.621	不平稳	$D(GDP_{rate})$	−6.084	平稳
$LnConsume$	2.427	不平稳	$D(LnConsume)$	−5.169	平稳
$LnInvest$	2.134	不平稳	$D(LnInvest)$	−9.093	平稳

由表 5－10 的单位根检验的结果可以看出，所有变量都是一阶单整的。尽管在运用 VAR 模型进行分析时往往要求变量具有平稳性，然而，当变量非平稳但具有协整关系时，基于 VAR 模型做出的推断常常也是可靠的。因此，下面我们运用 Johansen 协整检验法对上述变量进行协整检验。检验结果如表 5－11 所示：

表 5－11　协整关系检验表

协整关系个数	特征值	迹统计量	标准值（5%）	概　率
0	0.7111	102.318	76.973	0.0002
至多 1 个	0.4935	55.131	54.079	0.0401
至多 2 个	0.3385	29.280	35.193	0.1887
至多 3 个	0.1966	13.579	20.262	0.3194

根据协整检验的结果可以看出，上述变量在 5% 的显著水平下至少存在一个长期稳定的协整关系。

下面，我们就可以通过 VAR 模型来研究商品房销售均价、GDP 增长率、社会消费品零售总额、固定资产投资完成额和城镇人口之间的关系。

根据 FPE、AIC、SC 标准，建立 VAR（1）是较为合适的。因此，可以构建如下 VAR 模型：

$$
\begin{cases}
LnHp = \alpha_0 + \alpha_1 LnHp(-1) + \alpha_2 GDP_{rate}(-1) + \alpha_3 Lninvest(-1) + \\
\quad \alpha_4 Lnconsume(-1) + \alpha_5 Lnpop(-1) + \mu_{1t} \\
GDP_{rate} = \beta_0 + \beta_1 LnHp(-1) + \beta_2 GDP_{rate}(-1) + \beta_3 Lninvest(-1) + \\
\quad \beta_4 Lnconsume(-1) + \beta_5 Lnpop(-1) + \mu_{2t} \\
Lninvest = \chi_0 + \chi_1 LnHp(-1) + \chi_2 GDP_{rate}(-1) + \chi_3 Lninvest(-1) + \\
\quad \chi_4 Lnconsume(-1) + \chi_5 Lnpop(-1) + \mu_{3t} \\
Lnconsume = \varphi_0 + \varphi_1 LnHp(-1) + \varphi_2 GDP_{rate}(-1) + \varphi_3 Lninvest(-1) + \\
\quad \varphi_4 Lnconsume(-1) + \varphi_5 Lnpop(-1) + \mu_{4t} \\
Lnpop = \varphi_0 + \varphi_1 LnHp(-1) + \varphi_2 GDP_{rate}(-1) + \varphi_3 Lninvest(-1) + \\
\quad \varphi_4 Lnconsume(-1) + \varphi_5 Lnpop(-1) + \mu_{5t}
\end{cases}
$$

得出 VAR 模型后，我们还需要检验 VAR 模型的稳定性。VAR 模型的稳定性检验主要是检验模型中所有根、模的倒数值是否小于 1，即在单位圆内。如果所有根、模的倒数小于 1，那么 VAR 模型是稳定。如果有根、模的倒数大于 1，则 VAR 模型是不稳定的，在其基础上所做的脉冲响应分析和方差分析都会存在一定的误差。

具体的检验结果见表 5－12：

表 5－12　VAR 模型稳定性检验表

根的倒数	模的倒数
0.980282	0.980282
0.813546	0.813546
0.625895	0.625895
$0.367386 - 0.049355i$	0.370687
$0.367386 + 0.049355i$	0.370687

根据上述检验结果可以看出，所有根、模的倒数都小于1，VAR模型是稳定的。下面我们就可以通过脉冲响应函数来分析房价冲击对GDP增长率、消费、投资和城市化率的影响。

脉冲响应函数反映了随机扰动项的一个标准差大小的冲击对内生变量当前和未来取值的影响。脉冲响应函数图的横轴代表滞后阶数，纵轴表示相应变量的取值，图中实线部分为计算值，虚线部分为响应函数值加减两倍标准差的置信区间。

（1）房地产价格对GDP增长率的脉冲响应

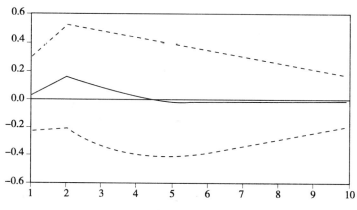

图5－11 房地产价格冲击对GDP增长率的脉冲响应图

图5－11显示了房地产价格的一个标准差的冲击对GDP增长率所产生的影响。当房地产价格上升一个标准差时，GDP增长率会在第1期内上升2%，但在第2期达到顶峰，并开始下降。到第4期迅速下降为0，并从第4期开始，房地产价格对GDP增长率几乎没有任何影响。可见，房价上涨对经济增长并没有特别明显的拉动效应。类似的，房地产价格下跌对经济增长的影响也非常有限，这就为我国开展针对房地产市场的宏观调控提供了一定的理论依据。总的来说，房地产价格的波动在短期内

会加剧经济的波动，长期来看，对经济的影响并不显著。

（2）房地产价格对消费的脉冲响应

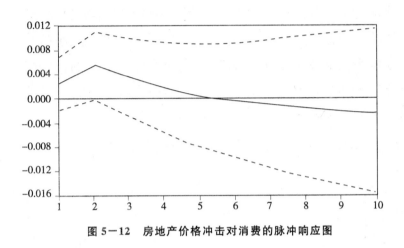

图5—12　房地产价格冲击对消费的脉冲响应图

图5—12显示了房地产价格的一个标准差的冲击对消费所产生的影响。当房地产价格上升一个标准差时，消费会在第1期内上升0.004％，但在第2期达到顶峰，并开始下降。随着时间的推移，房地产价格冲击会在第6期开始对消费产生负影响，即房地产价格上涨从长期来看会压缩居民的消费。但总体来说，房地产价格的波动对消费的影响较小。由此可见，在我国，房地产价格的上涨在短期内存在一定的财富效应（即促进消费的增长），但程度非常小。从长期来看，房地产价格的上涨并不存在财富效应，相反，房地产价格的过快上涨还会抑制居民的消费。

（3）房地产价格对投资的脉冲响应

图5—13显示了房地产价格的一个标准差的冲击对投资所产生的影响。当房地产价格上升一个标准差时，对投资的影响在第1期内由0.2％迅速变为—0.2％，并在长时期内维持在—0.2％到0之间。这说明房地产价格的上涨只会在短期内带动固定资产

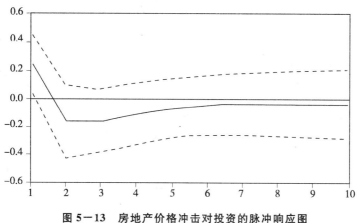

图 5—13 房地产价格冲击对投资的脉冲响应图

投资的增加。从长期来看,房地产价格的上涨对固定资产投资并没有明显的促进作用。因此,房地产价格上升已经不能引起固定资产投资增量的增长,说明固定资产投资的增量已经达到了最高点,很难再有更快的增长,而且已经对房地产价格的下降形成了压力。这与我国的经济现实是相吻合的。事实上,近年来,投资对我国经济的增长起到了非常大的拉动作用,但单纯依靠投资来拉动经济增长是难以为继的。因为,投资不可能无限制增长,并且投资的边际效率是递减的。因此,中央政府适时提出了转变经济增长方式的要求。

(4)房地产价格对城镇人口(城市化率)的脉冲响应

图 5—14 显示了房地产价格的一个标准差的冲击对投资所产生的影响。当房地产价格上升一个标准差时,城镇人口数量从第 1 期就开始下降,到第 2 期达到最低值,即下降 0.002%。之后,这种影响开始逐渐减小,最后稳定于—0.001% 左右。房地产价格的快速上涨使得城镇人口数量下降,这也是符合目前我国的经济现实的。房价上涨使得城市的生活成本提高,再加上我国户籍

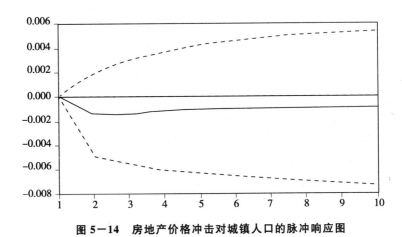

图5-14　房地产价格冲击对城镇人口的脉冲响应图

制度的限制，对城镇人口数量必然产生负的影响。

通过运用 VAR 模型来探讨房价波动对宏观经济影响的实证分析，我们发现房地产价格波动对 GDP 增长率没有显著的拉动作用。房地产价格上涨只能在短期内促使消费增加，长期来看，对消费还有一定的抑制作用，因此，我国房地产市场的财富效应并不明显。由于我国近几年来过于依赖投资来拉动经济增长，因此，投资增长速度已经逐渐接近于极限，房价上涨对投资也没有拉动作用。最后，房价的非理性上涨会对城镇人口的数量有负的影响，会在一定程度上抑制城市化的推进。

第六章 房地产价格与股票价格波动的关联性分析

随着房地产市场和股票市场的规模不断扩大，房地产和股票不仅与国民经济的宏观运行息息相关，并且逐渐成为居民家庭资产的重要组成部分。那么，中国房地产价格和股票价格之间存在着怎样内在的关联性？房地产价格和股票价格波动的传导机制又是什么？下面以此为出发点，试图从理论和实证两个角度就中国房地产和股票价格波动之间的关联性等问题进行分析。

第一节　股票市场和房地产市场
关联性研究概况

股票市场和房地产市场的关联效应，不仅是投资者合理确定投资组合的依据，同时决定了政府调控两个市场的方向和力度。揭示房地产与股票价格之间的内在联系，对于抑制资产价格泡沫、促进股票市场和房地产市场健康发展非常必要。

一般来说，变量间关联性的性质可概括为三类：相关关系、因果关系和关联无关系。① 相关关系是指两个变量间存在着一种

---

① 虚无关系：两变量之间不存在互动关系，即使出现互动现象，也是偶然事件或样本随机误差结果。

连带关系，当一个变量的值发生变化时，另一个变量的值也相应地发生变化。它是指变量之间存在互动或对称关系，两个变量共同发生变化，但并无根据认定某变量变化是由另一个变量引起，而是很可能两个变量是由其他变量所引起的。因果关系指两个或两个以上变量在行为机制上的依赖性，指一个变量明确是由于另一个变量的变化所引起的。而关联分析被用于分析发现给定事件或记录中经常发生的项目，由此推断事件间潜在的关联，识别有可能重复发生的模式①。综上所述，因果关系最能充分体现事务之间的关联性，因此本书将主要分析房地产和股票价格之间的因果关系及其产生的作用机制。

目前，国内外学者主要从三个角度分析房地产价格（市场）和股票价格（市场）之间的关系：一是整合关系，二是共生关系，三是因果关系。整合关系是从资产风险特征或者说资产类别角度，主要利用相关性分析或者线性和非线性协整分析方法对房地产和股票两种资产的关联性进行考察。如果两个市场是相互整合的，那么两个市场与系统风险因素相关的风险溢价是相同的 (David C. Ling 和 Andy Naranjo，1999)，即它们属于同一种资产。共生关系主要是从宏观总体经济外生变量冲击的角度进行分析，指两个市场由于受到一些相同因素的影响而具有类似的趋势 (John Okunev、Patrick Wilson 和 Ralf Zurbruegg，2000)。所以，整合关系和共生关系侧重于相关关系的分析。因果关系则是从房地产和股票价格之间的相互影响机制角度，重点分析一种资产价格变动对另一种资产价格变动的影响。

---

① 陈雁云：《汇率与股价的关联效应》，经济管理出版社 2006 年版，第 38—40 页。

一、整合关系（integration）

如果资产是高度融合的，那么资产之间的替代性将会发生，这种替代关系对相关市场的资产价格波动有重要的影响（John Okunev、Patrick Wilson 和 Ralf Zurbruegg，2000）。戴维·C. 林（David C. Ling）和安迪·纳兰霍（Andy Naranjo，1999）运用非线性和多变量资产定价模型分析，认为美国房地产交易市场（包括 REITS）与股票（非房地产）交易市场是相互整合的，并且在 20 世纪 90 年代，由于技术创新、资本市场之间政策管制障碍的清除以及资产证券化，使得房地产和股票之间的整合程度显著地增加。蔡明伦（2008）运用非线性共整合理论得出美国、日本、台湾地区的不动产市场与股票市场间的共整合关系具有结构性改变，两者间的长期趋势具有非线性的变化；澳大利亚的房地产和股票市场并没有共整合关系，所以市场可以分割，投资者能够进行有效的组合投资。孙冰、刘洪玉（2005）从理论和实证两方面比较了我国住宅一级市场置业投资和股票投资价值，得出住宅的增值收益以及出租经营收益都与房地产股票之间存在季度收益不相关，与普通股票之间存在负相关，进而得出这种不相关或负相关对投资者多元化资产投资组合具有重要意义。

二、共生关系（commonality）

房地产和股票价格之间的整合关系反映了一定程度的共生关系，而共生关系更多的是强调资产价格变动是由于受到共同影响因素的冲击，进而导致资产价格波动具有趋同性。丹尼尔·C. 泉（Daniel C. Quan）和谢里登·蒂尔曼（Sheridan Titman，1999）基于国际视角，通过对美国、英国等西方工业化国家和中国香港、马来西亚等亚洲国家和地区共 17 个国家和地区的商业房地产价格与股票市场收益之间的关系进行了时间序列实证分析，得出房地产价值和股票价格是一种强正相关关系。他们认为所得到的正相关性主要是由于同时影响房地产市场和股票市场的经济基础，特别是 GDP 的变动。伊莱亚斯·奥伊卡里宁（Elias Oikarinen，2006）对芬兰房地产市场和股票市场进行考察，也认为由于两个市场都受实际利率、通货膨胀等宏观经济以及当前和未来收入的影响，股票和房地产市场之间似乎存在着强正相关性。张红、邱铮（2005）依据 MTV 模型对 2000—2003 年间的中国住房价格和股票价格间的互动关系进行了定量分析，随着利息、货币供给量等经济杠杆的作用，房价和股价都会产生相应变动。这些关于共生关系的分析主要是关注于宏观经济因素对房地产和股票价格波动产生了相同影响，但是没有具体解释这些因素对房地产和股票之间波动起到了怎样的传导作用。

三、因果关系（causality）

国内外学者对房地产和股票价格波动的因果关系研究主要存在着两种观点：一种观点认为房价和股价具有单向因果关系，大多结论是股价的变动导致了房价的变动，而房价对股价的影响则很小；另一种观点是房价和股价是一种双向因果关系。研究方法则主要有基于 VAR 模型的格兰杰因果检验、脉冲响应函数等实证分析方法。

1. 房价和股价的单向因果关系

关于房价和股价的单向因果关系，许多研究者对不同的国家地区、不同的样本时间区间进行了实证考察，大多数得出了股票价格的变动导致了房地产价格的变动的结论；并且对单向因果关系的作用机制进行了不同角度的分析。

道格拉斯·斯通（Douglas Stone）和威廉·T. 津巴（William T. Ziemba，1993）、滨尾（日本名）（Hamao）和霍西（Hoshi，1991）发现在股价先变动的情况下，地价和股价会一起变动。类似地，靳涛（2004）在对日本 29 年的相关数据进行了回归和检验的基础上，得出了地价与股价的波动关系是一种短期滞后相关关系。他认为这种关联关系是由于地价较强的"路径依赖性"和较大的"运动惯性"，导致了地价的变动滞后于股价的变动。这些研究者都是从土地资产特有属性的角度进行了阐述。

关于股价对房价的变动影响机制的研究，很大一部分学者是以财富效应这个作用机制作为切入点进行分析的。科瑞纳（Krainer、John）、福隆（Furlong）和弗雷德（Fred，2000）从区域角度，对美国硅谷的高科技股票价格和硅谷房地产价格之间的关系进行了实证分析，得出当地高科技企业的市场价值增加 10% 会导致房价上涨 1%—2%，反向则不显著。他们认为住房价格的上升在于财富效应，当居民由于所持有的高科技公司股票价格的上升，获得了非预期财富，进而将调整住房等耐用消费品，那么在住房供给短时期受限制的情况下，就将推动房地产价格的上升。格雷戈里·D. 萨顿（Gregory D. Sutton，2002）通过 VAR 模型，对美国、英国、加拿大、爱尔兰、荷兰和澳大利亚这六个国家的房价与 GNP、实际利率和股票价格之间的关系进行了实证分析，得出房价和股价变动存在着正相关，房价波动很大程度可由股票价格来解释。例如美国、加拿大和爱尔兰的股价上涨 10%，三年之后的房价随之上升 1%；澳大利亚和荷兰的房价上升大约 2%；英国房价上升 5%。他同样从财富效应角度，认为股票产生的收益是一种持久性收入，从而对房价波动产生影响。简·卡克斯（Jan Kakes）和简·威廉·范·登·恩德（Jan Willem Van Den End，2004）通过 VAR 模型对荷兰股价与不同类别住房价格之间的因果对比分析，得出股票市场与最昂贵的住宅市场的关系最为密切。股票不仅是住房市场的一个指示器，而且也是住房价格的一个决定因素。这说明了如果居民参与股票市场越深，房价对股价就越敏感。伊莱亚斯·奥伊卡里宁（Elias Oikarinen，2006）使用时间序列计量方法研究了芬兰 1970—2005 年期间股票、债券和房地产市场之间短期动态相互依赖关系，并且通过协整分析资产之间的长期相互关系。他认为在 1993 年以前股票上涨是房地产变动的格兰杰原因，而 1993 年之后股票上涨只是通过一个协整长期关系影响房地产市场的变动。房地产市场和股票市场之间关系减弱的一个主要原因是 1993 年芬兰开始了金融自由化，相对于股票市场受全球市场因素的影响，房地产市场更多的是受国内当地因素的影响。

此外，约翰·奥库涅夫（John Okunev）、帕特克里·威尔逊（Patrick Wilson）和拉尔夫·苏布鲁格（Ralf Zurbruegg，2000）通过线性和非线性因果检验，得出 1972—1998 年间美国房地产和 S&P500 股票市场之间存在着动态相关性。其中，非线性因果检验显示了从股票市场到房地产市场的强单向相关性。陈隆麒、李文雄（1998）采用联立方程模型和向量自回归模型研究台湾地区 1986—1998 年的房价、股价和利率之间的互动关系，得出股价与房价之间呈现出正相关且相互回馈关系；通过预测残差分解发现股价对利率、房价有较高的解释能力，但是房价几乎不能解释股价，即房价涨，股票一定上涨；而股价上升，房价则不一定上升，利率和股价都是房价的领先指标。

2. 房地产价格和股票价格的双向因果关系

在房地产和股票市场双向因果关系方面，陈明吉（Ming-Chi Chen）和卡纳克·帕特尔（Kanank Patel，1998）在他们的文章中分析了台湾地区新建住房市场的动态价格和其决定因素包括居民总收入、短期利率、股票价格指数、建筑成本和存量住房之间的关系。通过格兰杰因果检验，得出股票指数与房价之间存在着双向因果关系，这说明了居民在资产投资组合中同时拥有实物资产和金融资产；通过脉冲响应功能测试，得出来自于股票价格指数的一个标准偏差干扰会导致房价将近 3.2% 的变动，在前两个周期中，两者是正向关系；在第三个时期中，两者是负向关系。这种正向和负向影响机制可能是由于股票市场的投机活动而影响到了住房市场投资；同时，也可能是从长期来看，股票市场所创造的一个正向财富效应。他们从居民角度，结合了资产组合效应和财富效应，解释了房地产价格与股票指数之间的双向因果关系。陈南光（Nan-Kuang Chen，2001）从企业角度，研究了1973—1992 年间台湾地区两种主要资产房地产和股票的价格波动状况。在清泷（Kiyotaki）和穆尔（Moore）的分析框架基础上，他们认为除了消费品和耐用消费品可以作为抵押品的商品之外还应包括代表企业净资产的股票。他指出企业一般都拥有一定量的房地产或土地，如果房地产价格上涨，企业拥有的资产价值将上升，使其能获得更多的贷款和进行更多的投资。由于企业必须真实的披露未来获利和偿债能力，股民根据这些信息会对企业经营状况做出判断。房地产价格上涨和企业资产价值的上升本身就是一个利好消息，在股民的推动下企业股票将不断上升，这又进一步增强了企业的借贷能力。随着企业借款能力的增加，对土地和房地产的需求也大幅上升，这种回馈效应将导致土地或者房地产市场走向进一步繁荣。资产价格上升的初始冲击，最终导致了房地产价格和股票价格相互作用，形成螺旋上升的趋势。这个角度的分析是一种信贷传导机制，通过银行中介将房地产市场和股票市场相联系。企业的信贷传导机制可由图6-1来表示。

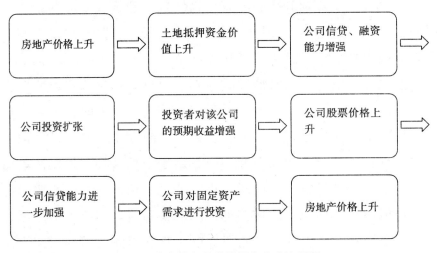

图6-1 房价与股价的螺旋上升流程图

3. 中国的房地产和股票之间价格关联性的相关分析

国内外的一些学者自2006年开始对中国房地产市场和股票市场之间的关联性进行分析。张赅严（Gaiyan Zhang）和冯鸿玑（Hung-Gay Fung，2006）通过实证检验，认为中国的房地产市场和股票市场由于资金流向而呈现出负相关关系，股票指数暴跌的部分原因是由于房地产市场的繁荣所造成。同时，房价除了受利率、国际热钱的影响外，股票综合指数对于房价运动的解释也十分显著。周京奎（2006）利用1998—2005年间的数据对我国资产价格波动状况进行了实证研究。结果表明，房地产价格的变动将导致股票价格产生波动，而股票价格的变化对房地产价格的影响不显著。赵健（2007）运用乔恩汉森（Jonhansen）协整检验和格兰杰因果检验等计量方法研究了 1998—2005 年间全国房地产市场和股票市场价格波动之间的关系，得出房地产价格和股票价格之间存在着较为显著的相关关系：以 2002 年 6 月为断点（breakpoint），之前和之后分别呈现股票价格主导下的正相关和房地产价格主导下的负相关关系。张跃龙、吴江（2008）运用格兰杰因果检验利用 1998 年 1 月—2007 年 1 月的资料分析得出我国房市和股市的波动具有显著的分段相关关系、轮动引致关系。但是，何虹（2005）从消费函数模型、股价指数与居民消费关系模型得出，中国股票市场的财富效应极其微弱，也就是从资金流动的角度来看，中国目前的股票市场对房地产市场的影响是比较微弱的；此外，还从资产定价模型的检测得出了股票市场投资组合对预售商品房的房价并不具有太大的解释能力，再次说明了两市场之间关联性很微弱。

第二节　房地产价格和股票价格的比较分析

股票是典型的虚拟资产，而房地产随着市场化程度的深化以及其虚拟特征的显现，也成为了一种重要的虚拟资产。所谓虚拟资产，就是长期均衡价格脱离成本的资产，其价值基础是预期收益贴现，而与成本无关（姚国庆，2005）。由此概念可知，虚拟资产采用的是资本化定价法。

房地产价格从本质上来说是一种产权价格，是房地产权利的未来收益（高波，2007）。而股票价格的实质则是股息收入的资本化。房地产和股票价格的决定和波动不仅受到各自内在市场供求因素的影响，同时也会受到宏观经济基本面、利率、汇率等外在宏观经济因素的冲击。从虚拟资产的角度来看，房地产和股票一样，也属于虚拟资产的一种，两者既有相似之处，同时又各具特色。根据现代经济学，消费是指家庭不断购买商品，从而获得现时满足；广义储蓄是指为了在未来获得满足，包括投资和狭义储蓄。因此，与股票作为一种纯投资品不同，房地产是同时具有消费和投资二重性质的资产。因此，房地产和股票在风险、收益等资产属性上存在着差别，表现出不同的投资特性。彼得·英格伦（Peter Englund）、黄敏（音译）（Min Hwang）和约翰·M·奎格利（John M.Quigley，2002）曾研究得出，居民家庭的资产组合，包括住宅、股票、债券等多种投资品，并认为住宅与股票组合投资具有有效性，而且还发现，在长期投资中，低风险的资产组合应包含15％—50％的住宅资产。

本节，首先从虚拟资产的资产化定价出发，分析房地产价格和股票价格的共同点：未来现金流的贴现值，引起资产价格波动的直接影响因素是收益率、贴现率和预期价格；然后，比较房地产和股票这两种资产在风险收益、交易成本、流动性等方面的投资属性，得出两种资产在具体投资特性方面存在着不同点；最后引用1998年1月—2008年10月的资料来说明，我国房价和股价的波动在此样本区间的波动情况。

一、房地产价格和股票价格的定价方式

所谓的资本化定价有两层含义：首先，它把能够带来收入的事物看做资本，资本的一个基本特征是能够带来收入流，人们会对这种直接的未来收入流折现来考虑；其次，不一定有直接的收入流，但有良好的预期，未来可以产生收入流，人们同样会对这种扩展的收入流的预期折成现值考虑（王千，2006）。因此，房

地产和股票的收益都可由两部分构成：一是租金或股息所带来的收益；二是资产价格波动（资产增值）所带来的收益。具体资产定价方程式如下：

$$P_t = \frac{R_t + P_{t+1}^*}{1 + i_t} = \frac{R_t}{1 + i_t} + \frac{P_{t+1}^*}{1 + i^t} \tag{6-1}$$

其中：R_t——房地产的租金收益或股票的股息收益，P_{t+1}^*——预期未来资产价格，i_t——贴现率（长期利率水平加上风险溢价）。

从收益角度来看，房屋租金和股息非常的相似。股票投资者以购买股票的方式成为股东，在不考虑炒作的情况下，股息可视为股票投资的收益；而房屋出租后，房东可以不断收取租金。从风险角度来看，上市公司有可能因生意亏损不派发股息，房东亦会因房屋空置而没有租金收入，即股东与房东都必须承担市场波动带来的风险。因此，房价和股价波动具有相似性。

由此可见，房地产和股票这两种虚拟资产的价格与其成本无关，人们考虑虚拟资产的价格时是从虚拟资产的预期收入流出发，并把预期收入流的贴现值作为虚拟资产定价的基础。当一种虚拟资产的预期收入贴现值高于其他资产收益时，该种虚拟资产的需求就会增加从而造成价格上升；当虚拟资产的预期收入贴现值低于其他资产收益时，该种虚拟资产的需求会减少从而造成价格下降。所以，资本化定价必须考虑资产的未来收益，其中必然包含了不确定性和对未来的估计。情绪和信心等心理因素会对未来收益的预期产生重要的影响，而这些心理因素易由于受到外部因素冲击而产生波动（祝宪民，2005）。可见，采用资本化定价方式的资产，其价格表现出强波动性。同时，当房地产和股票这样的虚拟资产大幅度的脱离其内在价值时，会出现资产价格泡沫。

所以，房地产和股票价格波动不仅由两种资产本身内在的供给和需求因素决定，而且同时也会受到宏观经济基本面、利率、汇率、预期等外在宏观经济因素的直接或间接影响。当房地产和股票受到这些外生变量的冲击时，其价格波动会呈现出一定的趋同性或者说正相关性。这部分内容将在下一章节中作进一步分析。

二、房地产和股票的不同投资特性

如上分析，作为虚拟资产的房地产和股票的价值基础都是未来现金流贴现值，然而，房地产和股票在具体资产属性上存在着不同点。正是由于两者在属性特征上存在着差异，所以房地产和股票在风险收益、交易成本、流动性等方面也存在着不同。居民可依据自身的风险偏好、财富情况来进行不同资产配置和选择。

1. 房地产的特性不动产性

房地产的不动产性源于其位置的不动性，是指土地的地皮和土地之上或之中的建筑物基础设施等定着物不能或不能经济地被大量搬动，主要表现为三个方面：自然地理位置的不动性、区位关系的不动性以及社会经济位置的相对不动性。因此，房地产无法像其他商品一样可以用运输工具来运送，将某地区供给过剩的产品支应供给不足的地区，以达成一个市场平衡。在其他条件不变的情况下，房地产的空间位置对房地产价格有决定性的影响。而在一定的时期内，适宜开发和利用土地总是有限的。这个房地产的不动产效应决定了房地产供给曲线在短期内几乎是垂直的，供给弹性很小；而在长期也是相当陡峭的，这一点在经济成熟而发达的大城市体现得更加明显，这也使得对房地产需求的增加更多的体现为价格的上升而不是供给的增加。此外，房地产还具有异质性，差异化程度很高；昂贵性，有高资本价值的特性，一般房地产需求者往往都需要向金融机构作长期贷款才能拥有，所以房地产市场的需求面受利率变动的影响较大；房地产产权的分割性等等特性。房地产的不动产效应决定了需求对房地产价格具有更重要的影响，增强了房地产价格的波动性，这也体现了房地产作为虚拟资产的特征。

2. 股票的特性

股票是一种权益证券，相对于房地产来说，首先，股票仅具有投资性，是一种纯投资品，即投入资金，承担风险，最后获得报酬。它无法像房地产一样可以提供居住等实际功能。因而，股票的虚拟程度高于房地产。其次，股票的价格相对低廉，或者说投资成本相对较小，即在资金的要求上相对较低。因为，股票可以对公司的所有权进行分割，以小单位来出售。所以，股票市场的参与程度会比房地产市场高。最后，股票具有同构型，变现能力强。

3. 房地产和股票投资特性的进一步比较

居民或投资者在进行资产选择和配置时，主要考虑资产的流动性和风险收益这两方面因素。流动性影响了资产的变现能力以及资产组合调整的成本，风险收益影响了不同投资偏好的投资者在不同的经济时期下的具体资产选择。根据上述房地产和股票资产属性的分析比较，下文将进一步在这两个方面进行比较分析。

第一，流动性比较。在流动性方面，房地产相对于股票投资来说，其流动性相对较低，变现能力也比较差。其主要原因是房地产具有不动产性和异质性。房地产价值大，交易双方在决策上都持十分慎重的态度；房地产的差异性又使得投资者往往需要利用相当长的时间了解市场，寻找合适的买者进行讨价还价，因此房地产的交易成本较高，变现能力较差。相对而言，股票市场信息完备程度高，具有同构型，搜寻成本低，变现能力强，具有准货币功能。当然，资产的流动性还依赖于房地产市场和股票市场的二级市场的完善程度。一个完善的二级市场，可以降低交易成本。

第二，防通货膨胀能力比较。由于房地产具有消费和投资的双重功能，因此投资房地产比投资股票更具有保值功能。从理论分析来看，通货膨胀会带来住宅重新建造成本上升，导致住宅价值上升，因此住宅投资具有增值性。另外，由于住宅是居民家庭生活所必需的，即使在经济萧条时期，住宅的使用价值也不会改变，所以住宅投资又具有保值性。所以，房地产虽然具有虚拟资产的特性，但是它始终可以作为一种实物资产，用于实际的生产和消费，与实体经济也更为紧密相连；并且房地产存在一个基本价值，即其用于实际生产和消费所能创造的价值，房地产的价格不可能长期偏离其基本价值，这也正是房地产价格比股票等其他虚拟资产更加稳定的主要原因。另外，一个房地产市场在多大程度上遵循投资品市场的波动规律，要取决于该城市房地产市场中投资性购房的比例。如果投资性需求的比例相当高，那么房地产价格的波动可能更接近于股票价格的波动规律。而房地产的消费属性会减弱股票等金融资产和房地产之间的关联性。

房地产与股票在敏感性和抵御通货膨胀时的不同特点也会引起资金在房市与股市之间的流动。房地产价格对外部因素引起价格变动的敏感程度弱于股票，房地产价格指数比股指的波动较为平稳一些。而且由于房地产是实物资产，股票是虚拟资产，所以在抵御通货膨胀时，房地产更具优势。这些特点使得在股市处于熊市时，投资资金流入房市避险以寻求较为稳定的收益；在股市处于牛市时，投资资金流入股市寻求较高的收益。

房市与股市联动的滞后效应是由房地产和股票的不同特点引起的。房地产市场具有进入门坎高、投资周期较长、套现能力弱等特点，而股票市场具有进入门坎低、流动性强的特点。二者投资周期和套现能力的不同特点导致了面对同样的外部冲击，房市和股市表现出不同步的现象，股市能够迅速甚至提前反映外部冲击的影响，房市则需要一段时间才会显现出来，这也是房市与股市联动存在滞后效应的根本原因。房市与股市联动滞后效应意味着，股价的财富效应需要一段时间才能在房地产市场有所反映，房价波动带来的收益也需要一段时间才能反映在股票市场上。

三、我国房地产价格与股票价格的波动情况

1998 年，我国结束了福利分房制，开始实行货币化分房，成为房地产业走向市场化的分水岭。与此同时，我国《证券法》于 1998 年 12 月开始执行，标志着我国股票市场踏上了正规化发展道路。此外，随着国民经济的快速增长以及居民收入水平的上升和投资意识的增强，在此阶段国内投资渠道较少的限定下，房地产和股票成为了人们主要的投资对象。

1. 波动趋势的比较

在波动趋势方面，图 6－2 描述了 1998 年第三季度—2008 年第三季度的住宅销售价格指数和上证综合指数季度资料的变化趋势；图 6－3 描述了 1998 年二季度—2008 年三季度的房屋平均销售价格和上证收盘综合指数季度资料的变化趋势。由图 6－2、图 6－3 可知，在整个样本期间内，（1）就住宅销售价格

指数和房屋平均价格指数来说，两者呈现出上升趋势，并且1998—2001年间处于平稳上涨期；而2001年之后，出现了快速的上升，并且住宅销售价格指数在一个较高的水平上波动，其波动幅度也有所加大。同时，由图6—3可知，我国的房屋平均销售价格在整个样本区间呈现出上升的趋势，紧紧围绕着图中正斜率的趋势线上下波动。从图6—2住宅销售价格指数来看，1998—2008年间出现了三次高峰和两次低谷。其中，最高峰出现在2008年第一季度，为111.8；最低谷出现在1998年第四季度，为100.1。（2）就上证综合股票价格指数来说，出现了两次高峰，两次低谷。最高峰出现在2007年第四季度，高达5954.77，而最低谷出现在2005年第二季度，跌至1060.74。上证综合指数在整个样本区间涨落相间，1998年至2000年，处于平稳上涨期。2001年至2005年上半年，处于下降期；2005年下半年至2007年上半年，进入新一轮的快速上升期；而2007年第三季度开始，又进入急速下降期。（3）综合来看，在1998—2008年的样本区间中，住宅价格指数和上证综合股票价格指数出现的高峰与低谷并不是一致的：特别是2001—2005年，两者出现了完全相反的波动趋势，住宅销售价格指数从2001年第一季度的100.8快速上升到2005年第三季度的111.1；而上证综合指数从2205.34缓慢下降到1129.03。在2005年之后，两者出现了相同的上升波动趋势，而在2007年第四季度之后，都出现了一个较大幅度的下降波动趋势。

2. 波动幅度的比较

图6—4和图6—5描述了房地产平均价格和上证综合指数的定比波动率和环比波动率的趋势图。由两图可知，股票价格的波动幅度要明显大于房地产价格的波动幅度，尤其是在2005年第

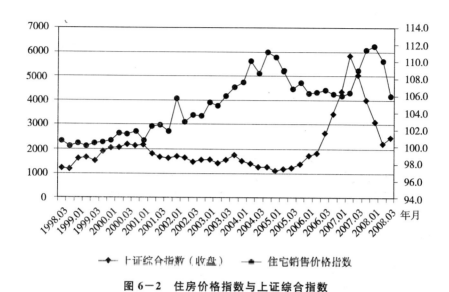

图 6—2　住房价格指数与上证综合指数

注：上证综合指数的季度数据为一个季度的平均值。

资料来源：根据中经网数据整理而得。

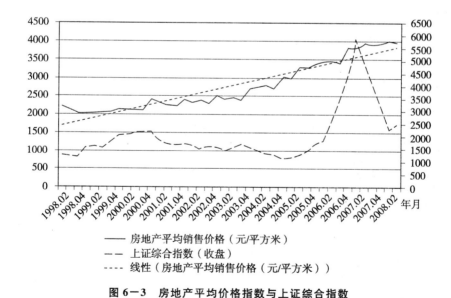

图 6—3　房地产平均价格指数与上证综合指数

注：同期商品房销售价格＝同期商品房销售额/商品房销售面积。

资料来源：根据中经网数据整理而得。

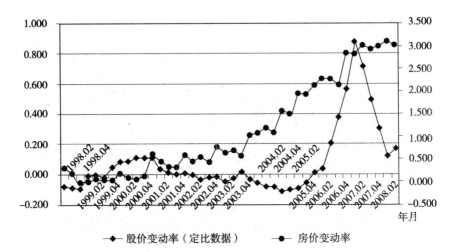

图6-4 房价定比变动率与股价定比变动率

注：以1998年第一季度为基期计算而得的。

资料来源：根据中经网数据整理而得。

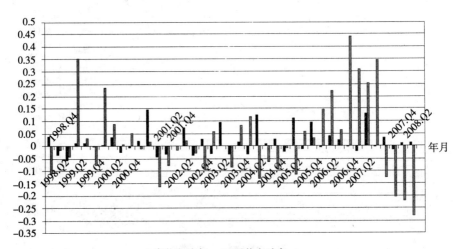

图6-5 房价环比变动率和股价环比变动率

注：环比波动率为 $G_i = \dfrac{Y_i - Y_{i-1}}{Y_{i-1}} = \dfrac{Y_i}{Y_{i-1}} - 1$。

资料来源：根据中经网数据整理而得。

二季度之后，出现了更大幅度和频率的波动。在 1998—2005 年之间，就上证综合指数和房屋平均销售价格来说，两者都较为平稳的波动；在 2005 年之后，上证综合指数和房屋平均销售价格都出现了大幅度的上涨，价格波动在此时间期内也有所增大，特别是上证综合指数，在 2005 年第二季度至 2008 年第三季度之间，出现了大起大落的趋势，这说明了投机气氛在两个市场变得浓厚。

那么，我国房地产价格和股票价格在不同的时期出现了相同或相反的波动趋势，两者是否存在着关联性？形成这种关联性的作用机制是什么呢？以下将从理论和实证两个角度来进行分析。

第三节　房价与股价波动关联性的作用机制

一、财富效应

1. 财富效应的定义和分类

根据《新帕尔格雷夫大辞典》，财富效应是由哈伯勒（Haberler）、庇古和帕廷金（Patinkin）倡导的一种思想，是指"假如其他条件相同，货币余额的变化，将会在总消费开支方面引起变动。这样的财富效应常称为庇古效应或实际余额效应"。对于财富效应的传统分析，其理论基础主要是生命周期理论和持久收入理论。依据这两个理论，其消费函数的基本形式为：

$$C_t = \alpha WR_t + \beta YL_t \tag{6-2}$$

其中，C_t 表示即期消费支出；WR_t 代表居民的资产收入，主要包括房地产（H）投资量和股票（S）投资量；YL_t 代表劳动收入（可支配收入）；α 代表资产收入的边际消费倾向；β 代表劳动收入的边际消费倾向。

财富效应根据其效果可分为正向财富效应和负向财富效应。如果股价上涨，一方面，将使名义财富增加，刺激房地产消费需求的扩张；另一方面，资产组合中的股票比例也将上升，根据马克维茨资产投资理论，理性投资者为重新平衡其资产组合，进一步分散股价上升所增加的风险，将会卖掉一部分股票而购买其他资产，刺激房地产投资需求的扩张。综合上述两方面，房地产需求的增加，在短期内，将最终引起股票价格的上涨。反之则反是。正向财富效应的作用机制如下：

消费函数作用机制：

$$P_s \uparrow \Rightarrow \frac{S}{WR} \uparrow \Rightarrow WR \uparrow \Rightarrow D_{ch} \uparrow \Rightarrow P_h \uparrow \qquad (6-3)$$

资产组合作用机制：

$$P_s \uparrow \Rightarrow \frac{S}{WR} \uparrow \Rightarrow 调整 \frac{S}{WR}, \frac{Q}{WR} \Rightarrow D_{ih} \uparrow \Rightarrow P_h \uparrow \qquad (6-4)$$

其中，D_{ch} 表示房地产的消费需求，D_{ih} 表示房地产的投资需求。

另外，根据其作用管道的不同，可分为直接财富效应和间接财富效应（高波，2007）。直接财富效应是指股价变化带来个人财富水平的变化，显著影响房地产消费支出，从而导致房价变化。股价上涨导致居民财富增加，刺激房地产消费而推高房价。因此，当股票投资能够给居民带来持久而稳定的收入时，并且股票构成了投资者财富重要组成部分的前提下，股价变化导致的个人财富变化会显著影响房地产消费支出，从而引致房地产价格变化。

间接财富效应是指由于股价的上涨，人们对未来经济发展的信心增强，提升了消费者的当期及远期的预期收入，资产收入的边际消费倾向 α 和消费支出 C_t 同时增加。间接财富效应发挥作用主要通过两种管道：一种管道是股价上涨直接增加当期财富预期，从而增加消费支出；另一种管道是一个健康的股票市场具有经济活动领先指标的作用。股价上涨预示着宏观经济的复苏或高涨，而宏观经济的复苏或高涨意味着较高的劳动收入与财富水平，从而影响房地产的消费需求，进而影响房地产价格。因此，间接财富效应的发挥取决于一定区域和时期内，股票市场和宏观经济的关联程度，或者说股票市场能否有效地成为经济活动的领先指标。

股价通过财富效应影响房价的作用机理如图 6—6 所示：

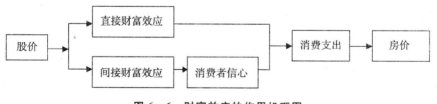

图 6—6 财富效应的作用机理图

2. 财富效应的影响条件

首先，持久性收入的假设条件。根据持久性收入假说和生命周期理论，消费支出主要是取决于长期性收入。那么，股票市场必须能为投资者带来持久性或可预期性收入，直接财富效应才能发挥。而股票市场必须能够成为宏观经济的先导指标，间接财富效应才能发挥作用。这些都在极大程度上依赖于股票市场的发展程度，一个成熟、健全的股票市场能够在这两个方面较好的发挥作用。而相比之下，成熟度较低的股票市场的财富效应微弱，而替代效应和挤出效应会较早的发挥主导作用。

其次，交易成本的影响。格罗斯曼（Grossman）和拉罗克（Laroque，1990）分析了交易成本对耐用品投资及资产组合的影响，他们认为交易成本上升将导致投资组合中的风险资产比例下降。为了应对即将到来的交易，由于房地产的交易成本上升或难以改变居住地点，消费者会将更多的资金从股票市场撤离而投资于无风险资产。股票在投资组合中所占比例越来越小，财富效应也逐渐变得微弱。但从投资的角度来看，房地产交易成本越高，随着价格上涨而流向房地产市场的资金将会越来越少。同样，股票的交易成本变化也会起到相同的作用，交易成本的增加又从投资的角度削弱了股票市场与房地产市场之间的替代效应。因此，居民迁移的可能性大则股票的财富效应会更加明显，交易成本变化的综合效果则无法确定。但在一些特殊的情况下，尤其是股票市场与房地产市场上投资者非理性行为十分强烈的时候，提高交易成本以削弱替代效应或许是比较明智的选择。①

财富效应主要是从房地产作为一种耐用消费品的角度来分析房价与股价之间的关联机制。根据上述的财富效应分析，股票价格的波动会通过居民的消费选择来影响对房地产的消费需求，进而引致房价的波动。另外，财富效应的强弱则依赖于资产所带来的财富是否为持久性和资产的交易成本。从上述财富效应所造成的关联性来说，除了说由股票市场影响至不动产市场或其他市场外，同样投资者在房地产市场的投资也可能因财富效果的关系影响到股票市场或其他市场。

---

① 洪涛：《中国房地产价格波动：冲击—传导机制研究》，南京大学商学院博士论文，2006 年。

二、替代效应

1. 替代效应的定义和模型分析

替代效应是指如果其他条件不变，当不同资产的相对收益发生变化时，将会产生资产的相互替代，即资金从相对收益低的资产转移到相对收益高的资产。也就是说，在一定财富存量的限定下，大量资金从其他市场流向处于高度繁荣状态的市场，或者某种风险资产价格的迅速下跌，导致资金从这个市场大量流出。

综上所述，替代效应实际上是资本流动的问题，其作用机制为：

$$P_s \uparrow \Rightarrow D_s \uparrow \Rightarrow WR = H + S \text{ 既定} \Rightarrow D_{ih} \downarrow, D_s \uparrow \Rightarrow P_h \downarrow$$

$$(6-5)$$

类似的，房价的变动也会通过对一定财富存量限定下的资产选择调整，引致股价的变动。

$$P_h \uparrow \Rightarrow D_{ih} \uparrow \Rightarrow WR = H + S \text{ 既定} \Rightarrow D_s \downarrow, D_{ih} \uparrow \Rightarrow P_s \downarrow$$

$$(6-6)$$

替代效应所引起的是一个双向作用机制过程。

以下从家庭资产选择的角度来进一步分析。

假定居民面临多种资产选择，在一定量财富存量的限定下，如何使效用最大化。在考虑股市、房市的情形下，则居民储蓄可以变更为广义的储蓄，居民面临的将是广义储蓄在股票、房地产与银行储蓄（狭义储蓄）之间如何分配的问题。在这里，利用资产替代的模型[1]来说明，当股票（房地产）收益率变化时，如何

---

[1] 邱崇明、张亦春、牟敦国：《资产替代与货币政策》，《金融研究》2005年，第1期。

影响房地产和股票之间的分配关系，进而影响房地产（股票）的需求及价格。

假设在一个纯交换经济中，只存在一种同质消费品，代表性家庭追求家庭长期预期效用最大化，效用函数为可加可分类型，并且是严格单调的，经济个体在其年轻时为获得效应需要持有货币并进行投资，假设投资对象为房地产和股票。其效应最大化的问题为：

$$max = u(c_1) + \beta u(c_2) + L(m, h, s) \qquad (6-7)$$

其中 c_1 表示个体年轻时的消费，c_2 为年老时的消费，β 是折现系数，m 表示每个年轻人的货币持有量，h 表示房地产的投资量，s 表示股票的投资量。经济个体在年轻时工作，工资为 w，他们将收入的一部分以货币 m、房地产和股票的形式储蓄起来。经济个体在年老时，将年轻时的储蓄都换成消费品。于是第一期和第二期消费者的预算约束条件分别为：

$$c_1 = w - m - h - s \qquad (6-8)$$

$$c_2 = m(1+r) + h(1+b_1) + s(1+b_2) \qquad (6-9)$$

其中 r 为资本收益率（利率），b_1 为房地产的收益率，b_2 为股票的收益率。

求解上述经济个体效应最大化问题，可得到下述一阶条件：

$$W_m' = -u'(c_1) + \beta u'(c_2)(1+r) = 0 \qquad (6-10)$$

$$W_h' = -u'(c_1) + \beta u'(c_2)(1+b_1) + L'(h) = 0 \qquad (6-11)$$

$$W_h' = -u'(c_1) + \beta u'(c_2)(1+b_2) + L'(s) = 0 \qquad (6-12)$$

即：

$$u'(c_1) = \beta u'(c_2)(1+r) \qquad (6-13)$$

$$L'(h) = u'(c_1)\left[1 - \frac{1+b_1}{1+r}\right] \qquad (6-14)$$

$$L^{'}(s)=u^{'}(c_1)\left[1-\frac{1+b_2}{1+r}\right] \qquad (6-15)$$

（6-13）式表示，第一期产生的边际效用等于将这一单位消费投资于资本、房地产和股票，所得本利总和用于下期消费所产生的效用现值。（6-14）式表示在第一期将收入用于消费的边际效用等于以房地产投资形式储蓄并用于在第二期消费的总边际效用，表示消费与房地产投资之间的关系。类似的，（6-15）式表示消费与股票投资之间的关系。

货币、房地产和股票同为居民的财富，其相互之间的数额分配关系是居民最优选择结果，因此在均衡状态下，就隐含着其相互替代率应为1，即减少1元的房地产投资与增加1元股票投资在效用上是无差异的，即房地产和股票的替代弹性

$$-\frac{L^{'}(h)/L^{'}(s)}{h/s}\cdot\frac{d(h/s)}{d(L^{'}(h)/L^{'}(s))}=1 \qquad (6-16)$$

即：

$$d\left[\frac{h}{s}\right]=-\left[\frac{h}{s}\right]\cdot\frac{d(L^{'}(h)/L^{'}(s))}{L^{'}(h)/L^{'}(s)}$$

$$=-\left[\frac{h}{s}\right]\cdot\frac{d((r-b_1)/(r-b_2))}{(r-b_1)/(r-b_2)} \qquad (6-17)$$

由（6-17）式我们可以看出在现有财富约束下和利率固定假设下，当房地产收益率和股票收益率两者之一变动时，股票与房地产之间的投资数额会发生变化。当 b_1 上升时，如果 $r>b_1,b_2$，则 $d\left[\dfrac{h}{s}\right]<0$，即原资产组合中的均衡被打破，房地产的投资需求会增加；如果 $r<b_1,b_2$，则 $d\left[\dfrac{h}{s}\right]>0$，随着房价的进一步上升，房地产的投资需求会下降。所以，在此分析中，

还隐含了投资者是风险规避型的。在进行资产选择时，投资者还考虑了与资本收益率的比较，当房地产或股票的收益率大于资本收益率时，此时资产价格进一步上升，人们就会预期资产存在很大的泡沫。因此，人们会降低对其的投资，保存已有盈利。

2. 替代效应的影响条件

从上述模型中可知，其一个重要的假设条件是房地产和股票这两种资产是完全相互替代的。替代效应的强弱与房地产和股票的流动性有很大关系。在现实经济中，由于房地产本身特有的属性以及较高的交易成本，这就导致了房地产和股票的相互转换会存在着一定的难度，因此房地产价格波动对股票价格波动影响可能会比较小；而相对来说，股票的流动性较高，所以股票价格波动对房地产价格波动可能会更明显。

三、宏观经济基本面——传导中介

由房地产和股票的资本化定价方式来看，房地产和股票价格波动不仅由两种资产本身内在的供给和需求因素决定，而且同时也会受到宏观经济基本面、利率、汇率、预期等外在宏观经济因素的直接或间接影响。当房地产和股票受到这些外生变量的冲击时，其价格波动会呈现出一定的趋同性或者说正相关性。

从资产化定价公式可知，虚拟资产的价格主要是由预期收入和贴现率来确定的，而预期收入和贴现率等资产收益率指标与宏观经济的 GDP 增长率、利率等具有紧密的关系。

若假设（6—1）公式中 R_t 为每期固定收益 R，则公式可变为：

$$P_t = \frac{R_t + P_{t+1}^*}{1 + i_t} = \frac{P_{t+1}^* + R}{1 + i_t} \qquad (6-18)$$

把（6—18）式对时间 t 求一阶导数（为表达方便，在求导后将时间下标略去）：

$$\frac{dP}{dt} = \frac{1}{1+i} \cdot \frac{dP^*}{dt} - \frac{(P^* + R)}{(1+i)^2} \cdot \frac{di}{dt} \qquad (6—19)$$

将（6—18）式的左边除（6—19）式的左边，将（6—18）式的右边除（6—19）式的右边得：

$$\frac{1}{P} \cdot \frac{dP}{dt} = \frac{1}{(P^* + R)} \cdot \frac{dP^*}{dt} - \frac{1}{1+i} \cdot \frac{di}{dt} \qquad (6—20)$$

这样方程（6—20）就变成了三项：$\frac{1}{P} \cdot \frac{dP}{dt}$ 表示资产价格随时间的变化率，即资产收益率的变化；$\frac{1}{(P^* + R)} \cdot \frac{dP^*}{dt}$ 表示资产的预期收入随时间的变化率，可称之为"预期收入效应"；$\frac{1}{1+i} \cdot \frac{di}{dt}$ 表示利率随时间的变化率，由于贴现率体现了资本的使用成本，我们称之为"资本成本效应"。

从（6—20）式，我们可以看出资产收益率的变化由资产预期收入和利率的相对变化来决定。如果预期收入效应大于资本成本效应，则 $\frac{1}{P} \cdot \frac{dP}{dt} > 0$，表明资产价格上涨，资产的收益率为正；反之则为负。

$\frac{dP^*}{dt}$ 表明资产的预期收入增加，反之则减少；$\frac{di}{dt}$ 表示利率增加，反之则减少。所以，当宏观经济处于繁荣期时，人们对经济利好充满信心，则预期资产收入会上升，即 $\frac{dP^*}{dt} > 0$；如果同时处于一个利率下降时期，即 $\frac{di}{dt} < 0$，那么资产价格上升，

$\dfrac{1}{P} \cdot \dfrac{dP}{dt} > 0$，资产收益率上升。

所以经济增长和利率的变化对股价和房价的影响方向一致，房地产和股票的虚拟资产特性决定了房价与股价可能会呈现紧密的正向关系。宏观经济的扩张与收缩是资产价格波动的重要影响力。当宏观经济扩张时，对生产规模和劳动力需求的增加，进而随着人们财富的增加，在财富效应机制下，进而刺激房地产、股票等资产的需求增长，促进资产价格的上升。除此之外，汇率和预期对房地产价格和股票价格的波动有影响。在一个开放经济中，汇率变动和资产价格之间存在着明显的互动关系。本国货币相对于外国货币的升值会导致国内资产价格的上涨和外国资产价格的下跌（Hau 和 Rey，2002）。当一国汇率预期或持续上涨时，国外投资者会将货币兑换成该国货币，并且购买房地产、股票等重要资产，这样通过流动性效应增加了资产投资需求，在资产供给在短期内较难增加的情况下，势必将拉升房地产价格的上升。预期是影响两者价格波动的重要心理因素。人们的预期对未来资产价格的走向具有重要影响作用，甚至是导致资产价格波动的主导力量。在经济增长的条件适应性预期的作用下，将刺激资产需求的扩张，而在短期内供给较难调整的情况下，这就使市场价格高于均衡价格。

当然，房价和股价的波动幅度则依赖于房地产和股票对宏观经济和利率的变化敏感度。一般来说，由于股票的流动性比房地产要好，对宏观经济和利率的变化都比较敏感，是宏观经济的领先指标。格富戈里·D·萨顿（Gregory D. Sutton）研究发现，在美国，当股票价格上涨 10%，经过三年滞后，GDP 会随之增长 0.7%。在一个完善的股票市场条件下，宏观经济进入衰退末期快要复苏时，股票市场已经先知先觉开始逐渐转暖，而在宏观经济持续高涨，通货膨胀连续上升，宏观经济有过热趋势快要逆转时，股票市场就领先见顶回落。而房地产由于流动性较差，基本上与宏观经济变化同步，在通货膨胀高涨时期，由于房地产具有抵御通胀的特性，反而较受追捧，房价还能维持一段时间。因此通过宏观经济这个中介股价的变化要先于房地产价格的变化，股价是房价的格兰杰原因。Gregory D. Sutton 对美国等六个国家的房价与股价研究发现：美国、加拿大和爱尔兰的股票价格上涨10%，房地产价格经过三年滞后上涨 1%；在澳大利亚和新西兰，房价上涨幅度是 2%；而英国更为显著，则是 5%。

　　因此在分析两者关系时，应该考虑中介因素——宏观经济基本面。宏观经济是房地产价格与股票关联的重要传导中介。

四、房价与股价的关联性

　　综上所述，资产价格之间的变动是以上两种效应的综合结果，形成了房价与股价之间的倒 U 型函数关系（见图 6－7）。[①]在不同特定的条件下，一些效应得到加强或受到削弱，而另一种情况下，则可能恰好相反。

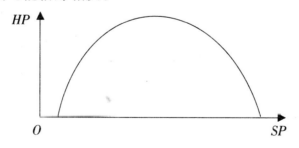

图 6－7　房价与股价之间的倒 U 型函数关系

---

　　①　洪涛：《中国房地产价格波动：冲击—传导机制研究》，南京大学商学院博士论文，2006 年。

1. 房价与股价之间波动的关联性强弱

房价与股价之间波动的关联性强弱取决于财富效应和替代效应的作用效果。由上述关于财富效应和替代效应的影响条件来看，财富效应和替代效应的作用机制效果取决于房地产和股票的资产属性。首先，就房地产来说，具有不动产性、异质性、昂贵性和保值性，从而流动性低、投资报酬率和风险较低，这些使投资者将房地产获利转向股票市场的速度会较为缓慢。一方面，房地产的昂贵性，需要较多的资金，使得投资者进入房地产市场存在着较高的门坎；另一方面，房地产的交易成本高，流动性低，投资者也不可能因为些微价格的变动而产生套利行为赚取差价。此外，房地产具有投资和消费属性，投资者不一定必须卖出房地产，而可以选择自行居住或出租，特别是在房地产市场景气萧条的情形下会发生如此状况。因此，资产的转换成本是财富效应和替代效应发挥效果的影响条件。对于财富效应来说，资产波动所产生的财富是否为持久性收入，也是一个重要的影响条件。

2. 房价与股价之间波动的关联性形式

房价和股价之间波动的关联性形式可分为正相关和负相关，取决于财富效应和替代效应的强弱对比。一方面，替代效应可能导致这两类资产价格反向运行，收益更高的市场将从另一市场吸收资金，并引起其价格下降，这主要是在一定资本量的限定下，资本流动产生的结果。另一方面，房地产价格或股票价格的上涨增加了居民的财富价值，居民由此会扩大对两个市场的投资，带动两类资产价格朝着相同方向发展，这主要是财富效应产生的结果。根据这两种效应的相对重要性的不同，两个市场的互动关系差异加大。若替代效应大于财富效应，那么房地产价格和股票价格波动表现为负相关；若替代效应小于财富效应，那么房地产价格和股票价格波动表现为正相关。

所以，从股价对房价的影响机制来看，由于股价变动后投资者的实际资产、投资风险和投资决策都将随之发生变动，必然影响到对房地产的需求。当股价上升后，投资者的总财富水平将随之增加，股价变动的财富效应将会促进投资者抛售部分股票而购买房地产。这样做的好处，一方面在于可以化解因股价上涨带来的投资风险；另一方面，当股价变动后，还会通过替代效应间接地作用于房地产市场。比如，股价上升后，若股票市场投资的收益要比其他投资品种的收益大，这时投资者就会增加对股市的投资，延迟在房地产上的投资，导致大量资金从楼市中流向股市，进而出现房地产价格下降的趋势。总的看来，股价变动的财富效应促进了房价的上升，而股价变动的替代效应可能会导致房价的下降。股价对房价最终的影响程度是由经济环境、投资收益率、投资者对未来经济发展的信心等因素共同决定的。

综上所述，房地产和股票不仅受到前期资产价格影响，而且也受到总体经济环境的影响。因此，若将房地产价格和股票价格以函数形式表示，如下：

$$P_h = f(P_{s_{t-1}}, \ P_{s_{t-2}}, \ \cdots, \ P_{h_{t-1}}, \ P_{h_{t-2}}, \ \cdots, \ E) \qquad (6-21)$$

$$P_s = f(P_{h_{t-1}}, \ P_{h_{t-2}}, \ \cdots, \ P_{s_{t-1}}, \ P_{s_{t-2}}, \ \cdots, \ E) \qquad (6-22)$$

第四节　实证检验

一、研究方法

关联性分析包括相关关系分析和因果关系分析，相关关系可以通过相关系数、散点图等相关分析方法来进行测度。前面分析了房价与股价波动的理论基础和作用机制，并提出了房地产价格和股票价格的函数形式。下面将通过实证研究方法来进一步分析我国房价和股价的关联性强弱和所呈现出的具体形式。

1. 自相关系数和交叉相关系数

相关关系可以通过相关系数、散点图等相关分析方法来进行测度，其中最常用的相关系数类型是 Pearson 相关系数。

通过相关分析可以探知变量之间关系的三个特征：一是关系的强度。相关系数度量了变量间关系的强度。相关系数范围为（－1，1），"－1" 表示完全负相关，"1" 表示完全正相关，"0" 表示不相关。相关系数越大，表示相关强度越强。二是关系的方向。相关系数前面的正负号表明相关的方向，正相关系数表示，当一个变量的值增大时，另一个变量的值也增大；负相关系数则表示，当一个变量的值增加时，另一个变量的值却减少。三是关系的形式。关系的形式包括线性和非线性相关两种形式。

2. 单位根检验（unit root test）

检验变量是否稳定的过程称为单位根检验。平稳序列将围绕一个均值波动，并有向其靠拢的趋势，而非平稳过程则不具有这个性质。平稳性检验方法比较常用的是 Dickey 和 Fuller 对 DF 检验法扩充之后形成的 ADF（Augented Dickey-Fuller Test）检验。该检验法的基本原理是通过 n 次差分的办法将非平稳序列转化为平稳序列，有三种常用模式：

$$模式一：\Delta Y_t = \rho Y_{t-1} + \sum_1^k \beta_{t-i} \Delta Y_{t-i} + \mu_t \qquad (6-23)$$

$$模式二：\Delta Y_t = \alpha_0 + \rho Y_{t-1} + \sum_1^k \beta_{t-i} \Delta Y_{t-i} + \mu_t \cdot \qquad (6-24)$$

$$模式三：\Delta Y_t = \alpha_0 + \alpha_1 t + \rho Y_{t-1} + \sum_1^k \beta_{t-i} \Delta Y_{t-i} + \mu_t \cdot \qquad (6-25)$$

其中，α_0 为常数项，t 为时间趋势项，k 为滞后阶数（最优滞后项），μ_t 为残差项。该检验的零假设 H_0：$\rho = 0$；备择假设 H_1：$\rho > 0$。如果 ρ 的 ADF 值大于临界值则拒绝原假设 H_0，接受 H_1，说明 $\{Y_t\}$ 是 $I(0)$，即它是平稳序列。否则存在单位根，即它是非平稳序列，需要进一步检验，直至确认它是 d 阶单整，即 $I(d)$ 序列。加入 k 个滞后项是为了使残差项 μ_t 为白噪音。最优滞后阶数可利用 AIC 准则和 Schwarz 准则来确定。根据房价和股价的曲线图特征，研究将选用模型二（6－24）式来进行单根检验。

3. 协整检验 (cointegration test)

变量序列之间的协整关系是由恩格尔和格兰杰首先提出的。其基本思想在于，尽管两个或两个以上的变量序列为非平稳序列，但它们的某种线性组合却可能呈现稳定性，则这两个变量之间便存在长期稳定关系即协整关系。本书所采用的是恩格尔和格兰杰于 1987 年提出的两步检验法进行协整检验，检验方法和步骤如下：

第一步，用 OLS 方法估计方程：

$$X_t = \alpha_0 + \alpha_1 Y_t + \mu_t \tag{6-26}$$

其中：α_1 为协整系数。

第二步，验证残差序列的平稳性：

对 μ_t 进行 ADF 单根检验，若 μ_t 为平稳序列，即 μ_t 若为 $I(0)$，则序列 X_t 和 Y_t 就具有协整关系；若 μ_t 不为 $I(0)$，则序列 X_t 和 Y_t 就不具有协整关系。

4. 格兰杰因果检验

前述的协整关系检验，旨在探讨序列变量间是否存在长期均衡关系，但除了检验长期关系之外，我们亦可透过格兰杰因果关系来检定变量间的短期领先落后关系。当变量之间具有格兰杰因果关系，表示我们可以利用某一变量过去的信息来预测另一个变量的值的变化。格兰杰因果关系检验用于检验变量之间是否具有因果关系，基本上使用回归分析的方法来进行，其回归模式为：

$$X_t = \alpha_0 + \sum_{i=1}^{n} a_i X_{t-i} + \sum_{i=1}^{n} b_i Y_{t-i} + \varepsilon_t \qquad (6-27)$$

$$Y_t = \beta_0 + \sum_{i=1}^{n} c_i X_{t-i} + \sum_{i=1}^{n} d_i Y_{t-i} + \upsilon_t \qquad (6-28)$$

其中，X_t、Y_t——平稳序列，ε_t、υ_t——不相关的白噪音残差项，n——最优滞后阶数。

格兰杰因果关系检验法主要是以变量的解释能力来定义变量间的因果关系。若将变数 Y_t 的落后项放入回归式之后有助于改善回归式之预测能力的话，亦即有助于降低其预测误差，则称变量 Y_t 的变动造成变量 X_t 的变动。反之，若加入变数 X_t 的落后项有助于改善回归式之预测能力的话，则称变量 X_t 的变动造成变数 Y_t 的变动。

欲检验变数 Y_t 的变动是否造成了变量 X_t 的变动，其检验假设为：零假设 H_0：$b_1 = b_2 = \cdots = b_n = 0$；备择假设 H_1：b_j 不全相等。相反地，欲检验变数 Y_t 的变动是否造成了变量 X_t 的变动，其检验假设为：零假设 H_0：$d_1 = d_2 = \cdots = d_n = 0$；备择假设 H_1：d_j 不全相等。在格兰杰因果关系检验法中，其决策准则是以偏 F（partial F）检验法。

但若两变量具有协整关系的话，则必须在因果关系检验模型中考虑变数前期偏离长期趋势的程度，应以向量误差修正模型（ECM）来进行估计。即需要在因果关系检验模型中加入误差修正项。因此若 X_t、Y_t 经协整检验有协整关系时，因果关系模型修正如下：

$$X_t = \alpha_0 + \alpha_1 \mu_{t-1} + \sum_{i=1}^{n} a_i X_{t-i} + \sum_{i=1}^{n} b_i Y_{t-i} + \varepsilon_t \qquad (6-29)$$

$$Y_t = \beta_0 + \beta_1 \mu_{t-1} + \sum_{i=1}^{n} c_i X_{t-i} + \sum_{i=1}^{n} d_i Y_{t-i} + \upsilon_t \qquad (6-30)$$

其中，μ_{t-1} 即为（协整）所得之残差落后一期。

在格兰杰因果关系检定中，若两变量间皆不互相领先，则我们称这两个变量具有独立（independency）关系，若任一领先关系成立，则我们称这两个变量具有单向（unidirection）关系，若双向的领先关系皆存在，则我们称这两个变量具有回馈（feedback）关系。

5. 脉冲响应函数

由于对 VAR 模型中单个参数估计值的解释很困难，因此要想对一个 VAR 模型得出结论，往往要借助观察系统的脉冲响应函数。脉冲响应函数描述一个内生变量对误差冲击的反应。具体地说，它描述的是在随机误差项上施加一个标准偏差大小的新冲击后对内生变量的当期值和未来值所带来的影响。为了直观形象地刻画变量间的相互影响，我们采用的都是曲线图的形式。在 VAR 模型中，通过变量之间的动态结构，对以后的各变量将产生一系列连锁变动效应，将 VAR 模型改写成向量移动平均模型（VMA）：

$$Y_t = \mu + \sum_{k=0}^{\infty} \psi_k \varepsilon_{t-k} \qquad (6-31)$$

其中，$\psi_k = (\psi_{k,ij})$ 为系数矩阵，$k = 0，1，2\cdots$，则对 y_j 的脉冲引起的 y_i 响应函数为 $\psi_{0,ij}$，$\psi_{1,ij}$，$\psi_{2,ij}\cdots$。此处利用不依赖于 VAR 模型中变量次序的扰动项正交矩阵的广义脉冲方法。

6. 方差分解

方差分解是将系统的预测均方差分解成系统中各变量冲击所做的贡献，可以将任意一个内生变量的预测均方误差分解成系统中各变量的随机冲击所做的贡献，计算出每一个变量冲击的相对重要性。通过比较不同变量贡献百分比的大小，可以估计出各变量效应的大小。同时，根据贡献百分比随时间的变化，可以确定一个变量对另一个变量的作用时滞。

考察 VAR 系统中任意一个内生变量的预测均方误差的分解：

$$VAR\left[Y_{t+s} - E(Y_{t+s}/Y_t，y_{t-1,})\right] = \varepsilon_{t+s} + \sum_{i=1}^{s-1} \psi_i \varepsilon_{t+s-i}$$

$$(6-32)$$

因此，均方误差 MSE 为：

$$MSE = \Omega + \sum_{i=1}^{s-1} \psi_i \Omega \psi_i = PP' + \sum_{i=1}^{s-1} \psi_i PP' \psi_i = \sum_{i=1}^{s-1} \psi_i p_j p_j \psi_i$$

$$(6-33)$$

其中，P 为非奇异的下三角矩阵，（6-33）式表示第 j 个正交化冲击对 S 步预测均方误差的贡献之和，得到的方差分解模型为：

$$RVC_{ij}(s) = \frac{\displaystyle\sum_{k=1}^{s-1} (\psi_{k,ij})^2 \sigma_{ij}}{\displaystyle\sum_{j=1}^{n} \sum_{k=1}^{s-1} (\psi_{k,ij})^2 \sigma_{ij}}$$

$$(6-34)$$

其中，$\psi_{k,ij}$ 是脉冲响应函数，σ_{ij} 是第 j 个变量的标准差，$RVC_{ij}(s)$ 表示第 j 个变量对第 i 个变量的方差贡献率。

综上所述，本书的研究资料数据源于中国经济景气月报和中经网。在取得数据后，先对各变量进行单位根检定，以确保各数列为平稳序列。接着在进行格兰杰因果关系检定之前，必须确定数据是否具有协整关系，因此在单位根检定之后，将进行协整检定，若变量之间具有协整关系，则在因果关系模型中加入误差修正项。然后，以格兰杰因果关系理论来对房价与股价之间是否具有财富效应、替代效应等所造成的关联性作一检验。具体的处理程序如图6－8所示。

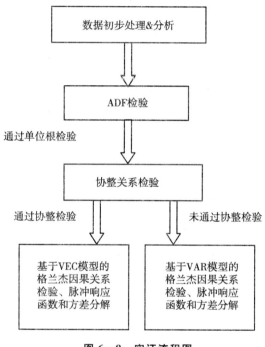

图6－8　实证流程图

二、实证结果分析

1. 样本数据的初步处理

所进行的分析选取了1998年第三季度至2008年第三季度的住房销售价格指数、上证综合指数和GDP的样本数据。首先，为消除异方差以及使数据更加平滑，对这些数据系列求对数，分别记为 LNZHP、LNSP 和 LNGDP。

2. 相关关系分析

就房地产价格和股票价格相关性来说，由表 6—1 可知，从相关系数来看，整个样本区间和 1998 年 1 月—2001 年 6 月子样本区间内，相关系数均不高，仅为低度相关；而 2001 年 7 月—2005 年 6 月和 2005 年 7 月—2008 年 9 月两个子样本区间内，相关系数逐步上升，分别为 −0.4231 和 0.5529，为中度相关，但正负性不同。由此说明了房地产价格和股票价格，在 2001—2008 年的高峰期之间存在着某种程度的关联性。

表 6—1　房屋销售价格指数与上证综合指数的相关系数

期　　间		1998.1—2001.6	2001.7—2005.6	2005.7—2008.9	1998.1—2008.9
相关系数		0.2436	−0.4231	0.5529	0.2352
涨跌情况	房价	高低震荡	上升趋势	高低震荡	长期上涨
	股价	上升趋势	下降趋势	高低震荡	长期上涨

资料来源：根据中经网数据整理计算而得。

从表 6—2 可见，从领先落后的相关性来说，在 ［HP，SP（−i）］序列，即股价领先房价部分，随着滞后期的增加，序列值先增加后减少，股价在滞后 2 期（6 个月）达到最大值，即 0.3471；从第 5 期开始，序列值变为负值。说明上证综合指数对住宅销售价格指数存在着正向影响，且影响大小随着滞后期的增加，影响效果出现先增加后减少的影响，从正向影响转向负向影响。在 ［HP，SP（+i）］序列，即房价领先股价，与股价类似，随着滞后期的增加，序列值先增加后减少。房价在滞后 8 期（21 个月）达到最大值 0.3028；序列值在 10 期内都为正值，说明住宅销售指数对上证综合指数具有正向影响。

表6—2 住房价格指数与股票价格指数的交叉相关系数

i	HP，SP（－i）	HP，SP（＋i）
0	0.1912	0.1912
1	0.2906	0.1056
2	0.3471	0.0613
3	0.3100	0.0468
4	0.0855	0.0812
5	－0.0768	0.1357
6	－0.1062	0.2129
7	－0.106	0.2813
8	－0.092	0.3028
9	－0.0926	0.2498
10	－0.0896	0.2291

资料来源：根据中经网数据，利用 Eviews5.0 整理计算所得。

3. 协整关系分析

所进行的分析采用1998年第三季度—2008年第三季度的住房价格指数与股票价格指数进行协整关系检验。所有数据都用 Eviews5.0 进行计算。

（1）进行单位根检验

本书运用 ADF 检验法分别对内生变量 LNZHP 和 LNSP 以及外生控制变量 LNGDP 进行单根检验，结果见表6—3。从表中可以看出，在原始序列上，所有的假设结果均没有拒绝有单位根的假设。因此，可以认为 LNZHP、LNSP、LNGDP 都是非平稳的时间序列，具有时间趋势。而四个变量经过一阶差分后，都在1％显著水平下拒绝了有单位根的假设，表明差分变量都是平稳的，因此△LNZHP、△LNSP、△LNGDP 都符合 I（1）的特征。对于这些非平稳的时间变量，不能采用传统的线性回归方法检验它们之间的线形关系，而应该采用协整方法进行协整分析。

表 6－3　ADF 检验结果

原序列	ADF	1％/5％临界值	结　论
LNZHP	－1.62473	－3.60559/－2.93694	非平稳
LNSP	－2.095977	－3.610453/－2.938987	非平稳
LNGDP	－0.08233	－3.62102/－2.94343	非平稳
△LNZHP	－6.36087***	－3.61045/－2.93899	I（1）
△LNSP	－3.93404***	－3.61045/－2.93899	I（1）
△LNGDP	－9.9993***	－3.62102/－2.94343	I（1）

注：①单位根检验的方程中有截矩项阶；
　　②△表示变量的一阶差分；
　　③*** 表示 1％水平下显著，** 表示 5％水平下显著，* 表示 10％水平下显著。

（2）进行协整检验

协整从分析时间序列的非平稳性入手，寻找非平稳变量间蕴涵着的长期均衡关系。对两个一阶单整时间序列之间的协整关系通常采用 EG 检验两分法。运用 Eviews5.0 来进行。首先，对 LNZHP 和 LNSP 做 OLS 二元回归方程。这里以 LNSP 为解释变量，LNZHP 为被解释变量。可得到方程式（6－35）：

$$\varepsilon_t = LNHP - 0.015145LNSP - 4.540681 \qquad (6-35)$$
$$(0.2648)$$

其次，对 ε_t 进行 ADF 单位根检验，得到表 6－4。

表 6－4　残差项的 ADF 检验结果

原序列	ADF	1％/5％临界值	结　论
RESIDE	－1.608337	－3.605593/－2.936942	非平稳

显然，在各个显著性水平上，式（6-35）的残差项 ε_t 检验值均通过单位根检验，即残差项序列为非 $I(0)$ 时间序列。因此，时间序列变量 LNSP 和 LNHP 之间不存在着协整关系。

4. 格兰杰因果关系分析

在上面的协整关系检验中，无法得出住宅销售价格指数与股票价格之间具有长期均衡关系的证据，虽然两种资产价格之间不存在共同长期趋势，但是依然可能存在短期的信息传递现象，故下面以格兰杰因果关系检验来试着得出房地产价格与股票价格在短期下是否会相互领先，具有信息预测的效果。而由于前面的检验中未发现协整关系，故下面的格兰杰因果关系检定只须以无约束的 VAR 模型进行分析。从前面的分析中，得出总体经济 GDP 对房地产价格和股票价格波动具有重要的影响作用，所以在 VAR 模型中加入 GDP 外生变量进行控制。同时，在单位根检验得出，LNZHP、LNSP、LNGDP 都是 $I(1)$ 序列，所以用三者的一阶差分形成的序列进行计算。并在此 VAR 模型的基础上，进行格兰杰因果关系检验。由表 6-5 中 VAR 滞后长度标准（lag length criteria）可知，根据 SC 准则，滞后一阶为最优滞后阶数；而根据 AIC 准则，滞后两阶为最优滞后阶数。

我们分别对 LNZHP 和 LNSP 进行滞后阶数 1-6 的格兰杰检验，有表 6-6 得在 1-6 阶的滞后阶数中，在 10% 显著水平下都应该拒绝 LNZHP 不是 LNSP 的格兰杰原因，即房价波动是股价波动的原因。而在滞后其为两阶时，还可以得到在 10% 显著水平下拒绝 LNSP 不是 LNZHP 的格兰杰原因，即股价波动是房价波动的格兰杰原因，但是在其他阶数却无法拒绝原假设。所以说，房价波动是股价波动的格兰杰原因是比较稳定的结果，而股价波动对房价波动的影响则不是很稳定。

此外，我们还可以结合 VAR 模型中的系数来看，由表 6—5 可知，在滞后两期的 VAR 模型中，在检验 $\triangle$LNZHP 是否为 $\triangle$LNSP 的格兰杰原因时，$\triangle$LNZHP（－1）和 $\triangle$LNZHP（－2）的 t 值都比较大，说明其系数都显著异于 0；而在检验 LNZHP 是否为 LNSP 的格兰杰原因时，$\triangle$LNSP（－2）的 t 值都比较大，其系数显著异于 0。这同样说明了房价的波动对股价波动更为明显。

表 6—5　VAR 模型滞后阶数确定的准则值

滞后阶数	SC 准则	AIC 准则
0	－6.08188	－6.261451
1	－6.229391*	－6.588534
2	－6.21927	－6.757990 *
3	－5.83599	－6.554282
4	－5.59849	－6.496344
5	－5.39385	－6.471278
6	－5.46915	－6.726151

注：*表示根据 SC 准则和 AIC 准则，选出的 VAR 最优滞后阶数。

表 6—6　基于 VAR 模型的格兰杰因果关系检验结果

滞后阶数	HP —→ SP	SP —→ HP
1	0.0666*	0.3751
2	0.0032**	0.0549*
3	0.0049**	0.189
4	0.0772*	0.316
5	0.0347*	0.357
6	0.0003***	0.5683

注：***表示 1％水平下显著，**表示 5％水平下显著，*表示 10％水平下显著。

表 6－7　滞后两期的 VAR 模型

因变量	LNZHP		LNSP	
自变量	系数	t 值	系数	t 值
△LNHP（－1）	－0.084451	［－0.44722］	－4.65023	［－2.82069］*
△LNHP（－2）	0.247926	［1.22158］	－5.07007	［－2.86140］*
△LNSP（－1）	0.00151	［0.08630］	0.223704	［1.46472］
△LNSP（－2）	0.040149	［2.21269］*	0.085165	［0.53761］
C	－0.000206	［－0.08175］	0.029575	［1.34431］
△（LNGDP）	0.006854	［0.74394］	0.065134	［0.80982］

注：***表示 1％水平下显著，**表示 5％水平下显著，*表示 10％水平下显著。

5. 脉冲响应和方差分解

以下基于滞后两期的 VAR 模型，进行脉冲响应和方差分解分析。

（1）脉冲响应分析

在图 6－9 各图中，横轴表示冲击作用的滞后期间数，在模型中，我们将其定为 10 期，纵轴表示冲击反应程度（用百分比表示），实线表示脉冲响应函数，代表了房地产价格（股票价格）对股票价格（房地产价格）的冲击的反应，虚线表示正负两倍标准差偏离带。首先，由右上图可知，当本期给房地产价格（DLNZHP）一个标准差冲击后，对股票价格（DLNSP）在前 5 期形成负向冲击，在前 3 期冲击幅度较大，在第 5 期之后平稳回落。其次，由左下图可知，当本期给股票价格（DLNSP）一个标准差冲击后，从第 2 期开始，对房地产价格（DLNZHP）形成一个正向冲击，在第 6 期之后平稳回落。

（2）方差分解分析

基于上述的两阶滞后的 VAR 模型对 SP 的变化进行第 1 期方差分解，描述了冲击在房价动态变化中的相对重要性，如表

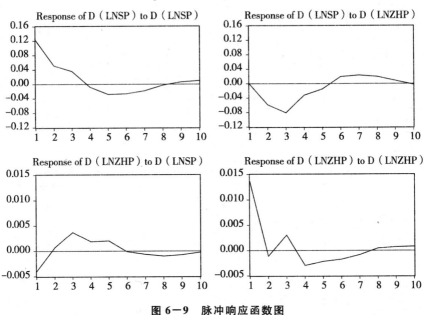

图 6－9　脉冲响应函数图

6－8，不难发现，SP 波动在第 1 期受自身波动的影响，D
（LNZHP）对 D（LNSP）的影响在第 2 期中反映出来，在随后
逐渐增加，从第 7 期开始，D（LNZHP）对预测误差贡献度逐
渐趋向稳定，达到 37 左右，较为明显地反映了 D（LNZHP）对
D（LNSP）上扬具有解释能力。同时，相比较可知，D
（LNZHP）对 D（LNSP）的影响（37 左右）大于 D（LNSP）
对 D（LNZHP）的影响（15 左右）。

表 6－8　D（LNSP）方差分解结果

时期	S.E.	D（LNSP）	D（LNZHP）
1	0.121999	100	0
2	0.144701	83.50343	16.49657

续表

时期	S.E.	D（LNSP）	D（LNZHP）
3	0.169644	65.23389	34.76611
4	0.172791	63.08592	36.91408
5	0.17563	63.57748	36.42252
6	0.178601	63.62546	36.37454
7	0.181006	62.93505	37.06495
8	0.182079	62.21521	37.78479
9	0.182387	62.12243	37.87757
10	0.182672	62.22538	37.77462

表6—9 D（LNZHP）方差分解结果

时期	S.E.	D（LNSP）	D（LNZHP）
1	0.014193	7.96321	92.03679
2	0.014255	8.140654	91.85935
3	0.015043	13.38308	86.61692
4	0.015441	14.15238	85.84762
5	0.01572	15.28938	84.71062
6	0.015815	15.11106	84.88894
7	0.01585	15.20824	84.79176
8	0.015888	15.53211	84.46789
9	0.015921	15.68591	84.31409
10	0.015943	15.66621	84.33379

上面主要运用了以下三种方法进行分析，其结论为：首先，相关关系分析。从相关系数来看，在1998年第三季度—2008年第三季度样本期间，住宅价格指数和上证综合指数的相关系数是0.23，说明房地产价格与股票价格在此样本期间内是同向变动关系，是一种正相关关系，这似乎可以说明房地产价格和股票价格

存在着关联性。此外，将样本期间分成三个阶段，可以发现房地产价格和股票价格的相关系数逐渐增大，这说明了在 2005 年之后房地产价格和股票价格的相关性进一步增强。但是，相关关系是变量之间所表现出来的一种纯数学关系，只能说明房地产价格和股票价格共同发生了变化。所以，在相关分析中得到的正相关关系是由于受到总体经济的影响，还是由于存在财富效应大于替代效应所形成的，这就要与其他定量分析方法（协整检验、因果关系检验）相结合，才有较明确的说服力。其次，协整关系检验分析。从协整结果来看，住房销售价格指数与股票价格指数不存在协整关系，即在此样本期间内，房地产价格与股票价格长期是非联动的。所以，若同时投资这两种资产，投资人的长期投资组合可以达到分散风险的效果。但是，本书的分析还是线性分析得到的结论，所以若通过非线性分析，或许会得到与之相反的结论。最后，因果关系检验分析。综合以上几种基于 VAR 模型的实证检验结果，可以得出房地产价格是股票价格的格兰杰原因，房地产价格对股票价格的波动影响较为明显和稳定；而股票价格对房地产价格的波动影响，虽然在基于滞后两期的 VAR 模型时，可以得出股票价格是房地产价格的格兰杰原因，但是综合脉冲反应函数以及方差分解来看，其影响不是十分明显。同时，在建立 VAR 模型时，我们加入了 GDP 的控制变量的情况下，得出了房地产价格和股票价格存在着单向因果关系，这说明了我国居民同时拥有房地产和股票两种资产，财富效应和替代效应可能发挥着作用。这一结论也与相关分析中的正相关相一致。1998年以后，随着我国国民经济的快速增长，人们财富水平的上升，投资人将资金投向具有保值功能的房地产商品上，进而推升了房地产价格上扬，而当房地产价格上扬后，投资人财富水平的上升以及基于分散风险的需求，避免财富过于集中化，则将部分资金转入股票市场，进而带动股票价格的上升。此外，两种资产价格存在着因果关系，投资者可以从一种资产价格的变动推测出另一种资产价格的变动。当然，可以注意到因果关系检验有着一个明显的缺陷，即不同的滞后期导致检验结果不同，或者说检验结果对滞后期不稳定。如上文中检验时，滞后一期和滞后两期就出现了不同的结果。所以，因果关系检验的结果不能作为变量间必然存在因果关系的根据，但是可以将此作为一个重要的参考依据，结合现实经济的定性分析以及其他定量分析，得出一个较有说服力的结论。

过去的研究中，对于房地产价格和股票价格之间的关系，有着不一致的结论。部分学者认为两种资产价格之间没有关系，但也有部分学者认为两种资产价格之间应该有关系存在，而且多数研究表明股票价格是房地产价格的格兰杰原因，即股票价格波动会引起房地产价格波动。而这里所进行的研究通过相关关系分析以及因果关系分析，得出房地产价格波动可以引起股票价格波动，两者存在着关联性而且是单向因果关系，房地产价格波动是因，股票价格波动是果。这一结论与之前一些研究结果——股票价格波动引起了房地产价格波动——存在着差别。这可能一是由于研究区间的不同，比较多的学者研究的是 2001—2006 年之间的样本区间，而本书从一个更长的样本区间探讨了两种资产价格之间的关系。二是由于房地产价格的表征变量不同。之前的研究中，大部分选用我国房地产景气指数的分类指数房地产销售价格指数，而本书则选用住房销售价格指数。财富效应和替代效应的微观机制作用依赖于众多居民的消费投资决策，而对大多数居民来说，影响其消费投资决策的主要是住宅价格的变动。因此，住房销售价格指数能够更好的表征房地产价格。在上面的研究中，得出了从房地产价格到股票价格的单向因果关系。之前，潘德龙泰·卡波波鲁萨（Panayotis Kapopoulosa）和弗希欧斯·西科斯波（Fotios Siokisb，2005）、周京奎（2006）、蔡明伦（2008）等研究者对此结论利用信贷机制进行了分析，认为房地产价格的上涨，个人或是企业手中所持有之房地产商品价值会上升，因此若企业或个人通过将其所拥有之房地产商品进行抵押以借贷资金，由于抵押物的价值上升，所以可以降低借款成本并且为企业及个人增加资金的可用性，可用的资金越多，便会多增加投资，进而刺激对股票的需求，导致股票价格的上升。而股票由于流动性好以及银行对于股票抵押的谨慎性，所以股票的信贷机制效果则比较差。我们认为可以结合 1998 年以来，我国居民收入水平的上升以及住房改革进行分析。随着 1998 年住房改革以来，而且国民经济增长以及居民收入水平上升，人们对住房需求上升。住房价格因被释放出来的强大需求而逐步的上升，对于拥有住房的居民来说，其财富更加明显的上升，而且相对于股票价格的更大波动性，房地产价格的上涨相对于来说是一种持久性收入，所以房地产的财富效应发挥得更为明显。在此轮住房的价格带动下，以及 2005 年以来股改完成后，股票价格逐步上升，居民由于财富效应和替代效应以及良好的预期转向股票市场，推动了股票价格的上涨。因此，以 1998—2008 年作为样本区间，可以得到在此期间，房地产的财富效应更为显著。

第七章 货币政策的房地产价格传导机制分析

随着我国住房制度的市场化改革，中国的房地产消费和投资均呈现迅速增长，促使房地产市场得以逐步繁荣和壮大。房地产市场的发展不仅对于人民生活和国民经济产生显著的影响，同时对于货币政策体系的影响效应也逐步增强。因而，作为资产价格的重要组成部分——房地产价格必然逐渐成为货币政策新的传导渠道之一。灵敏有效的货币政策传导机制是货币政策成功实施的基础，在目前我国现实情况下，货币政策对房地产价格的调控是否具备有效性？而房地产价格又能否通过影响消费、投资等宏观经济变量，进而将货币政策的信息传导至实体经济呢？因此，系统性地研究我国货币政策的房地产价格传导机制，对于完善货币政策理论研究、提高货币政策调控房价的有效性和维护金融体系及宏观经济的稳定性均具有重大的理论和现实意义。

第一节 货币政策的房地产价格传导机制的理论分析

从经济学基本理论来看，房地产价格的影响因素主要可以分为影响房地产市场供给和需求两方面的因素。而货币政策则可通过同时影响房地产市场的供给方和需求方，进而对房地产价格的波动产生调控效用。具体而言，货币政策主要是经由利率、银行信贷和资产组合效应这三种途径分别影响房地产的供给和需求，进而对房地产价格形成影响效应。

一、货币政策对房地产价格的传导效应理论

1. 利率传导途径

基于房地产市场资金密集型行业的特征，房地产行业成为受利率变动影响效应最大的行业之一。中央银行可以通过调整利率，影响房地产市场供求双方的资金成本引起供求关系的变化，最终对房价构成影响。下面，则是从需求和供给两方面来说明利率政策变化对房地产价格的影响机理。

（1）利率政策对房地产市场供给的影响

房地产市场的供给方主要指的是房地产开发企业。有关数据显示，近年来我国房地产开发资金中直接或间接来源于银行贷款的资金比例已达到 60％左右，可见房地产业对银行信贷资金的依赖程度。若央行采取紧缩性货币政策，提高贷款基准利率，将增加房地产开发企业的贷款成本，促使其缩减投资规模。此时，商品房供给量随之减少，若市场需求未变化时，房地产价格则呈上升趋势。反之，若央行采取扩张性货币政策，调低贷款基准利率，使得开发商可获得的信贷额增加的同时其贷款成本也减少，自然增加投资规模，使得商品房市场的供给量趋增。房地产价格则呈下降趋势。这一传导过程可以表述如下：

利率↑（↓）→ 房地产开发企业资金成本↑（↓）→ 房地产市场供给量↓（↑）→ 房地产价格↑（↓）

（2）利率政策对房地产市场需求的影响

房地产市场的需求方主要是广大的普通购房者。由于房产是

一种价格高昂的特殊商品，大部分购房者一般无法一次性付款，而是采取住房抵押贷款的方式，利率的变化会直接影响购房者的购买成本。若央行提高住房贷款利率，使得购房者的成本随之增加，一些购房者则会选择推迟买房或暂时观望，致使房地产市场的需求量呈缩减趋势，若市场供给量尚未变化时，房地产价格则随之呈下降之势；相反，若央行降低住房贷款基准利率，那么购房者的还贷总额（成本）减少，商品房需求量回升，在市场供给量尚未变化时，房地产价格又呈现上升趋势。同样可将此传导过程表示如下：

利率↑（↓）→普通购房者还贷额（购房成本）↑（↓）→房地产市场需求量↓（↑）→房地产价格↓（↑）

2. 信贷传导途径

信贷传导途径在一些文献当中亦被称为货币供应量途径，它是目前货币政策作用于我国房地产价格的又一重要渠道。信贷政策也是我国货币政策调控房价的重要形式。

中央银行通过综合运用公开市场操作、法定存款准备金等政策工具对货币供应量予以调控，进而影响商业银行信贷投放能力。金融机构贷款规模的变化，同时影响开发商与购房者的信贷可获得性，从而由供给、需求双方而导致房价的波动。以扩张性货币政策为例，央行通过动用政策工具，使货币供应量增加，促使银行放贷能力提高，房地产开发企业可获取更多的资金，进而增加了商品房供给，使房价趋于下降；另一方面，购房者可获贷款也增加了，进而推动房市的有效需求，使房价趋于上升。一般由于当期的需求因素居主导性的地位，最终会促使房价上升。此传导过程可以表示如下：

理论上，同利率途径相比，信贷途径对房地产市场的投资和

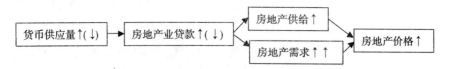

需求的影响作用更强、更直接。因为利率政策的调控属于间接性调控，它主要通过影响开发企业和购房者的信贷成本，对于其行为实施间接引导。倘若供求双方不受成本约束，利率政策则难以实现调控效应。而信贷政策的调控则较直接，通过对供求双方的借贷额度加以限制，直接影响房地产的供给和需求，并对房价产生影响。因此，就理论而言，信贷政策和利率政策相比，它在短期内对于房地产市场及其价格的宏观调控更具有效性。

3. 资产组合效应传导途径

根据托宾的理论，货币、有价证券和房地产是投资者持有的三种主要资产。当央行实施有关利率和信贷政策时，会对其产生资产组合效应。这是因为，理性的投资者会根据各种资产的收益率、风险性及流动性的变化，适时调整组合中不同资产的持有比例，进而达到投资效用的最大化。

仍以扩张性的货币政策为例，若央行采取调低利率和增加货币供应量的政策时，货币资产的收益率随之下降，投资者将对原有资产组合进行调整，在降低其货币资产比例的同时增持非货币资产（如房地产），进而导致非货币资产的需求量升高，其价格亦趋于上升；若为紧缩性的货币政策，则会促使货币资产的收益率上升，投资者便相应提高货币资产比例并减持非货币资产，致使非货币资产的需求量降低，其价格也开始下降。此传导过程可以表示如下：

利率↓（↑）（货币供应量↑（↓））→货币资产收益率↓（↑）→房地产需求↑（↓）→房地产价格↑（↓）

除了货币资产的资产组合效应外，其他非货币资产对房价也存在此影响（如股票）。股票资产对房价的影响主要体现在其替代效应和财富效应上。以扩张性货币政策来看，促使股价上升，投资者的资金将从房市转而流向股市，致使房市需求降低和房价下滑，即为股票资产的替代效应；同时，股价的上升致使股票持有者总财富增加，进而刺激其消费，房地产的需求也被拉动，促使房价的上升，股票资产的财富效应自此体现。房价的最终变动方向则取决于两种效应的相对强弱。

由此可见，资产组合效应虽是一条货币政策对房价传导的重要渠道，但追根溯源仍是先经由利率和货币供应渠道的传导才得以进行的。因此，在随后的实证研究中，也将主要分析有关利率和信贷（货币供给）政策对于我国房地产价格的传导效应。

二、房地产价格对实体经济的传导效应理论

房地产价格对实体经济的传导主要是体现在其对社会总需求中的消费和投资的影响效应之上，下面将分别对房价波动对于消费和投资的影响途径予以理论分析，研究货币政策的房地产价格传导机制的第二阶段是如何进行的。

1. 房地产价格对消费的传导途径

根据弗里德曼的持久收入假说和莫迪利亚尼的生命周期理论，家庭财富的变动会直接影响其消费支出。对于拥有房地产的居民来说，房地产是其家庭总财富的重要形式。由于房地产价格的波动，导致居民财富总量相应增减，从而直接影响其收入分配、消费支出和决策，进而影响到社会的总需求，这一传递机制即为房地产的"财富效应"。可将其传导过程表示为：

房地产价格↑（↓）→家庭财富总量↑（↓）→居民消费支

出↑（↓）→ 总产出↑（↓）

而对于租房者来说，房价的变动也会影响其财富总额和消费。此外，对于那些有购房计划的消费者而言，房价变动还可能通过替代效应等渠道影响其即期的消费。根据诸多文献的归纳，大多将房地产价格影响消费的途径分为如下几类：

（1）财富效应

有关房地产财富效应的分析是建立在莫迪利亚尼（1954）的生命周期理论基础之上的。它具体包括实现的和未实现的财富效应。

①实现的财富效应

首先，若房价上涨，拥有房产的居民则可由再融资或房产出售的方式使资本的升值变现，促使其当期消费的增加。其次，房产价值的变化会直接影响房屋所有者以住房作为抵押而进行消费信贷的额度。因此，房价的上涨提高了房产拥有者的消费融资额度，进而对其消费支出产生促进作用。

②未实现的财富效应

若房地产价格上升，拥有房产的居民没有以再融资（如抵押贷款）或出售房产的方式将收益变现，然而其总财富的贴现价值却随之提高，房产拥有者预期自身的财富总额增加了，因此这种未经实现的财富仍可发挥其促进当期消费的效用。

（2）预算约束效应

首先，对于拥有房产的消费者而言，房价的上升可以促进其财富的增加，预算约束效应为正。其次，对于租房者而言，房价上升则对其消费产生负向的影响。因为房价上升使房租亦上升，增加的房租使租房者的预算约束更为紧张，则不得不缩减其当前消费支出。此外，以房屋出租者而言，房租上升使其收入增加，对其消费的影响则可能是正向的。

（3）替代效应

由上述分析可知：对于房屋所有者来说，房价上升会通过实现和未实现的财富效应促使其增加即期消费。然而，对于计划购房、租房或正在供房的消费者而言，房价上升则会对其消费形成替代效应。首先，若房价呈上涨趋势，计划购房者将面临更高额的购房成本，未来还款压力增大，此时多数人则会削减其他消费用于储蓄，而为未来的购房支出做准备；同时，持续上升的房价会形成"赚钱效应"，不但不会使居民收入用于增加即期消费，相反更多地涌入房地产市场而形成投机性资金。因而，替代效应会使房价的上升对于部分居民的消费形成负向影响。

（4）流动性约束效应

金融系统的流动性情况也会影响房价对消费的传导效应。如果房价上升，则可能需要购房者进入银行信贷市场筹集更多资金来应对。若此时金融机构流动性不足或信贷受限而不能为其提供资金支持，居民则唯有缩减消费开支来予以支付。反之，金融系统流动性充裕且信贷宽松的情况下，居民便可得到充足的资金支持，房价波动对消费的影响则可能较为有限了。

（5）家庭资产负债表效应

当房地产价格不断上涨、房市兴旺发展时，居民真实资本的价值升高且流动性增强，使得家庭资产负债表表现更健康，居民则倾向于更多地通过银行借贷而用于增加耐用品的消费。相反，若房价不断下跌、房市呈现萧条时，居民真实资本的价值缩水、流动性降低，家庭的资产负债表亦变差，自然促使居民缩减耐用消费品的支出了。总之，房价经由资产负债表效应对消费的影响效应为正。

综上所述，以上各传导途径中，房价波动经由财富效应、家庭资产负债表效应对于居民消费的影响作用是正向的，而由替代效应和预算约束效应对消费的影响则一般多为负向的。流动性约束效应则是双向的。房价对于居民消费的影响效应的总体方向则应取决于这些不同效应综合作用的结果。

2. 房地产价格对投资的传导途径

房地产价格波动对社会投资的传导途径，主要体现在以下三个方面：

（1）直接的投资支出效应

首先，以房价上涨为例，会带来房地产行业的实际和预期利润率升高，进而促使房地产开发投资增加。依据国家统计局国民经济核算体系（SNA）的规定，房地产开发投资额在统计中包含于固定资产投资总额之中。因此，房地产开发投资是社会投资总额中不可或缺的重要部分，其增长必然导致投资总额的增长。有关数据显示，2001—2008 年间，我国房地产投资在总投资中的占比稳中有升，基本保持在 17％—19％之间，而且随着房地产投资规模的迅速扩大，其对社会总投资的直接拉动效应必然逐渐增强。① 其次，由于房地产行业的产业关联效应非常强烈，因而其投资额的增加自然拉动其众多上下游关联性行业的投资增长，进而间接地带动整个社会投资总额的全面增加。综上所述，房价的上升通过以上两方面的影响作用，对社会投资总额带来显著的直接投资支出效应。这一传导途径可表示如下：

（2）托宾 q 效应

房地产价格对投资影响的托宾 q 效应的分析源于后凯恩斯主

---

① 数据来源：根据国家统计局网站公布的数据计算、整理得来。

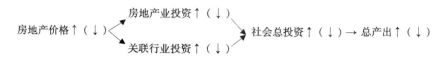

义学派的代表人物——托宾所提出的 q 理论。它揭示出资产价格与企业投资支出间的相互关系，并从资产结构调整的角度为货币政策的资产价格传导提供了全新的思路。托宾将 q 值定义为企业市值与其重置成本的比值，q 值的高低影响着企业的投资意愿。如果 q>1，则企业市值高于其资本重置成本，与企业市值相比，新的厂房和设备等固定资产就较便宜，则企业便可通过发行股票的方式获取相对低廉的投资品，进而致使投资增加。如果 q<1，企业则会试图通过收购现有企业的方式来扩大生产规模，而不是增加新的投资。此时投资则会随之减少。可以说，q 值的高低是决定企业新投资的主要因素。

若央行采取扩张性的货币政策，房价上升，首先使得房地产的市场价值与其重置成本的 q 比值上升，进而促使房地产投资支出的直接增加；同时，促使房地产上市公司和一些拥有较多房地产的上市公司的投资价值升高，这些公司的股价亦呈上升趋势，促使企业 q 值升高，进而增加其新的投资支出，并最终拉动社会总需求和产出的扩张。这一传导途径可以表示为：

房地产价格↑（↓）→企业托宾 q 值↑（↓）→社会总投资支出↑（↓）→总产出↑（↓）

（3）企业资产负债表效应

房价波动对投资影响的企业的资产负债表效应也被称为银行信贷效应，源于米什金（Mishkin，1977）所提出的货币政策传导的资产负债表渠道（或净财富渠道）理论。该理论认为，不完全竞争市场上的借贷双方存在着非对称的信息，而信息的不对称则易引发逆向选择和道德风险问题。为了降低风险，贷款方则在签立贷款合同前会以借款方的企业净值为重要参考，并同时采取抵押、担保等方式。如果房价上升，企业拥有的资产价格上升促使其企业净值提高，逆向选择和道德风险降低，企业的资产负债表状况亦改善。此时，金融机构则会更多地为其提供信贷支持，企业则有充裕的资金以增加投资支出。因此，这一传导过程可表达为：

房地产价格↑（↓）→企业资产净值↑（↓）→资产负债表状况↑（↓）→社会总投资支出↑（↓）→总产出↑（↓）

综合以上各传导途径，可见：房价经由直接的投资支出效应、托宾 q 效应和企业的资产负债表效应各渠道对于社会投资的影响效应均为正向，说明从理论上看，房地产价格对于社会投资的总体效应为正向，房价的上涨应能够促进社会投资总额的增长。

以上则是有关我国货币政策的房价传导机制的理论分析，本书将在第二节和第三节中具体实证研究这一传导机制各阶段的传导效应。因为我国货币政策对房价的各传导渠道虽从不同角度诠释了货币政策对房价的影响，但在实证中试图较清晰、彻底地分开各政策工具对房价的影响效应还存在一定的难度，因而本书选择从整体上分析各种货币政策（利率、货币供给、信贷）对房价的影响效应，并试图运用适当的方法将其各自效用的强弱予以对比。而在房价影响实体经济的分析部分，则是分别选取房价变动对居民消费和社会总投资的影响予以深入研究，进而反映出房价对整个实体经济的传导效应。

第二节　我国货币政策的房地产价格
传导机制的现状分析

一、货币政策调控房地产价格的现状分析

为促进我国房地产市场健康、有序地发展，近年来政府密切关注房价的变化，并对房地产市场予以了频繁的政策调控。自1998年房地产市场化改革以来，我国的货币政策经历了由大力支持到适度调控房地产业的演变历程。本节将对近年来我国货币政策中所实施的与调控房地产市场相关的利率及信贷政策进行较为详细的介绍，并结合定性和定量分析我国主要货币政策的变迁对房价的调控效应。

1. 利率政策对我国房地产价格的影响

近年来，为了对房地产投资和住房信贷投放进行宏观调控，央行出台了一系列的利率政策。就利率的变动趋势而言，从2000年直至2009年第2季度，可以明显地将其划分为三个阶段：第一阶段为利率下调时期，时间段为2000年至2004年10月；第二阶段则是加息时期，时间自2004年10月29日开始至2008年9月；第三阶段则又为减息周期，时间自2008年9月16日起至今。具体调整如下：

第一阶段（2000年—2004年10月）：在此阶段，中国人民银行针对中国面临的通货紧缩和有效需求不足的经济形势，采用各种扩张性的货币政策，旨在刺激消费和投资增长以促进经济增长。利率政策则是其中重要组成部分，2002年2月21日央行下调了不同期限的金融机构存贷款基准利率水平。其中，存款利率

平均下调 0.25 个百分点，贷款利率平均下调 0.5 个百分点。这是自 1996 年以来的连续第八次降息，金融机构存贷款平均利率分别累计下调 5.98 和 6.97 个百分点。[①] 同时，国家还规定，住房贷款利率按法定贷款利率（不含浮动）减档执行，从而进一步减轻个人住房信贷的利息负担。因此，此次的减息周期无论对个人购房者还是房地产开发商而言，均是很好的政策契机，大幅降低了购房和房地产开发成本，从而有力地促进了我国房地产开发投资与购房需求的迅速增长，房地产市场价格随之呈上涨趋势。

第二阶段（2004 年 10 月 9 日—2008 年 9 月）：在此阶段，中央银行开始实行紧缩性的货币政策，并且频繁动用利率政策对于经济进行积极地干预。2004 年 10 月 29 日，中国人民银行上调金融机构存贷款基准利率 0.27%，并放宽人民币贷款利率浮动区间和允许人民币存款利率下浮。2006 年，央行连续两次上调贷款基准利率，首先是在 2006 年 4 月 28 日，将金融机构一年期贷款基准利率上调 0.27 个百分点；而后在 8 月 19 日，同时上调金融机构存贷款基准利率 0.27 个百分点。而 2007 年，在我国固定资产投资增长过快、银行信贷增长较快、流动性过剩等问题并存的经济形势下，央行继续奉行偏紧的货币政策，于该年连续 6 次上调各期限存贷款利率。以一年期贷款利率来看，从 2007 年 3 月 18 日调至 6.39%，12 月 21 日调至 7.47%，一年内累计上调 1.08 个百分点。而五年期以上利率也从 6.84% 提高至 7.83%。而在 2007 年 6 次提高基准利率后，2008 年上半年的利

---

① 数据来源：根据 2002 年第一季度的《中国货币政策执行报告》中相关内容汇总、整理得来。

率政策基本保持平稳，直至 9 月之前央行均没有对利率进行调整。①

　　然而尽管央行一直采取紧缩性的房贷利率政策，我国商品房价格却仍保持着较高的增幅。2004 年，虽然我国房地产开发投资与信贷增长规模持续回落，但房屋销售价格同比上涨 9.7%；2005 年，宏观调控作用开始有所显现，全国房价涨幅趋于平稳，70 个大中城市房屋销售价格上涨 7.6%，比上年回落 2.1 个百分点；到了 2006 年，随着各项政策的逐步实施，房地产市场开始出现房价增速放缓的迹象，但部分城市房价上涨依然较快。总体而言，70 个大中城市房价平均上涨 5.5%，比上年回落 2.1 个百分点。而 2007 年在央行持续上调存贷款基准利率的背景下，房价全年上涨势头仍然较强劲，仅在年末出现放缓迹象。全国房屋销售价格在 2007 年各季度同比分别上涨 5.6%、6.3%、8.2% 和 10.2%。2007 年 12 月份，全国房价环比上涨比 11 月降低 0.6 个百分点；分地区而言，70 个大中城市中有 22 个城市房价开始出现环比负增长。到了 2008 年上半年，虽然央行没有对基准利率再进行调整，但货币政策仍趋紧，同时之前贷款利率的持续下调，导致此时货币政策的调控效应开始有所显现。2008 年上半年，全国房价涨幅有所回落，尤其是部分城市房价持续下降。自 2008 年年初以来，70 个大中城市房价涨幅持续下降，深圳、成都、南京等 16 个城市 6 月份环比房价均出现负增长。②综上，在此阶段的调控中，利率的上调在当期对于房价的涨幅未

---

　　①　数据来源：根据中国人民银行网站公布的数据和 2008 年第四季度《中国货币政策执行报告》中相关内容汇总、整理得来。

　　②　数据来源：根据国家统计局网站公布的数据和 2007 年第四季度、2008 年第三季度《中国货币政策执行报告》中相关内容汇总、整理得来。

表现出明显的抑制作用，但随着时间的推移，政策的调控效应才不断加强与显现，充分说明此阶段的房贷利率政策在调控房价的效果上存在一定的时滞性。

第三阶段（2008 年 9 月起至今）：2008 年年中，美国次贷危机开始向全球蔓延。进入 2008 年 9 月份之后，国际金融危机对我国经济的冲击逐步加大。中国人民银行开始实行适度宽松的货币政策。2008 年下半年以来，五次下调存贷款基准利率，四次下调存款准备金率，一年期贷款基准利率由 2007 年年底的 7.47％下调至 2008 年 12 月末的 5.31％。2009 年上半年，中国人民银行仍紧密围绕保增长、扩内需、调结构的政策方向，继续执行适度宽松的货币政策。而宽松的货币政策似乎没能抵御金融危机对实体经济的巨大冲击，2008 年下半年，房屋销售价格涨幅持续回落，年末房价同比下降。2008 年 12 月份，房价同比涨幅出现自 2005 年 7 月以来首次同比下降；环比价格则从 8 月份开始变为负增长。全国 70 个大中城市房价全年同比上涨 6.5％，比上年减少 1.1％；2008 年 12 月份同比下降 0.4％，环比下降 0.5％。① 2009 年上半年，政策的效用开始逐步显现，房价同比虽继续下降，但环比开始上涨。2009 年 3 月，全国 70 个大中城市房价环比上涨 0.2％，为 2008 年 8 月以来连续 7 个月负增长后的首次上涨。而且 2009 年第一季度 70 个大中城市中环比房价出现下降的城市数亦逐月减少。最新数据显示，2009 年 6 月，全国 70 个大中城市房价当年首次同比上涨 0.2％（5 月份仍下降 0.6％）；环比上涨 0.8％，涨幅比 5 月份扩大 0.2％。② 这些数据

---

① 数据来源：根据 2008 年第四季度《中国货币政策执行报告》中相关内容汇总、整理得来。

② 数据来源：根据国家统计局网站所公布的相关最新数据整理得来。

充分显示目前宽松的货币政策对于房价的反弹起到一定的助推作用，而我国的房地产市场日渐回暖的趋势也正逐渐显现。

表7-1　一年期及五年以上贷款基准利率与房屋销售
价格变化情况（2000—2008年）

年　份	2000	2001	2002	2003	2004	2005	2006	2007	2008
一年期名义贷款利率（%）	5.85	5.85	5.39	5.31	5.36	5.58	5.86	6.72	7.17
五年以上名义贷款利率（%）	6.21	6.21	5.82	5.76	5.82	6.12	6.47	7.34	7.59
CPI增幅（%）	0.4	0.7	-0.8	1.2	3.9	1.8	1.5	4.8	5.9
一年期实际贷款利率（%）	5.45	5.15	6.19	4.11	1.46	3.78	4.36	1.92	1.27
五年以上实际贷款利率（%）	5.81	5.51	6.62	4.56	1.92	4.32	4.97	2.54	1.69
房屋销售价格增幅（%）	1.1	2.2	3.7	4.8	9.7	7.6	5.5	7.6	6.5

注：此处以CPI指标来衡量各年度通货膨胀率，而实际利率则由各年度名义利率减去相应的通货膨胀率得来。

资料来源：根据《中国统计年鉴》（2001—2008）及国家统计局网站上相关数据计算整理所得。其中，各年度贷款利率是根据当年每次调整利率前后的实际天数加权计算得来。

由表7-1和图7-1、图7-2可见：无论是一年期还是五年期贷款利率，其实际值与房地产价格增幅的变动方向基本呈现出负相关，且相应折线的拐点基本一致，而名义值与房价增幅的变动关系尚不明显。具体来看，2000—2002年间，实际利率呈上升趋势，但房价的增幅却不断上升，说明此期间利率的调控效果不理想；2002—2004年间，实际利率迅速下降，而房价的增幅也开始加速上升，并于2004年实际利率处于2000年来的最低点时，房价达到最高增幅；随后的2004—2006年间，实际利率上行，房价的增幅亦不断下滑，而2006—2008年期间实际利率的下降，使得房价的增幅在2007年间出现较大反弹，但2008年

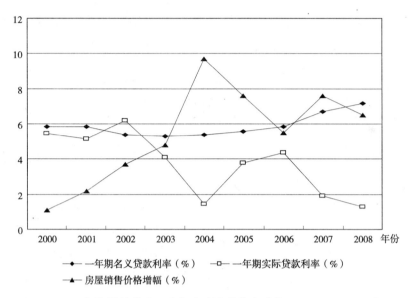

图7-1　一年期贷款基准利率与房地产价格变动情况（2000—2008年）

资料来源：根据《中国统计年鉴》（2001—2008）及国家统计局网站上相关数据计算整理所得。

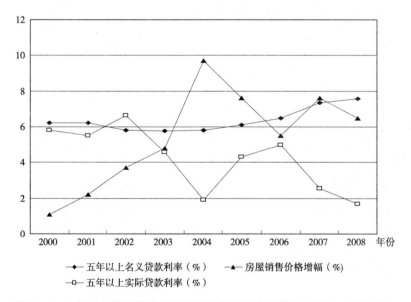

图7-2　五年以上贷款基准利率与房地产价格变动情况（2000—2008年）

资料来源：根据《中国统计年鉴》（2001—2008）及国家统计局网站上相关数据计算整理所得。

又趋于下滑，这很大程度上应归因于下半年金融危机带来的影响。

此外，值得一提的是：近年来我国对于金融机构商业性个人住房贷款利率的政策也发生了相应的变迁。从 2002 年 2 月 21 日起，1—5 年期的商业性个人住房贷款年利率为 4.77％，5—30 年期为 5.04％；2004 年 10 月 29 日，1—5 年期和 5—30 年期的个人住房贷款利率则分别调高到 4.95％和 5.31％。2006 年 8 月 17 日，央行为进一步推进商业性个人住房贷款利率市场化，将商业性个人住房贷款利率的下限由贷款基准利率的 0.9 倍扩大至 0.85 倍。2007 年 8 月 22 日以后，五年期以上的商业性个人住房贷款利率随着基准利率的上升，达到 7.56％。而在 2008 年 10 月 22 日，人民银行政策决定，自 2008 年 10 月 27 日起，进一步扩大商业性个人住房贷款利率下浮幅度，将贷款利率的下限扩大为贷款基准利率的 0.7 倍。[①] 这一政策也充分体现了适度宽松的政策取向和利率市场化进程的进一步推进，使得金融机构的贷款定价空间更为宽广，也在一定程度上对各商业银行房地产信贷的发放起到放松与助推作用。

2. 信贷政策对我国房地产价格的影响

自 1998 年我国房地产市场化改革以来，国家出台的与房地产相关的信贷政策也经历了一个不断变化的过程。按照其调控的政策方向，可以将其分为三个阶段：1998—2003 年为政策"宽松"时期；2003—2008 年上半年为政策"收紧"时期；2008 年下半年开始至 2009 年年初，政策又开始由紧缩型调控逐渐放松。

---

① 　资料来源：根据中国人民银行网站上公布的相关利率政策和数据汇总所得。

三个阶段中的主要房地产信贷政策具体如下：

第一阶段（1998—2003年）：1998年，为了大力发展房地产业，央行先后下发了《关于加大住房信贷投入支持住房建设与消费的通知》、《个人住房贷款管理办法》等文件，积极支持住房建设。1999年，人民银行下发《关于鼓励消费贷款的若干意见》，将住房贷款与房价款比例从70％提高到80％，鼓励商业银行提供全方位优质金融服务。然而，这些政策的出台使得部分地区房地产信贷投放过快，银行风险随之迅速加大，我国开始逐步加强对房地产信贷的管理。2001年，人民银行要求各商业银行停止发放零首付居民住房贷款和不指定用途的综合消费贷款，控制审查住房开发贷款方法条件。可见，在此阶段后期，国家的房地产信贷政策便有趋紧的倾向。但是前期相关政策确实有力地推动了我国货币供应量持续的增长，同时也带来房地产信贷供给的迅速增长，有效地推动我国房市的发展和房价的上涨。

第二阶段（2003—2008年上半年）：从2003年开始，针对房地产市场不断发展中逐渐显现的问题，国家开始调整房地产信贷政策以加大调控。2003年6月13日，央行出台了《关于进一步加强房地产信贷业务管理的通知》。通知要求房地产开发企业自有资金不得低于项目总投资的30％。2004年4月27日，国务院又规定申请贷款的企业自有资金不得低于总投资的35％；2004年9月2日，银监会发布的《商业银行房地产贷款风险管理指引》中规定，个人住房贷款比例不得超过80％。在以上政策的联合调控下，直到2006年上半年，房地产投资和房价增长过快的问题得以初步缓解。但房市的一些固有问题仍未根本解决。因此，2006年5月30日，建设部、发改委等联合发布《关于调整住房供应结构稳定住房价格的意见》。首先，严格房地产开发信贷条件，规定对于项目资本金达不到 35％ 的贷款条件的房地产企业，商业银行不得发放贷款。其次，有区别地适度调整住房信贷政策。自 2006 年 6 月 1 日起，个人住房按揭贷款首付款比例不得低于 30％。而对购买自住房且套型面积 90 平米以下的仍执行 20％ 的规定。2007 年 9 月 27 日，央行、银监会联合印发《关于加强商业性房地产信贷管理的通知》，其中首次颁布了有关二套房贷的政策：要求商业银行对已利用贷款购买住房、又申请购买第二套（含）以上住房的，贷款首付款比例不得低于 40％，贷款利率在基准利率的基础上上浮 10％。随着一系列调控政策的出台，我国房地产信贷增幅开始趋缓，商品房价格增幅亦呈回落之势。根据人民银行的数据显示，截至 2008 年 6 月末，全国商业性房地产贷款余额同比比上年同期降低 2 个百分点，增幅连续 7 个月出现回落。2008 年上半年，房地产贷款同比少增 1706.6 亿元，而开发贷款和购房贷款则同比分别少增 684.3 亿元和 1022.3 亿元。①

第三阶段（2008 年下半年—2009 年年初）：2008 年下半年以来，受国际金融危机的影响，整个中国房地产市场开始逐渐趋冷，房价亦不断走低。为缓解市场低迷，房地产宏观调控政策开始逐渐放松。2008 年 10 月 22 日，中国人民银行出台《扩大商业性个人住房贷款利率下浮幅度，支持居民首次购买普通住房》，将商业性个人住房贷款利率的下限扩大为贷款基准利率的 0.7 倍，最低首付款比例调整为 20％。对居民首次购买普通自住房和改善型普通自住房的贷款需求，金融机构可在贷款利率和首付

---

① 数据来源：根据 2008 年第三季度《中国货币政策执行报告》中相关内容汇总、整理得来。

款比例上按优惠条件给予支持。① 2008 年 12 月 20 日，国务院办公厅出台《关于促进房地产市场健康发展的若干意见》，其中规定：加大对自住型和改善型住房消费的信贷支持力度。对已贷款购买一套住房，但人均住房面积低于当地平均水平，再申请贷款购买第二套用于改善居住条件的居民，可比照执行首次贷款购买普通自住房的优惠政策（首付 20％、利率 7 折优惠）。二套房贷政策的松动，同时在国家一系列扩内需、促消费政策的促动下，2009 年上半年以来，房地产市场成交量逐步回升，价格亦开始出现小幅上浮。

但在 2009 年房市日渐回暖的同时，新的问题也产生了。一些银行为争夺客户在二套房贷甚至多套房贷都有一定的松动。因此，为防范投资性购房过多、信贷投放规模过大的风险，银监会 2009 年 6 月 22 日发布的《关于进一步加强按揭贷款风险管理的通知》指出：坚持重点支持借款人购买首套自住房的贷款需求，严格遵守第二套房贷的有关政策不动摇。要求各金融机构不得放弃"二套房贷"政策约束，不得以任何手段变相降低首付款的比例。② 在此政策的指引下，一些城市（杭州、南京、深圳等地）2009 年 6 月以来陆续开始收紧或重申严格执行二套房贷政策。这势必给 2009 年下半年的房价又带来新的影响。

以上对于 1998 年以来我国所实施的同房地产市场相关的信贷政策及其对房价的影响予以了描述性的分析，下面对此期间的广义货币供给与房地产价格增长率的变动情况予以统计分析，以

---

① 资料来源：本节有关信贷政策是根据中国人民银行网站公布的各年度"货币政策大事记"中有关内容整理得来。

② 资料来源：有关二套房贷政策是根据中国银行业监督管理委员会网站公布的最新政策信息及其他网站（如百度）上信息汇总得来。

期初步地观测出近年来我国货币供给总量同房价间的变动关系，如图 7－3 所示：

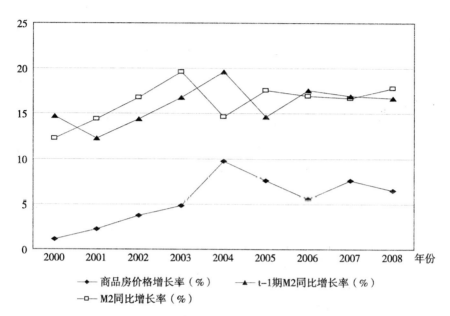

图 7－3　广义货币供应量与房地产价格增长率变化情况（2000—2008 年）

资料来源：根据《中国统计年鉴》（2001—2008）和国家统计局网站中的数据计算整理得来。

由图 7－3 可见：2000—2003 年间，我国广义货币供给量与房价增长率的变动是呈正相关关系的，但 2003 年以后，二者之间的变动在很多年份中均出现了背离。如 2003—2005 年间，货币供给增长率呈现"V"型波动，而房价增长率却呈现倒"V"型波动。在 2006—2008 年亦出现类似的背离。将货币供给滞后一期来看，货币供给与房价增长率的变动更为相似，但仍有 3 个年份是呈负向波动的。这说明了目前货币供应量的变化能够影响房价的波动，但调控效果在当期可能尚不能立即显现，而存在一定的滞后效应。

二、房地产价格对实体经济的影响现状分析

1998 年起，中国的房地产市场正式开始了其市场化的进程，正是从此时起，房地产市场开始蓬勃发展起来。经过十几年的发展，我国房地产业已呈现出量增价升、购销两旺的繁荣景象，并日益成为拉动我国经济增长的重要支柱型产业和消费热点。2008 年，我国房地产投资对 GDP 增长的贡献率为 5％左右，虽然较前几年有所下滑，但其对经济增长的推动力量仍不容小觑。下面，对 2000—2008 年间我国房地产价格与实体经济变量的总体变动趋势进行分析，以初步了解房价与主要实体经济变量之间可能存在的变动关系（见表 7－2）。

表 7－2 我国各实体经济变量与房地产价格的同比增长率 （2000—2008 年）

年　份	2000	2001	2002	2003	2004	2005	2006	2007	2008
GDP 增长率（％）	8.0	7.3	8	9.1	9.5	9.9	10.7	11.4	9
消费增长率（％）	11.4	10.1	8.8	9.2	10.2	12	13.7	16.8	21.6
投资增长率（％）	10.3	13.1	16.9	27.7	26.6	26.0	23.9	24.8	25.5
商品房价格增长率（％）	1.1	2.2	3.7	4.8	9.7	7.6	5.5	7.6	6.5

注：消费增长率选取的是各年度社会消费品零售总额的同比数据，投资增长率则是各年度社会固定资产投资总额的同比数据。

资料来源：根据《中国统计年鉴》（2001—2008）和国家统计局网站中的数据计算整理得来。

由表 7－2 和图 7－4 可见：2000—2008 年间，我国的社会消费品零售总额和固定资产投资总额呈现加速增长的趋势，投资额的增长率上升速度最快。GDP 的增长率曲线则较为平坦，说明 2000—2008 年间我国的 GDP 基本保持平稳的增长态势（在

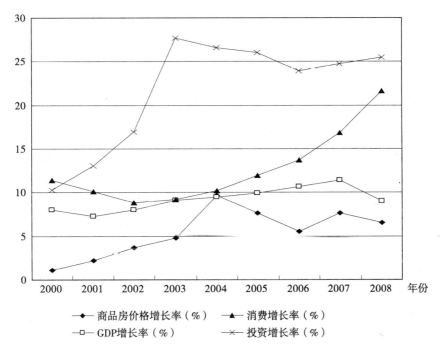

图7-4 2000—2008年间我国房地产价格与实体经济变量的增长率变动趋势

资料来源：根据《中国统计年鉴》（2001—2008）和国家统计局网站中的数据计算整理。

8％—11％之间）。而从综合房价的增长曲线来看，发现 GDP、消费的增长率曲线与房价的增长率曲线间似乎不存在较明显的同向变动，而且消费曲线在很多年份与房价曲线出现了背离。具体来看，2000—2002 年间，房价的迅速上升并未拉动消费总量增长，而是使消费增速放慢，说明此期间房价的迅速上涨可能对消费形成了一定的替代和预算约束效应；而当 2004—2006 年间房价的增速开始下降时，总消费水平反而迅速攀升。此外，投资增长率和房价增长率的变动趋势显得更为相近，在大部分的年份里二者均呈现显著的正相关关系，这初步说明了我国房地产价格的增长对于社会总投资的影响作用可能更为显著。

由以上理论分析知道：房价主要是通过对社会总需求中的消

费与投资产生影响，进而将货币政策信息传递到实体经济中去的。因此，下面将主要分析近年来我国房地产价格和居民消费及社会投资额的变动情况。

1. 房地产价格对居民消费的影响分析

首先，观察近年来我国居民消费支出与房价间的变动关系。

表 7—3　我国城镇居民人均年消费性支出和房地产价格的相关数据（2000—2008 年）

年　份	2000	2001	2002	2003	2004	2005	2006	2007	2008
城镇居民人均年消费性支出（元）	4966.5	5270.7	6029.9	6510.9	7182.1	7942.9	8696.6	9997.5	11242.8
人均消费支出年增长率（%）	7.60	6.13	14.40	7.98	10.31	10.59	9.49	14.96	12.46
房屋销售价格年增长率（%）	1.1	2.2	3.7	4.8	9.7	7.6	5.5	7.6	6.5

资料来源：根据《中国统计年鉴》（2001—2008）和国家统计局网站中的数据计算整理得来。

由表 7—3 和图 7—5 可见：2000—2008 年间，我国城镇居民人均消费支出与房地产价格的年增长率有 5 个年份中呈正向波动，而其他的 4 年内则呈负向变动关系。在 2005 年以前，二者的曲线不存在明显的变动关系，但在 2005—2008 年间，开始出现较明显的正向变动趋势。说明我国商品房价格的上涨对居民消费支出的影响效应正日益增强，且在这些年中房价的增长速度与居民消费的增速开始呈现同步、正向波动的趋势。但总体而言，在 2000—2008 年整个时间段里，房价的增长与居民消费的增长没有显现出较明显的、定向变动趋势。房价的上涨对居民消费究竟能产生何种影响效应则需要在下面的实证研究中进行更为深入地分析。

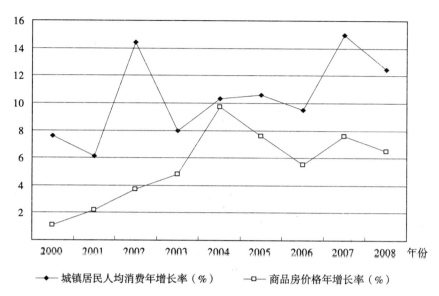

图7－5 我国城镇居民人均年消费支出与房地产价格增长率的变动趋势

资料来源：根据《中国统计年鉴》（2001—2008）和国家统计局网站中的数据计算整理得来。

2. 房地产价格对社会总投资的影响分析

首先，分析我国近年来固定资产投资和房地产开发投资额的增长变动情况，如表7－4所示：

表7－4 我国固定资产投资和房地产投资的增长情况数据（2000—2008年）

年 份	2000	2001	2002	2003	2004	2005	2006	2007	2008
FI（亿元）	32918	37213	43500	55567	70477	88774	109998	137324	172291
HI（亿元）	4984	6344	7791	10154	13158	15909	19423	25289	30580
GDP（亿元）	99215	109655	120333	135823	159878	183217	211924	249530	300670
FI/GDP（%）	33.18	33.94	36.15	40.91	44.08	48.45	51.90	55.03	57.30
HI/GDP（%）	5.02	5.79	6.47	7.48	8.23	8.68	9.17	10.13	10.17
HI/FI（%）	15.14	17.05	17.91	18.27	18.67	17.92	17.66	18.42	17.75

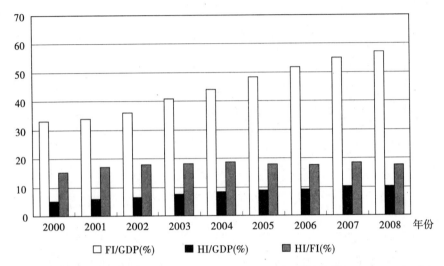

图7-6 我国固定资产投资和房地产投资总额在GDP中的比重（2000—2008年）

注：表7-4和图7-6中，FI代表固定资产投资，HI代表房地产开发投资，FI/GDP指的是固定资产投资额在GDP中的占比，而其余的依此类推。

资料来源：根据《中国统计年鉴》（2001—2008）和国家统计局网站中相关数据整理计算所得。

图7-6显示：2000—2008年期间，我国固定资产投资额和房地产开发投资额在GDP中的占比均呈现出不断上升的趋势，且投资总额比例的增速较快。固定资产投资和房地产开发投资的占比分别累计上升24.12％和5.15％。此外，从整个观测期来看，房地产投资在固定资产投资中的占比较为稳定，基本保持在17％—19％之间。综观以上趋势，可见2000—2008年我国固定资产投资和房地产投资对于拉动GDP增长的贡献作用逐年增加，也预示着我国房地产市场的发展对于实体经济的影响效应正逐渐增强。

下面，具体分析近年来我国房地产价格和投资间的变动关系。由表7-5中数据，可见：2000—2008年间，我国固定资产投资和房地产开发投资均保持着较高的年增长率，其中，固定资产投资年增长率从 2000 年的 10.3％攀升至 2003 年的 27.74％，而在之后仍保持在 23％—27％之间。房地产投资的增长率没有显现大幅升高，但基本保持在 20％—30％之间。由图 7-6 可以看到：在多数年份中，固定资产投资与房地产投资增长率的波动均呈较显著的正相关关系，而房价与投资总额的增长率曲线也在 6 个年份里显现出正向变动，初步说明此间社会投资总额的迅速增长与我国逐年上涨的房价存在紧密的联系。然而也存在与预期相悖之处，即图中 2000—2008 年间房地产投资与房价增长率曲线间并未显现出较紧密的正向变动关系。

表 7-5 我国固定资产投资、房地产投资和房价增长率数据（2000—2008 年）

年 份	2000	2001	2002	2003	2004	2005	2006	2007	2008
固定资产投资增长率（％）	10.30	13.05	16.89	27.74	26.83	25.96	23.91	24.84	25.46
房地产投资增长率（％）	21.47	27.29	22.81	30.33	29.59	20.91	22.09	30.20	20.92
商品房价格增长率（％）	1.1	2.2	3.7	4.8	9.7	7.6	5.5	7.6	6.5

资料来源：根据《中国统计年鉴》（2001—2008）和国家统计局网站中相关数据整理计算所得。

总之，以上对于我国货币政策对房价的调控效应，以及房价与居民消费、社会投资间的变动关系的描述性统计分析还较浅显，只能初步地揭示彼此间的变动规律。究竟我国近年来的各货币政策能否有效地调控房价，而房价的上涨对于社会总需求中的消费和投资又能否产生显著的影响，这些都需要在下面的实证分析中，借助计量分析方法予以更深入地研究。

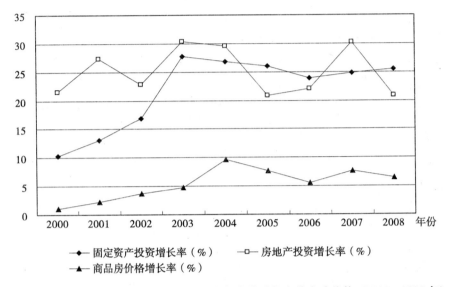

图7—7　我国固定资产投资、房地产投资与房价增长率的变动趋势（2000—2008 年）
资料来源：根据《中国统计年鉴》（2001—2008）和国家统计局网站中相关数据整理计算所得。

第三节　房地产价格对实体经济
传导效应的实证分析

一、房地产价格对消费的传导效应研究

1. 房地产价格与消费的宏观总量模型构建与分析

上面的分析表明，房价波动对于总需求中消费的影响主要体现在其对居民消费支出的影响效应之上。虽然我国近年来商品房价格增长率与社会消费总额增长率之间并不存在明显的变动趋势，但房价的增长率与居民消费的增长率则逐渐呈现同步、正向波动的趋势。考虑到房价对于社会总消费的直接影响效应可能较弱，而居民消费又是社会消费的重要组成部分。下面选择从直接

研究房价波动对于居民消费支出的影响效应视角出发，以此来检验房价变动对于社会总需求中消费的传导效应。

（1）理论模型、变量选取与数据处理

根据美国经济学家莫迪利亚尼20世纪50年代提出的生命周期理论，认为消费者是具有理性的，其各时期的消费并非取决于即期的收入，而是由其对一生收入的预期决定的。这种全部预期收入包括劳动收入与非劳动收入，而非劳动收入主要分为金融财富与房产财富收入，因此房地产价格的波动会通过对个人的非劳动财富产生影响，进而影响其即期消费。按照此理论，消费函数的形式为：

$$C_t = aWR_t + bY_t, \ a < 1 \tag{7-1}$$

其中，WR 表示实际财富（即非劳动收入，包括储蓄、证券、房地产等），Y 表示劳动收入，a 和 b 分别为实际财富和劳动收入的边际消费倾向。理论上，若房地产价格上升，消费者的实际财富增加，则消费支出增加；若房地产价格下跌，实际财富就会缩减，相应的消费支出亦随之减少。因而房地产价格与居民的消费支出表现为同向变动的关系。

借鉴以上消费函数，本书构建模型如下：

$$LnC_t = c + \beta_1 LnY_t + \beta_2 LnHP_t + \beta_3 LnSP_t + \varepsilon_t \tag{7-2}$$

其中，C_t 表示城镇居民消费的变量，采用每季度城镇居民人均消费性支出代替；Y_t 表示城镇居民的收入，用每季度城镇居民人均可支配收入代替；HP_t 为房地产销售价格，用于衡量房产财富，用全国商品房销售均价的季度数据；SP_t 为股票价格，表示居民的金融财富，用上证综合指数来代替。ε_t 为随机误差项。

在实证分析前，先对数据进行如下处理：对居民消费 C_t、

收入 Y_t 和房价 HP_t 变量进行消除通货膨胀的处理，方法同上，均转换为以 1999 年 1 月不变价格表示的实际值；用 $X-12$ 方法对经上述处理的各数据进行季节调整；对所有数据取自然对数，变换后的变量分别记为 LNC、LNY、LNHP、LNSP。时间范围为 2000 年一季度—2009 年一季度。消费和收入数据采用各季度的季度发生值，房价则是用各季度的全国商品房销售额与销售面积的发生值相除获得。

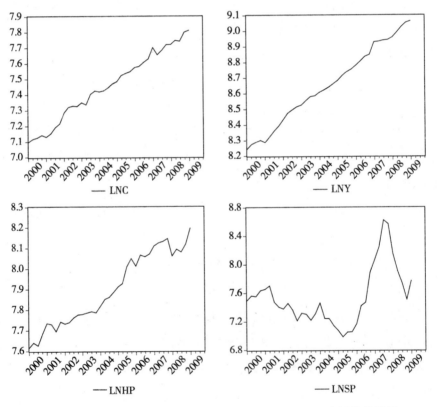

图 7－8　经上述处理后的 LNC、LNY、LNHP、LNSP 序列的曲线图

如图 7－8 所示，经上述处理后各时间序列的曲线图显示，居民人均消费、人均可支配收入及房价序列已不存在较明显的季

节性变动了。

（2）实证检验结果及分析

①数据的平稳性检验

表7－6　ADF 检验结果

变量及一阶差分	ADF 统计量	ADF 检验的临界值			检验形式 (C，T，N)	结　论
		1％临界值	5％临界值	10％临界值		
LNC	−3.023442	−4.243644	−3.544284	−3.204699	(C，T，1)	非平稳
DLNC	−4.463620	−3.632900	−2.948404	−2.612874	(C，0，0)	平　稳
LNY	−2.793076	−4.234972	−3.540328	−3.202445	(C，T，0)	非平稳
DLNY	−5.898303	−3.632900	−2.948404	−2.612874	(C，0，0)	平　稳
LNHP	−3.962672	−4.323979	−3.580623	−3.225334	(C，T，8)	非平稳
DLNHP	−6.440042	−3.632900	−2.948404	−2.612874	(C，0，0)	平　稳
LNSP	−1.751625	−3.632900	−2.948404	−2.612874	(C，1)	非平稳
DLNSP	−3.098336	−2.639210	−1.951687	−1.610579	(0，0，3)	平　稳

注：检验形式中，（C，T，N）分别表示检验方程是否存在截距项、时间趋势，及自回归的滞后阶数；赋值为 0 表示无此项。

从表7－6可知，LNC、LNY、LNHP 以及 LNSP 序列均在 1％的显著水平下接受原假设，即均为非平稳的时间序列。在对各序列进行一阶差分之后，序列 DLNC、DLNY、DLNHP 和 DLNSP 在 1％的显著水平下，均拒绝了原假设，说明所有序列均是 1 阶单整序列，可以进行进一步的协整分析。

②Johansen 协整检验

首先，确定 VAR 模型的最佳滞后期数。先选择最大滞后阶数为 6 阶，建立 LNC、LNY、LNHP 及 LNSP 序列的 VAR 模型。而后通过得出的模型进行滞后长度标准的检验，得出各准则计算的检验值如下表7－7所示：

表 7-7 建立的 VAR 方程滞后阶数确定检验值

Lag	LogL	LR	FPE	AIC	SC	HQ
0	132.6271	NA	2.93e-09	-8.298520	-8.113489	-8.238205
1	245.9219	190.0430	5.56e-12	-14.57561	-13.65046	-14.27403
2	260.6988	20.97355	6.37e-12	-14.49669	-12.83142	-13.95386
3	277.8896	19.96355	6.86e-12	-14.57352	-12.16812	-13.78942
4	314.8071	33.34484*	2.45e-12	-15.92304	-12.77752	-14.89768
5	339.2581	15.77481	2.68e-12	-16.46826	-12.58262	-15.20164
6	388.4813	19.05417	1.16e-12*	-18.61170*	-13.98593*	-17.10381*

注: * 表示根据检验结果选出的滞后阶数。

通过选择 VAR 的不同的滞后阶，AIC 值、SC 值均在滞后 6 阶时为最佳，LR 值在滞后 4 阶时为最佳。由于此处样本容量有限，采用滞后 6 阶进行协整分析时显示数据不够，固此处选择滞后 4 阶来分析。

下面，对 LNC、LNY、LNHP、LNSP 建立滞后 4 阶的 VAR 模型。得到其中的 LNC 的表达式如下：

$$LNC = -0.59LNC(-1) + 0.80LNY(-1) - 0.06LNHP(-1)$$

$$(0.39) \qquad (0.49) \qquad (0.10)$$

$$[-1.52] \qquad [1.64] \qquad [-0.64]$$

$$-0.02LNSP(-1) - 0.36LNC(-2) + 0.24LNY(-2)$$

$$(0.03) \qquad (0.29) \qquad (0.47)$$

$$[-0.69] \qquad (0.29) \qquad (0.47)$$

$$+0.07LNHP(-2) - 0.05LNSP(-2) - 0.92LNC(-3)$$

$$(0.10) \qquad (0.05) \qquad (0.38)$$

$$[0.67] \qquad [-1.13] \qquad [-2.44]$$

$$+1.34LNY(-3) - 0.06LNHP(-3) + 0.05LNSP(-3)$$

$$(0.53) \qquad (0.15) \qquad (0.05)$$

$$[2.54] \qquad [-0.39] \qquad [0.95]$$

$$-0.64LNC(-4)+0.71LNY(-4)+0.09LNHP(-4)$$

$$(0.46) \qquad\qquad (0.67) \qquad\qquad (0.11)$$

$$[-1.38] \qquad\quad [1.06] \qquad\quad [0.80]$$

$$-0.05LNSP(-4)$$

$$(0.04)$$

$$[-1.47] \hspace{6cm} (7-3)$$

采用 Johansen 协整检验法对以上基于滞后 4 阶的 VAR 模型进行检验，来分析各变量间的协整变动关系。此处协整检验的滞后区间应为 1，3。趋势假设选择：数据序列中无线性确定趋势，协整方程中有截距项、无趋势项，检验结果如表 7-8 所示：

表 7-8　Johansen 协整检验结果

无约束的协整秩检验—迹检验				
原假设		Trace	0.05	
协整量的个数	特征值	迹统量	5%临界值	假设**
0 个*	0.763500	85.84634	54.07904	0.0000
最多 1 个*	0.506705	38.26670	35.19275	0.0226
最多 2 个	0.259393	14.94731	20.26184	0.2294
最多 3 个	0.141582	5.037912	9.164546	0.2793

注：加"*"表明在 5%的显著性水平下拒绝原假设。
　　加"**"表示 95%水平下拒绝原假设。

由表 7-8 可知：在 5% 显著性水平下，LNC、LNY、LNHP 及 LNSP 这 4 个变量间存在着协整关系，且协整向量个数为 2。说明从长期来看，居民消费、可支配收入、房价及股价间确实存在着长期均衡的关系。相应的 Johansen 方法估计出的并经过标准化后的协整向量（LNC　LNY　LNHP　LNSP）为

（1.000000－0.945409　0.066723　0.037656），其协整方程可以表示为：

$$LNC_t = 0.9455LNY_t - 0.0667LNHP_t - 0.0376LNSP_t + 0.9338$$
$$(0.0332) \qquad (0.0466) \qquad\quad (0.0045) \qquad\quad (0.1182)$$

$$(7-4)$$

由（7－4）式可知：总体而言，城镇居民人均收入与城镇居民的人均消费呈正相关关系，而房地产价格、股票价格与消费则是呈负相关关系。具体来看，消费的收入弹性为0.9455，充分证明当期居民可支配收入是决定居民消费的最重要的因素，与理论相符。其次，$LNHP_t$前的系数为－0.0667，即全国商品房平均销售价格每上升1个百分点，将使城镇居民人均消费性支出减少约0.07个百分点，这说明了我国近年来商品房销售价格的不断上涨对于居民消费显现出负向影响，但这种影响作用与当期收入的影响相比，还显得非常微弱。此外，$LNSP_t$前的系数为－0.0376，说明我国的股票价格也对居民消费产生了微弱的负向影响，但与房价相比，其影响作用则相对更小一些。

（3）原因分析

对于以上研究结果，我们认为可能的原因在于：

首先，我国房地产市场价格的变化对于居民消费的影响效应较为微弱，可能是因为：

第一，房价对于居民消费的传导效应存在间接性。由理论分析可知，无论是房价对消费的财富效应、预算约束效应，还是替代效应、资产负债表效应，都是首先经由对居民当期收入或未来收入预期的影响，进而作用于居民消费支出的，其传导机理本身便具有间接性的特点。倘若不能通过这些渠道而影响居民收入，房价对居民消费的传导效应则是低效的。

第二，城镇居民消费性支出的统计中并不包括居民的购房支出。根据国民经济核算体系（SNA）的规定，我国城镇居民人均消费性支出的统计中包括居民房屋租赁支出，但不含居民的购房支出。然而受传统住房观念的影响，大多数中国家庭倾向于拥有自己的房屋而不是租房居住，因而房价上升虽然会带来居民住房消费支出的明显增加，但却未能计入居民总消费支出当中，这样房价上升对居民消费的影响效应便很难显现出来。

其次，房价的上升对于居民消费支出表现出负向的影响，原因可能有：

第一，对于拥有住房的居民而言，房价的财富效应发挥作用的条件在我国尚不完全具备。房价的财富效应发挥的关键在于使居民持有的资产价值上升、个人财富增加，进而刺激消费的增长。而事实上，目前大部分城镇居民仍仅一套住房，房产仍主要作为其生活必需品，所以房产的升值是无法变现的。同时，受传统消费观念的影响，而且目前我国个人住房抵押贷款市场规模仍很有限，因而通过房产升值办理资产增值抵押贷款的方式来增加即期消费对于大多数中国家庭而言，可能性很小。这样房价对居民消费的财富效应则很难发挥。而且，即使财富效应使居民财富增长，一方面，由于我国社会保障体制尚不健全，居民对未来支出存在不确定预期，多数家庭会把增加的财富用于储蓄；而另一方面，由于目前全国各地投资和投机现象普遍，资金较充裕的居民则可能倾向于将其增加的收入再投资于房市或股市，并未用于增加即期消费，进而冲减了房价对居民消费的正向影响。

第二，对于那些尚未拥有住房的居民而言，房价上升对其则可能更多地体现为替代和预算约束效应。对于计划买房者来说，房价上升使其预期未来住房开支不断增加，则会缩减即期消费以增加储蓄，替代效应发挥作用；而对于正在供房者，替代效应更为明显，房价上升直接导致购房支出在总消费支出中占比升高，进而挤占其他方面的消费支出；对于租房者，房价上升也带来房租的升高，此时预算约束效应形成，使其不得不缩减当前消费。

总之，正是由于房价对拥有住房者的财富效应暂时难以显现，而对无房者又主要体现为替代与预算约束效应，最终导致目前我国房价对居民消费呈现出负向影响。

2. 房地产价格与消费的面板数据模型构建与分析

前文运用全国的宏观人均数据，结合时间序列的分析方法实证研究了房价变化对居民消费的总体影响效应。但考虑到各个省（市、区）的城镇的经济发展水平间存在着较大的差异，将全国数据研究的结果直接运用到各个省（市、区）及各大中城市也是不精确的。因此，下面将在各地区面板数据的基础上进一步分析各省（市、区）房地产价格是否具有传导效应，以及房价波动和城镇居民消费间的具体变动关系。

（1）理论模型、变量选取与数据处理

在消费函数基础上，下面构建模型如下：

$$LnC_{it} = \alpha_i + \beta_{1t}LnY_{it} + \beta_{2t}LnHP_{it} + \beta_{3t}LnC_{it-1} + \varepsilon_{it} \quad (7-5)$$

其中，$i=1, \cdots, n$，$t=1, \cdots, 8$。

模型中的研究变量包括：居民消费、收入和房价，分别采用的是全国各省市城镇居民人均年消费性支出（C）、城镇居民人均年可支配收入（Y）、商品房平均销售价格（HP）数据。同时，考虑到居民消费的连续性，在模型中加入滞后1期的消费变量（C_{t-1}）。数据选取的是我国31个省（市、区）2000—2007年间的各年度相关数据，均来源于《中国统计年鉴》（2001—2008）。

首先，对数据进行消除通货膨胀的处理，将消费、收入与房价均转换为以 1999 年不变价格表示的实际值。其次，将所有的变量取对数，经上述处理后各变量分别记为 LNC、LNY、LNHP。

（2）实证检验结果及分析

①总体回归结果分析

考虑到不同省市的房价与消费关系可能存在差异性，此处采用变截距模型中的个体固定效应模型。同时，为减少面板数据造成的异方差和序列相关性，运用广义最小二乘法（GLS）对模型进行估计。

运用上述面板数据模型进行回归，得出的各省市总体估计结果如表 7－9 所示：

表 7－9　全国 31 个省（市、区）房价与消费关系的面板数据模型估计结果

	c	LNY	LNHP	LNC (－1)	R^2	Adj. R^2	F 值	DW 检验值
模型 1	0.92 (16.61)	0.86 (63.64)	0.0081 (0.55)		0.9947	0.9939	1276.65	1.47
模型 2	0.75 (10.61)	0.71 (17.22)	0.015 (1.06)	0.182 (4.17)	0.9948	0.9940	1255.31	1.81

注：括号内的数字为 t 统计量，模型 1 不含消费滞后项，模型 2 含消费滞后项。
资料来源：根据回归结果整理所得。

由表 7－9 中估计结果可见：模型 1 和模型 2 的 R^2 和 F 统计量均很高，说明模型的拟合效果较理想。但就 DW 检验值而言，在加入消费的滞后 1 期变量后，模型的 DW 值明显提高，说明模型 2 的拟合效果较模型 1 要好。从估计系数来看，模型 1 和模型 2 中人均可支配收入前的系数是各变量中最高的，都在 0.7—0.8 左右，充分说明我国城镇居民的收入是决定其当期消费的最

首要的因素；模型 2 中滞后 1 期的消费变量的系数为 0.18，且其 t 统计量显著，说明我国城镇居民的消费支出存在着一定的惯性。

模型 1 和模型 2 中，消费的房价弹性系数均在 0.01—0.02 左右，说明全国 31 个省（市、区）商品房价格平均每上升 1 个百分点，城镇居民消费支出则随之增加 0.01—0.02 个百分点。而其对应的 t 值均较低，说明房价上升对居民消费的正向影响还非常微弱。由此可见，就各省市的总体平均情况而言，房价的上升对居民消费显现出一定的正向拉动效应。

②分省市区回归结果分析

由于各省市区的经济发展状况、人民生活以及地理环境等条件均存在差异，各地房地产价格对居民消费的影响程度也是不同的。为了更为清楚的分析不同省市区房价对其居民消费的具体影响效应，下面采用固定效应模型中的变系数模型对以上模型予以更小范围的分析，运用 GLS 法进行回归得出结果如表 7—10 所示①：

表 7—10　房价对居民消费影响效应的分省市区回归结果

所属区域	具体省市区	LNHP 前系数	t 统计量	LNY 前系数	t 统计量
东部地区	北　京	−0.1368	−2.9268	1.4690	5.2460
	天　津	−0.1013	−1.3167	1.0283	3.6126
	河　北	−0.0834	−1.6930	1.1373	11.0082
	辽　宁	−0.4570	−2.1387	1.1559	3.9958

---

①　表中省略了滞后一期消费的回归系数结果。其中东中西部的划分是按照目前国家统计意义上的划分，与一些地理教科书上的地区定义和正进行的西部大开发中的西部地区概念不尽相同。

续表

所属区域	具体省市区	LNHP 前系数	t 统计量	LNY 前系数	t 统计量
东部地区	上　海	0.1813	0.4823	0.6344	0.9428
	江　苏	0.0859	0.6124	0.7838	3.0794
	浙　江	0.0584	0.3818	1.2852	2.6987
	福　建	−0.0147	−0.3239	0.6359	5.2359
	山　东	−0.0890	−0.4615	1.2123	2.1872
	广　东	0.1688	1.6544	1.1430	3.6010
	海　南	−0.0810	−1.3938	1.2753	10.1128
中部地区	山　西	−0.1923	−1.4983	0.8428	3.4240
	吉　林	−0.0098	−0.0764	0.9110	4.8175
	黑龙江	0.0859	0.3467	0.5874	1.2168
	安　徽	−0.0231	−0.1434	0.6205	0.8969
	江　西	−0.3132	−2.1473	1.1851	9.8016
	河　南	0.3225	1.9853	0.3390	1.1345
	湖　北	−0.1426	−2.8285	1.1123	9.1407
	湖　南	−0.2642	−1.5904	0.9479	3.4031
西部地区	重　庆	−0.2629	−1.9968	1.4101	4.1904
	四　川	0.0644	0.7315	0.3268	0.9713
	贵　州	0.3206	3.2170	0.6645	4.7475
	云　南	−0.2034	−0.7622	0.5683	1.6171
	西　藏	−0.0285	−0.0832	0.7950	0.8151
	陕　西	−0.0306	−0.2875	1.0403	3.7072
	甘　肃	0.0736	2.9126	1.0108	11.9663
	青　海	0.0227	0.1398	0.4288	1.2535
	宁　夏	0.1774	1.5869	0.8199	3.9714
	新　疆	0.2335	1.6668	1.0123	5.9385
	内蒙古	−0.1339	−0.7388	1.3187	2.4939
	广　西	−0.2562	−1.1702	0.8109	3.2826

资料来源：根据变系数模型回归结果整理得来。

模型的估计结果显示：R^2 和 F 统计量分别为 0.998 和 597.21，DW 统计值为 2.663，说明模型的拟合效果较理想。通过观察各省市区房价变量前的系数，发现：首先，总体而言，31 个省市区中，有 19 个省市区的系数为负，说明多数省市区的房价上涨对于其居民消费存在负向影响。且各省市区系数的绝对值普遍较小，除辽宁、江西、河南、贵州几个省的消费的房价系数绝对值较高外（在 0.31—0.46 之间），其余有 14 个省份的系数绝对值均在 0.1 以下。此外，在 5％ 显著性水平上，仅 11 个省份的 t 值通过了 t 检验，说明大部分省市房价波动对于居民消费的影响效应还较为有限。其次，分东中西部区域看，东部地区的 11 个省市中有 4 个省市的系数为正，负向的占比 63.6％；中部地区的 8 个省份中仅有 2 个省份的系数为正，负向的占比 75％；而西部地区 12 个省区市中有 6 个地区的系数为正，正负占比各 50％。

从以上分析可见，中部地区房价对居民消费存在负向影响效应的省份比例最高，东部地区次之，西部地区最低。可能的原因是：

首先，西部地区的比例最低，可能是西部地区经济发展相对落后，其区域内房地产市场的发展程度还非常有限，房价总水平和增速也尚未大幅超出居民收入的可承受范围，进而对于居民消费的替代和预算约束效用较弱，而更多的则是体现为正向的影响。

其次，虽然东部地区的房地产市场成熟度与房价的增速均显著超过中西部地区，但其房价系数为负的省份占比却不是最高的，原因可能是：东部地区房价的迅速上涨虽然给居民消费带来显著的替代和预算约束效应，但一个地区的住房抵押贷款市场的发展状况、居民消费观念会显著影响房地产财富效应的发挥。而东部地区属于我国经济最发达区域，一些大中城市的住房与抵押市场的发展程度较高，其住房权益变现融资工具相对易得。而且居民的消费观念也较超前，这些都有利于房价正的财富效应的实现。当正向的财富效应抵消了部分由于房价快速上升所带来的替代和预算约束效应时，其对消费的负向影响则相对减弱了。

通过房地产价格对居民消费传导效应的分析表明：第一，我国房地产价格对于居民消费的传导效应仍较为微弱。宏观总量模型的研究结果得出：全国商品房平均销售价格每上升1个百分点，将使城镇居民人均消费性支出减少约0.07个百分点；而面板模型的总体回归结果显示，各地商品房价格的上涨对城镇居民的消费支出仅有微弱的影响。其分省市回归结果亦显示，全国大部分省市区房价波动对于居民消费的影响效应均较为有限。第二，房价上升对于我国居民消费显现出一定的负向影响。宏观模型得出的消费的房价弹性系数为负。根据面板分地区模型得到，全国31个省市区中，有19个省市区房价对消费的影响系数为负，即大部分省市区房价的上升对其居民消费存在负向影响。此外，分区域来看，中部地区房价上升对居民消费存在负向影响效应的省份占比最高，东部地区次之，西部地区的比例最低。

目前我国房地产价格的变动对于居民消费的传导效应仍较微弱，而且房地产价格的上涨对于居民消费支出存在一定的负向影响。说明在我国货币政策的房地产价格传导效应的第二阶段中，房价波动对于居民消费存在传导效应，但影响效应尚不够显著。因而，可以说房价在货币政策传导过程中经由消费传导政策信息的渠道可能尚不够通畅。

二、房地产价格对投资的传导效应研究

房地产价格对投资的传导效应是研究货币政策的房地产价格传导机制第二阶段中的另一重要组成部分。下面则同样在理论分析的基础上，通过建立投资函数模型，实证分析房价变动对我国的社会总投资和房地产开发投资的影响效应。

1. 房地产价格与投资的宏观总量模型构建与分析

（1）理论模型、变量选取与数据处理

理论上，由于存在直接的投资效应、托宾 q 效应和资产负债表效应，房地产市场的价格波动也对社会的投资总额有影响作用。本节将利用我国有关宏观总量数据来实证检验我国的房地产市场是否存在投资支出效应。

20 世纪末期，美国著名数学家查理·柯布（C. W. Cobb）与经济学家保罗·道格拉斯（P. H. Douglas）根据美国有关历史资料及宏观数据，得出了著名的柯布—道格拉斯（C-D）生产函数，其函数式如下：

$$Y = AK^{\alpha}L^{\beta} \tag{7-6}$$

其中，Y 表示产值，K 表示资本要素投入，L 表示劳动要素投入，A 表示生产转换因子，而 α、β 分别为产出的资金弹性和产出的劳动力弹性。C-D 生产函数虽然最初是反映投入—产出间的关系，但其适用性却很广泛。本书假设 C-D 函数适合于我国当前的投资情况，并在其基础上构建我国的投资函数。

根据我国现实情况，可得如下规模变量和成本变量对投资具有重要影响：银行信贷规模、资本利息率、资产价格、随机因素。因此，结合以上影响因素，建立我国的投资函数模型如下：

$$LnFI_t = a + bLnL_t + cR_t + dLnHP_t + \varepsilon_t \tag{7-7}$$

其中，FI 代表投资变量，选取我国的城镇固定资产投资总额数据；L 为银行信贷变量，选取金融机构的中长期贷款余额数据；R 为利率变量，使用的是金融机构 1—3 年期贷款利率数据；HP 为房价变量，仍选用我国商品房销售平均价格来代替。此外，还特别选取了房地产开发投资完成额 HI 来对比分析，以验证房价是否存在直接的投资支出效应，其函数形式同上。

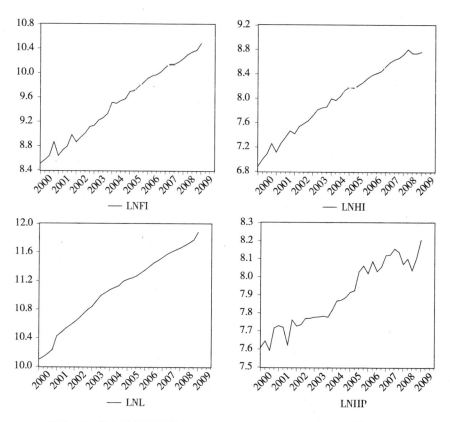

图 7—9　经上述处理后的 LNFI、LNHI、LNL、LNHP 序列的曲线图

数据处理如下：对固定资产投资 FI_t、房地产开发投资 HI_t、银行贷款 L_t 和房价 HP_t 各变量进行消除通货膨胀的处理，而利率则转化为实际利率；用 X—12 方法对上述数据进行季节

调整；对除利率外的所有数据取自然对数，变换后的变量分别记为 LNFI、LNHI、LNL、LNHP。时间范围为 2000 年一季度—2009 年一季度。固定资产投资和房地产投资数据采用各季度的发生值，贷款数据使用各季度的水平值，而房价则是用各季度的全国商品房销售额与销售面积的季度值相除获得。

如图 7—9 所示，经上述处理后各时间序列的曲线图显示，固定资产投资、房地产开发投资、金融机构中长期贷款及房价序列已不存在较明显的季节性变动了。

（2）实证检验结果及分析

①数据的平稳性检验

表 7—11　ADF 检验结果

变量及一阶差分	ADF 统计量	ADF 检验的临界值			检验形式 (C，T，N)	结　论
		1%临界值	5%临界值	10%临界值		
LNFI	−2.960455	−4.243644	−3.544284	−3.204699	(C，T，1)	非平稳
DLNFI	−9.658147	−3.632900	−2.948404	−2.612874	(C，0，0)	平　稳
LNHI	−2.795754	−4.234972	−3.540328	−3.202445	(C，T，0)	非平稳
DLNHI	−8.230400	−3.632900	−2.948404	−2.612874	(C，0，0)	平　稳
LNL	−2.638495	−4.243644	−3.544284	−3.204699	(C，T，1)	非平稳
DLNL	−4.628706	−3.632900	−2.948404	−2.612874	(C，0，0)	平　稳
LNHP	−2.915080	−4.339330	−3.587527	−3.229230	(C，T，9)	非平稳
DLNHP	−3.751115	−3.653730	−2.957110	−2.617434	(C，0，3)	平　稳
R	−1.453475	−2.650145	−1.953381	−1.609798	(0，0，8)	非平稳
DR	−3.534370	−2.650145	−1.953381	−1.609798	(0，0，7)	平　稳

注：检验形式中，（C，T，N）分别表示检验方程是否存在截距项、时间趋势，及自回归的滞后阶数；赋值为 0 表示无此项。

从表 7-11 可知，LNFI、LNHI、LNL、LNHP 和 R 序列均在 1% 的显著水平下接受原假设，即均为非平稳的时间序列。在对各序列进行一阶差分之后，序列 DLNFI、DLNHI、DLNL、DLNHP 和 R 在 1% 的显著水平下，均拒绝了原假设，说明所有序列均为 1 阶单整序列，可进行下一步的协整检验。

②Johansen 协整检验

首先，先建立 LNFI、LNL、LNHP 和 R 序列的 VAR 模型，并确定其最佳滞后期数。通过进行滞后长度标准的检验，得出各准则计算的检验值如下表 7-12 所示：

表 7-12 建立的 VAR 方程滞后阶数确定检验值

Lag	LogL	LR	FPE	AIC	SC	HQ
0	29.05137	NA	2.57e-06	-1.518265	-1.336870	-1.457231
1	165.4161	231.4068	1.76e-09	-8.813096	-7.906122*	-8.507927
2	181.6686	23.64003	1.82e-09	-8.828400	-7.195846	-8.279096
3	196.8157	18.36011	2.17e-09	-8.776709	-6.418575	-7.983269
4	233.9209	35.98082*	7.81e-10*	-10.05581*	-6.972101	-9.018238*

注：*表示根据检验结果选出的滞后阶数。

通过选择 VAR 的不同滞后阶，SC 值在滞后 1 阶时为最佳，而其他各项准则确定的最佳滞后值均是 4 阶，这里我们参照多数准则选择最佳滞后阶数为 4。

下面采用 Johansen 协整检验法来对以上 VAR 模型进行协整检验。此处协整检验的滞后区间应为（1，3）。趋势假设选择：数据序列中无线性确定趋势，协整方程中有截距项、无趋势项，检验结果如表 7-13 所示：

表 7-13　Johansen 协整检验结果

无约束的协整秩检验—迹检验				
原假设		Trace	0.05	
协整量二个数	特征值	迹统量	5%临界值	Prob.**
0 个*	0.843752	147.3130	54.07904	0.0000
最多 1 个*	0.756457	86.05465	35.19275	0.0000
最多 2 个*	0.544219	39.44343	20.26184	0.0000
最多 3 个*	0.336026	13.51388	9.164546	0.0071

注：加 "＊" 表明在 5% 的显著性水平下拒绝原假设。
"＊＊" 表示 95% 水平下拒绝原假设。

　　由表 7-13 可知：在 5% 显著性水平下，LNFI、LNL、LNHP 和 R 这 4 个变量间存在协整关系，且协整向量个数为 4（在原假设为至多存在 3 个协整关系时，检验的 Trace 统计量大于 5% 的临界值）。相应的 Johansen 方法估计出的并经过标准化后的协整向量（LNFI　LNL　R　LNHP）为（1.000000　-1.667209　-0.000259　-0.833502），其协整方程可以表示为：

$$LNFI_t = 1.6672LNL_t + 0.00026R_t + 0.8335LNHP_t - 2.2519$$
$$\quad (0.1266) \quad\quad (0.0128) \quad\quad (0.3063) \quad\quad (1.3287)$$

$$(7-8)$$

　　由协整方程式（7-8）可见：固定资产投资与房价之间的长期弹性系数为 0.8335，说明从长期来看，我国的房地产价格对城镇的投资总额有着正向影响效应，全国商品房均价每上涨 1 个百分点，城镇投资总额相应增加 0.8335 个百分点。此外，投资的银行信贷弹性为 1.6672，说明金融机构中长期信贷规模扩张能够有效地促进投资总额的增长；而投资的贷款利率弹性仅为 0.00026，且为正，进一步说明我国长期的利率管制使得实体经济对利率的敏感性可能仍较低。

下面，同样用协整分析法来进一步研究房价对房地产开发投资的影响效应。得出结果显示：在 5% 显著性水平下，LNHI、LNL、LnHP 和 R 4 个变量间存在 2 个协整关系。相应的 Johansen 方法估计出的并经过标准化后的协整向量（LNHI LNL R LNHP）为（1.000000 －0.463970 －0.002921 －1.229566），其协整方程表示为：

$$LNHI_t = 0.4640LNL_t + 0.0029R_t + 1.2296LNHP_t - 6.3330$$
$$\qquad (0.2182) \quad (0.0228) \quad (0.5758) \quad (2.5468)$$

$$(7-9)$$

由协整方程式（7—9）可见：房地产开发投资与房价之间的长期弹性系数为 1.2296，即全国商品房均价每上涨 1 个百分点，将会拉动房地产开发投资额相应增长 1.2296 个百分点。此结果证实了在我国，房价的直接投资支出效应确实是显著存在的。而且该系数要明显地高于固定资产投资的房价弹性 0.8335。此外，银行中长期贷款额对房地产投资存在正向影响，说明信贷规模的扩张也能对房地产投资起到促进作用，但其影响效应与房价相比较为有限。

综上可见，我国的房地产价格变动的确能够对社会投资产生显著的正向影响。无论是城镇固定资产投资总额还是房地产开发投资额，房价的上涨均能够对其增长起到推动作用。同时，房价的变动对于房地产开发投资具有更显著的影响效应，说明我国房价上升可能主要是经由直接投资支出效应而对总投资形成影响的。

③原因分析

首先，我国的房地产价格的上涨对社会总投资产生显著的正向影响效应，主要因为：从宏观层面看，房价上升会直接促进社会总投资中的房地产开发投资的增加。而且近年来我国房地产投资占总投资的比重呈稳步上升之势，房价的上涨必然直接地带动投资总额的增加。同时，相关数据显示：在我国，每增加 1 亿元的住宅投资，将使其他 23 个相关产业投资增加 1.1479 亿元，每 100 元的房地产需求则可带动诸如机械设备制造业、金属产品制造业、建筑材料、炼焦、煤气及石油加工业需求等相关行业共计约 215 元的需求。① 可见，经由房地产业强大的产业联动效应，房价上升又能够间接性地带动其关联行业投资的增长，进而拉动总投资的增长。此外，前面分析曾指出：房价上升所带来居民收入的增加有部分也会转化为对房地产的投资，而这部分私人投资也是纳入全社会固定资产投资的统计中的，这便进一步增强了房价对社会总投资的影响效应。从微观层面看，房价的上升可能还使得一些企业的 q 值增长，从而经由托宾 q 效应，促使企业增加投资支出。同时，资产价格的上升使得企业净值增加，其逆向选择和道德风险也随之降低，企业资产负债表效应发挥作用，使其更容易获得银行的贷款而用于增加投资。

其次，房价的上升对于房地产开发投资的增长存在更显著的推动作用。这是因为房价上涨首先是带来房地产行业的实际和预期利润率升高，进而吸引更多投资资金进入房市而促使房地产投资的直接增加。它对总投资的拉动作用主要是经由对房地产投资的拉动以及房地产业的联动效应予以间接传导的，其作用自然相对较弱一些。此外，根据蔡玲（2008）等一些学者的实证研究曾

---

① 曹振良：《房地产经济学通论》，北京大学出版社 2003 年版，第 19—20 页。

得出，目前在我国，资产价格的托宾 q 效应、企业资产负债表效应均尚不显著。说明目前在我国，房价对总投资的各种影响效应中居主导地位的可能仍是其直接的投资支出效应。

2. 房地产价格与投资的面板数据模型构建与分析

为了更好地分析我国不同地区的房价波动对于社会投资的影响，下面继续利用 2000—2007 年间我国 31 个省（市、区）的有关数据，建立面板数据模型来进一步分析各省（市、区）房地产价格是否具有投资支出效应。与前类似，分别建立固定资产投资和房地产投资的面板数据模型来研究。

（1）理论模型、变量选取与数据处理

在前面的投资函数基础上，构建模型如下：

$$LnFI_{it} = \alpha_1 + \beta_{1t}LnY_{it} + \beta_{2t}LnHP_{it} + \beta_{3t}R_{it} + \varepsilon_{it} \qquad (7-10)$$

$$LnHI_{it} = \alpha_i + \beta_{1t}LnL_{it} + \beta_{2t}LnHP_{it} + \beta_{3t}R_{it} + \varepsilon_{it} \qquad (7-11)$$

其中，$i=1, \cdots, n, t=1, \cdots, 8$。

模型（7—10）中的研究变量包括：固定资产投资、产出、房价和贷款利率，分别选用的是全国各省市区固定资产投资总额（FI）、工业总产值（Y）、商品房平均销售价格（HP）和 1—3 年期贷款利率（R）数据。由于无法获得各地区的信贷规模数据，这里以各地区的产出变量来代替。而利率则是采用由各年度加权计算出的 1—3 年期银行贷款利率减去通胀率得到的实际值。模型（7—11）中，被解释变量为房地产投资，采用各地区的房地产开发投资本年完成额（HI）数据，而信贷变量选用各地区房地产开发企业资金来源中的国内贷款额（L）数据。其他变量和模型（7—10）中相同。数据选取的是我国 31 个省（市、区）2000—2007 年间的各年度相关数据，均来源于《中国统计年鉴》（2001—2008）。

首先，对数据进行消除通货膨胀的处理，将投资、产出、贷款额与房价的数据均转换为以 1999 年不变价格表示的实际值。然后，将除实际利率外的所有变量取对数，经上述处理后的各变量分别记为 LNFI、LNHI 、LNY、LNL、LNHP。

（2）实证检验结果及分析

①总体回归结果分析

与上文中研究房价对消费的影响类似，此处同样采用变截距模型中的个体固定效应模型，并运用广义最小二乘法（GLS）对模型进行估计。运用上述面板数据模型进行回归，得出全国总体的回归结果如表 7—14 所示：

表 7—14　全国 31 个省市区房价与投资关系的面板数据模型估计结果

自变量 ＼ 因变量	模型 1 LNFI	模型 2 LNFI	模型 3 LNHI	模型 4 LNHI
C	−0.683 (−2.61)	−5.095 (−10.85)	−2.645 (−3.98)	−10.184 (−19.26)
LNY	0.824 (27.73)			
LNL			0.608 (15.45)	
LNHP	0.682 (3.18)	1.656 (27.77)	1.104 (7.54)	2.579 (30.83)
R	0.003 (0.60)	−0.056 (−7.48)	−0.047 (−6.66)	−0.077 (−9.81)
R^2	0.988614	0.972364	0.983783	0.973933
Adj.R^2	0.986858	0.968250	0.981282	0.970053
F 值	563.0599	236.3953	393.3890	251.0259
DW 检验值	1.068814	0.885579	1.060639	0.996727

注：①模型 1、模型 2 为以固定资产投资为因变量，模型 3、模型 4 为以房地产投资为因变量。
　　模型 1、模型 3 为自变量中包含产出或信贷变量，模型 2、模型 4 则为不含该变量。
　　②括号内的数字为 t 统计量，表中省略了各省市区特殊影响的估计系数。

由表 7－14 中估计结果可见：模型 1 至模型 4 的 R^2 和 F 统计量均很高，说明模型的拟合效果较理想。而且加入产出变量的模型 1 和加入贷款变量的模型 3 的拟合效果较不加入的模型 2 和模型 4 的要好。从估计系数看，模型 1 至模型 4 中，投资的房价弹性系数在 0.7—2.6 之间，且 t 统计量均显著，说明就总体来看，我国各省市区商品房价格的上升对于各地存在着显著的投资拉动效应，与全国宏观总量模型结果一致。模型 1 中，投资的房价弹性为 0.682，说明全国各省市房价平均每上涨 1 个百分点，将拉动其投资总额平均增长约 0.68 个百分点，可见房价对于地区社会投资的影响要明显强于对居民消费的影响效应；投资的产出弹性为 0.824，是各变量中最高的，说明全国各地的经济增长是推动其投资迅速增长的最重要因素。而贷款利率前的系数仍为正，且其 t 检验不显著，说明中长期实际贷款利率的调整可能对总投资的调控效果不理想。

模型 3 和模型 4 中，房地产投资与房价间的弹性系数分别为 1.104 和 2.579，要明显高于固定资产投资对于房价的弹性（0.682 和 1.656），说明各地房价的上涨对其房地产开发投资的增长具有更为强劲的推动作用，房价的直接投资支出效应较显著。此外，房地产开发国内贷款前的系数为 0.608，其 t 检验显著，说明各地房地产信贷规模的扩张也是推动房地产投资迅速增长的重要因素。而且贷款利率前的系数为 －0.047，t 检验显著，说明银行中长期贷款利率的变动对各省市区房地产投资的增长具有一定调控效应。

②分省市回归结果分析

同样地，为了分析不同省市房价与社会总投资间的关系，采用变系数模型对以上模型（7－10）予以分析，运用 GLS 法进行回归得出结果表7-15所示①：

表7-15　房价对社会总投资影响效应的分省市区回归结果

所属区域	具体省市区	LNHP 前系数	t 统计量	LNY 前系数	t 统计量
东部地区	北　京	0.0583	0.3764	0.8757	6.8491
	天　津	0.2162	0.6435	0.9362	2.7084
	河　北	1.0810	3.8782	0.5067	4.8922
	辽　宁	0.6673	1.7113	1.0508	7.7271
	上　海	0.5555	1.3738	0.2910	0.8730
	江　苏	0.6199	1.7074	0.6342	1.2218
	浙　江	−0.2122	−0.5513	0.9146	3.4230
	福　建	1.0774	5.4565	0.2611	2.4976
	山　东	0.6580	1.4620	1.3465	2.8433
	广　东	0.5717	1.3567	0.7060	14.860
	海　南	0.1791	0.7665	0.5182	3.7726
中部地区	山　西	−0.1113	−0.2856	0.8882	6.7118
	吉　林	0.5458	0.4540	1.4351	4.3288
	黑龙江	2.7194	2.8615	0.3835	1.5894
	安　徽	0.3434	0.4877	1.0284	2.5522
	江　西	1.6090	1.3323	0.3846	0.5910
	河　南	0.2167	0.2167	1.0089	3.0125
	湖　北	0.3907	1.3969	0.9538	5.0882
	湖　南	0.5021	1.4940	0.7261	4.7906

---

①　回归模型的形式与以上模型（7-10）是一致的，鉴于利率影响效应较小且不是分析重点，表中省略了利率变量的回归结果。地区的划分与上文一致。

所属区域	具体省市区	LNHP 前系数	t 统计量	LNY 前系数	t 统计量
	重　庆	1.1479	1.9635	0.6224	2.2663
	四　川	0.0444	0.1437	0.8061	5.3169
	贵　州	−0.0752	−0.1072	0.7940	2.9000
	云　南	−0.2430	−0.5137	1.1984	10.834
	西　藏	0.1948	0.8226	1.2600	4.8401
西部地区	陕　西	0.5401	1.3187	0.7518	2.3650
	甘　肃	−0.4612	−1.3409	0.9926	6.4671
	青　海	0.5748	0.4063	0.3511	0.6941
	宁　夏	1.0438	3.4702	0.5453	5.2276
	新　疆	0.8614	2.4251	0.5863	8.4125
	内蒙古	−1.2700	−1.4493	1.5030	5.8416
	广　西	0.1919	0.7116	1.0898	14.306

资料来源：根据回归结果整理所得。

模型的估计结果显示：R² 和 F 统计量分别为 0.998 和 446.41，DW 统计值为 2.565，说明模型的拟合效果较理想。从各省市区产出变量前的系数来看，除 4 个省份的系数未通过 t 检验以外，其他省市均表现显著。而且除 9 个省份的投资的产出弹性系数较低之外，其余省市的均较高，进一步说明全国大多数省市区中，区域性的经济增长是推动其地区投资总额迅速增长的最关键因素。

具体观察各省市区房价变量前的系数，可得：首先，总体而言，31 个省市区中，除 6 个地区的系数为负外，其余各省市区的系数均为正，说明大部分省市区的房价上涨对于其区域内投资总额有正向拉动作用。而且有 16 个省市区的房价变量通过了显著性检验，说明大多数省市区房价的上升对地区总投资的拉动效应表现显著。其次，分东中西部区域来看，东部和西部地区中的房价系数为负的省份均为 1 个，而西部地区则出现了 4 个。而且，东部地区有 7 个省市的系数通过 t 检验，占比 63.6%；中部地区有 4 个省份的系数通过 t 检验，占比 50%；而西部地区 12 个省市中有 5 个省市的系数通过 t 检验，占比 41.7%。

据以上分析可知，各地区中房价对总投资的拉动效应表现显著的省份占比最高的地区为东部，中部地区次之，而西部地区最低。可能的原因是：由于一个地区的区域经济发展状况决定了该地区房地产市场的繁荣程度，而房地产市场越成熟，其房价波动对于实体经济的影响效应自然更为显著。由于东部地区属于我国经济发展最活跃的区域，其区域内房地产市场的发展居全国领先水平，房地产开发投资对于地区经济增长的影响力度也最为显著。因此，该区域内房价的上升必然首先直接拉动房地产投资的迅速增长，并经由房地产业的产业联动效应，进而带动整个地区投资总额的不断增长。

第八章　世界金融危机背景下中国
房地产金融不稳定性分析

　　房地产金融具有为房地产业生产、流通和消费等环节筹集和分配资金的职能。房地产业是典型的资金密集型产业，发展的关键在于金融的强大支持。所以，研究房地产金融更能抓住问题的实质。不过，房地产金融是一把"双刃剑"，在其对房地产业乃至国民经济推动效应愈发明显的同时，也不断展现出其强大的破坏力。由于房地产金融的迅猛发展，房地产业与金融业已融为一体。危机的不断爆发和破坏性的日益加强，使我们在关注房地产市场和房地产泡沫的同时，更加关注其背后金融体系的安全性，特别是作为金融体系核心的银行体系的安全性。我国现阶段处于银行信贷主导下的房地产金融发展阶段，银行体系在我国房地产融资中占有绝对的支配地位，个人住房融资除首付外几乎全部来自于银行贷款，房地产开发融资绝大部分资金直接或间接来自于银行渠道，这种集中性的金融结构存在着很大的不稳定性。

第一节　中国房地产金融发展的
　　　　　阶段和特征

一、中国正处于银行信贷主导下的房地产金融发展阶段

　　房地产金融[①]，是指在房地产开发、流通和消费过程中，通过货币流通和信用渠道所进行的筹资、融资及相关金融服务的一系列金融活动的总称。房地产金融具有为房地产业生产、流通和消费等环节筹集和分配资金的职能。房地产业是典型的资金密集型产业，发展的关键在于金融的强大支持。所以，研究房地产金融更能抓住问题的实质。

　　然而，房地产金融是一把"双刃剑"，在其对房地产业乃至国民经济推动效应愈发明显的同时，也不断展现出其强大的破坏力。从20世纪80年代后期日本房地产泡沫破灭、20世纪90年代后期亚洲金融危机到2006年美国次贷危机以及之后导致的全球金融危机，在房地产泡沫膨胀和破灭的背后我们都能看到金融体系过度支持和陷入危机的影子。事实上，由于房地产金融的迅猛发展，房地产业与金融业已融为一体。危机的不断爆发和破坏性的日益加强，使我们在关注房地产市场和房地产泡沫的同时，更加关注其背后金融体系的安全性，特别是作为金融体系核心的银行体系的安全性。

　　日本房地产泡沫破灭、亚洲金融危机和美国的次贷危机从房

---

　　① 华伟：《房地产金融学》，复旦大学出版社2004年版，第5页。

地产金融发展阶段的意义上讲是属于不同类型的危机，因为日本和东南亚各国属于银行信贷主导下的房地产金融发展阶段，而美国属于资产证券化主导下的房地产金融发展阶段，所以他们在危机时表现出极为不同的特点，日本和东南亚各国更多的表现为银行危机，而美国更多的表现为资本市场危机。

不同的发展阶段问题研究的重点也不同，银行信贷主导下的房地产金融主要研究银行金融支持与房地产泡沫形成之间的互动关系以及在此基础上的以银行为核心的金融安全问题，资产证券化主导下的房地产金融主要研究金融创新、资产定价及风险对冲等金融工程方面的问题。因此，为研究中国的问题，首先要弄清中国房地产金融属于什么发展阶段。

从历史进程上看我国正处于银行信贷主导下的房地产金融发展阶段。1978年改革开放至今，我国严格意义上的房地产金融只有三十多年的发展历史。这三十多年间我国经历了三个房地产金融发展阶段[①]：1978年至1991年为房地产计划金融突破阶段，以住房体制改革起步为标志性事件；1991年至1998年为房改金融发展阶段，以住房公积金制度的推行为标志性事件；1998年至今为房地产信贷金融全面发展阶段，以住房商品化改革和个人住房信贷政策的出台为标志性事件。可见，我们现在正处于房地产信贷金融全面发展阶段，也即银行信贷主导下的房地产金融发展阶段。

---

① 按表1—1划分，该划分来源于程红梅：《中国当代房地产金融思想发展研究（1978—2005）》，复旦大学博士学位论文，2007年。

表 8—1 当代中国房地产金融发展阶段划分表

起迄时间	阶段划分	标志性事件
1978—1991 年	房地产计划金融突破阶段	住房体制改革起步
1991—1998 年	房改金融发展阶段	推行住房公积金制度
1998 年至今	房地产信贷金融全面发展阶段	启动住房商品化改革 个人住房信贷政策的出台

资料来源：程红梅：《中国当代房地产金融思想发展研究（1978—2005）》，复旦大学博士学位论
　　　　文，2007 年。

二、我国现阶段的房地产金融结构存在不稳定性

银行信贷主导下的房地产金融具有显著的经济特征，我国的住房商品化改革使房屋可以像商品一样买卖和流通，极大的刺激了房地产的需求和供给，个人住房信贷政策的出台使个人可以通过住房按揭购买房屋，很大的提高了居民的购买能力，所以在该阶段住房面积的增加、房价及房地产信贷的快速增长成为了主要特征，房地产业成为了国民经济的支柱产业。

1998 年以来，我国城镇人均住房面积从 18.7 平方米增长到 2009 年年初的 28 平方米，[①] 11 年间增长了 49.7%；同时房价指数 11 年间上涨了 5.95 倍。个人购房贷款余额从 1998 年的 426 亿元增加到 2009 年年底的 47600 亿元，11 年增长了约 112 倍；房地产开发贷款余额从 2680 亿元增长到 2009 年年底的 25700 亿元，11 年间增长了约 8.6 倍；房地产贷款总额占金融机构贷款余额的比例也从 3.59% 上升到 2009 年年底的 18.33%，近 1/5 的银行信贷资金流入房地产领域。房地产已经成为我国的第一大支柱

---

① 数据来源：2009 年 1 月 6 日国务院新闻发布会报告。

产业，每年对经济增长的贡献率都保持在 2 个百分点以上。[①]

然而，繁荣数据的背后却隐藏着巨大的房地产金融风险。从历史上看世界很多国家也曾经历过同样的"繁荣"阶段，近的如房地产泡沫破灭前的日本，亚洲金融危机前的东南亚各国。以日本为例，在房地产泡沫破裂前日本的房地产贷款支持额每年都保持近 10％以上的增长，10 年间增长了 2.2 倍；房价以 1980 年为基数 10 年间增长了 89％；更为重要的是房地产贷款支持额占信贷总额的比例从 1980 年的 26％不断增长到 1990 年 30％，有将近 1/3 的贷款流入了房地产领域（见表 8—2）。

表 8—2　日本房地产贷款变化情况　　（单位：10 亿日元）

年　份	房地产贷款支持额	增速	信贷总额	增速	全国房价年变化率	房地产贷款占比
1980	44611.4	—	171663.2	—	8.5％	26.0％
1981	50090.4	12.3％	190068.6	10.7％	8.7％	26.4％
1982	55819.7	11.4％	210034.7	10.5％	7.1％	26.6％
1983	61306.5	9.8％	230697.5	9.8％	4.7％	26.6％
1984	66818.1	9.0％	254937.1	10.5％	3.2％	26.2％
1985	73029.9	9.3％	278608.9	9.3％	2.8％	26.2％
1986	83467.6	14.3％	304382.6	9.3％	2.8％	27.4％
1987	95622.3	14.6％	336746.3	10.6％	5.4％	28.4％
1988	108312.4	13.3％	365083.4	8.4％	10.0％	29.7％
1989	129868.8	19.9％	443998.8	21.6％	7.6％	29.2％
1990	143127.3	10.2％	476705.3	7.4％	14.1％	30.0％

资料来源：《日本统计 1980—1992》（日本总务厅统计局编）。

我们更应当以史为鉴警惕我国的房地产金融风险，避免重蹈

---

① 　数据来源：住房和城乡建设部网站。

覆辙。因此，研究银行信贷主导下的中国房地产金融不稳定性具有很强的现实意义。本书将通过理论分析和模型分析对该问题展开研究，试图找到造成我国房地产金融不稳定性的本质原因，希望能为中国的房地产市场的稳定发展及房地产金融体系的安全提供良好的风险防范措施及改革建议。

第二节　中国房地产金融不稳定性的理论分析

本节内容试图对银行信贷主导下的我国房地产金融不稳定性进行理论分析。为深入分析这一论题，我们把问题分解为三部分：第一部分论述我国房地产金融市场蕴藏的风险，第二部分论述银行信贷支持与房地产泡沫形成的传导机制，第三部分对我国房地产金融的不稳定性进行理论解释。通过对这三个问题的研究，我们将基本完成对这一论题的理论分析。

一、我国房地产金融市场的风险分析[1]

1998 年的住房商品化改革标志着我国以银行信贷为主导的房地产金融市场开始启动，房地产贷款余额从 1998 年的 3106 亿元上升到 2009 年的 73300 亿元，11 年增长了近 23 倍，年均增长 33.3％，远超同期金融机构贷款余额总量年均 14.95％的增长率，房地产贷款余额占金融机构放贷总量的比例也由 1998 年的 3.59％上升到 2009 年的 18.33％，也就是说到 2009 年我国的信贷有将近 1/5 的额度直接流入了房地产领域（见表 8－3）。这组

---

① 葛扬、吴亮：《后金融危机条件下我国房地产证券化研究——基于美国房地产证券化实践的启示》，《审计与经济研究》2010 年第 4 期。

飞速增长的信贷数据一方面说明了我国的房地产金融这些年来取得的快速发展和显著成就，但从另一方面也显示我国的房地产融资过于依赖于银行信贷。

表8－3 房地产贷款余额及其占金融机构贷款余额的比例

贷款余额 \ 年份	1998	1999	2000	2001	2002	2003
个人住房抵押贷款余额（亿元）	426	1358	3377	5598	8253	11779
房地产开发贷款余额（亿元）	2680	2792	3281	4204	6616	9642
房地产贷款余额小计（亿元）	3106	4330	6658	9802	14869	21421
金融机构贷款余额（亿元）	86524	93734	99371	112314	139803	169700
占金融机构贷款余额的比例（%）	3.59	4.62	6.70	8.73	10.64	12.62

贷款余额 \ 年份	2004	2005	2006	2007	2008	2009
个人住房抵押贷款余额（亿元）	15922	18400	19854	30000	29800	47600
房地产开发贷款余额（亿元）	10384	12300	14076	18000	19300	25700
房地产贷款余额小计（亿元）	26306	30700	36800	48000	52800	73300
金融机构贷款余额（亿元）	177000	207000	225300	261691	303395	400000
占金融机构贷款余额的比例（%）	14.86	14.83	16.33	18.34	17.4	18.33

资料来源：《中国房地产市场年鉴》，(1999—2007) 中国市场出版社；《中国货币政策执行报告》，中国人民银行网站。

现阶段，我国房地产融资基本上是建立在以银行信贷为主导的基础上的。[1]房地产企业融资各个环节，包括房地产开发贷款、企业施工贷款、信贷抵押贷款和流动性资金贷款都基本来自于银

_____

[1] 易宪容：《房地产与金融市场》，社会科学文献出版社 2007 年版，第29 页。

行信贷。个人住房融资虽然包括政策性的住房公积金和商业性的住房抵押贷款，但是主要来源还是商业银行的住房抵押贷款。所以，无论在生产端还是在消费端，房地产业把整个行业的融资都集中在银行身上，这必然把房地产市场风险转变为银行风险，形成整体的房地产金融风险。

下面我们将从个人住房融资和房地产开发融资两个角度来展开讨论，分析现阶段我国房地产金融市场中存在的风险及问题。

1. 个人住房融资中的房地产金融风险

我国的个人住房融资主要来源是个人住房抵押贷款。个人住房抵押贷款具有住房作为抵押品且能够长时间提供稳定的还款额的特点，一直被视为优质资产，因此各个银行对这块业务都具有很强的放贷冲动。但事实上，对银行而言它仍然是一种隐含高风险的资产，因为它面临着提前支付、利率和信用等房地产金融风险，而且当风险积聚爆发时还会引发银行的流动性风险。同时，在微观层面上，个人住房信贷市场日益严重的道德风险更应该值得我们警惕，这是风险的源头，很可能为以后的危机埋下隐患。

（1）提前支付风险

提前支付风险，是指借款人在到期之前提前偿还一部分或全部的抵押贷款，导致银行现金流量不稳定的风险。一般的银行对借款人的提前还贷行为基本不做约束。提前支付会引发再投资风险。再投资风险是指银行受到的提前支付的高收益率贷款资产不得不以更低的收益率进行再投资的风险。

影响借款人是否提前支付的因素包括市场利率、房屋交易周转、宏观经济活动等因素。其中影响最大的是市场利率因素，市场利率的大幅提升很可能会引发大规模的提前还贷现象，从而导致银行现金流大幅波动，收益率不稳定。

但提前支付风险可以通过制度设计和风险防范加以控制，是可分散的非系统风险。在设立权利保护制度方面，一般有提前偿付期锁定制度、提前偿付惩罚制度和收益率维持制度。在风险防范方面，银行可以通过建立数据库和模型的方法，对冲提前偿付带来的正效应和负效应，整体上维持收益率的稳定。

（2）信用风险

信用风险，又叫违约风险，是借款人因各种原因未能及时或无力偿还银行贷款的风险。银行整体的信用风险一般与经济运行的周期性相关，在宏观经济处于繁荣期时，企业盈利能力较强，个人资产负债表稳健，整体违约率较低；当宏观经济处于收缩期时，企业盈利能力下降，个人资产负债表恶化，信用风险增加，借款人因各种原因产生违约的可能性也不断增加，极端情况下甚至产生大规模的集体违约，导致银行不良资产急剧增加，当资不抵债时银行最终倒闭。可见，信用风险实际上是一种系统性风险。

房贷违约率的大幅攀升被认为是 2006 年美国次贷危机爆发的导火索，到 2006 年第四季度美国抵押贷款违约率[1]升至4.95％，创 5 年来的新高，其中次级贷款违约率高达 13.33％,[2]为 4 年的最高水平。而银行业内公认的安全线为 1％，警戒线3％—4％，因此美国银行违约率长时间高于警戒线是大规模爆发信用危机的一个强烈信号。

2009 年，我国房地产市场强劲复苏远超出市场预期，社科

---

[1]　逾期 30 天或 30 天以上偿付贷款的比率。

[2]　数据来源：美国抵押贷款银行协会公布数据。

院发布报告称 2009 年我国房价同比涨幅高达 25.1%，[①] 成交均价创出历史新高。而商业银行也总计投入 7.33 万亿元进入房地产市场，其中住房抵押贷款 4.76 万亿元，住房开发贷款 2.57 万亿元，也均创出历史新高。然而，国外的经验告诉我们，在周期繁荣期大规模的住房信贷扩张必然会为今后的违约风险埋下隐患，一旦经济陷入衰退，大规模的违约及抵押品的大幅贬值将使贷款银行蒙受巨大的损失。

（3）利率风险

利率风险是指市场利率变动使商业银行的实际收益与预期收益或实际成本与预期成本发生背离，使其实际收益低于预期收益，或实际成本高于预期成本，从而使商业银行遭受损失的可能性。[②]更为重要的是利率风险会引发提前支付风险、信用风险、流动性风险及其他相关风险，所以利率风险是一种系统性的风险，是银行的主要金融风险之一。

美国次贷危机爆发的一个重要原因就是美联储从 2004 年开始的连续 17 次的加息，联邦基准利率从 1% 提升到 5.25%，还款者的房屋还贷压力不断加大直至无法偿还银行贷款，导致大规模的信贷违约，银行产生大量的不良资产，甚至产生了严重的流动性危机，继而引发了一系列的其他危机。

我国自 2006 年 4 月开始也连续 8 次加息，至 2007 年 12 月一年期的贷款基准利率已从 5.58% 上调至 7.47%，加之 2007 年年初建行发布报告称我国已经进入违约高风险期，中行、工行、

---

① 数据来源：《中国房地产蓝皮书（2010）》，社会科学文献出版社 2011 年版。

② 该定义来自巴塞尔委员会 1997 年发布的《利率风险管理原则》。

建行房贷违约率已攀升至1.6%，市场一度非常担忧持续上升的利率会最终引发中国式的房贷危机甚至银行危机。

（4）流动性风险

除了上述提到的风险外，现阶段我们更应该注意到商业银行普遍产生的流动性风险。

流动性风险是指金融机构没有足够的现金清偿债务和保证客户提取存款而发生支付危机的可能性，包括资产流动性风险和负债流动性风险。[1] 银行流动性风险是指银行没有足够的现金及现金等价物以清偿到期债务和满足客户提取存款要求的风险。银行流动性的极度不足会引发居民挤兑甚至导致银行破产，因此流动性风险是一种致命性的系统性风险。

个人住房贷款业务量的快速膨胀以及其短存长贷特征导致的银行资产负债表期限的严重不匹配性，是造成商业银行流动性风险的主要原因。

1998年住房制度改革以来，我国的个人住房抵押贷款业务快速膨胀，居民个人购房贷款余额从1998年的426亿元增加到2009年年底的近47600亿元，11年间增长了约112倍，年均复合增长率达到惊人的53.59%。从图8—1中看，2007年和2009年的增速大幅反弹均超过了50%，说明近几年我国住房贷款需求增长势头十分强劲。

个人住房抵押贷款的年限一般为20—30年，回收期限很长，而银行存款年限比较短，一般为1—5年，其中活期为1年左右，定期为3—5年，银行的资产项期限明显大于负债项期限。这种资产负债项的期限不匹配性导致了商业银行潜在的流

---

[1]　李伟民：《金融大辞典》，黑龙江人民出版社2002年版，第2061页。

动性风险，而个人住房贷款业务量的快速增长使流动性约束愈发明显。

（单位：亿元）　　　　　　　　　　　　　　　　　（单位：%）

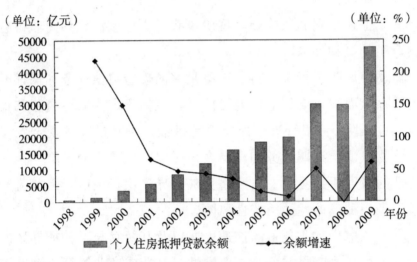

图8—1　个人住房抵押贷款余额及增速

资料来源：《中国房地产市场年鉴》（1999—2007），以及《中国货币政策执行报告》。

发达国家的经验表明，个人住房贷款因为具有短存长贷的特性，所以当其贷款量占总贷款余额的比重接近18%—20%[①]时，商业银行的流动性问题将会变得非常突出。我国个人购房贷款余额占同期金融机构全部贷款余额的比重从1998年的0.5%上升到2009年的11.9%，11年间增加了11.4个百分点，相比2008年同期的9.82%迅猛增加了2.08个百分点，创出历史新高，考虑到我国城市化进程的加速和住房刚性需求的猛增，相信按现有趋势在未来若干年很快就能达到或超过18%这一比例（见图8-2）。

————————

① 刘克崮：《中国开展个人住房抵押贷款证券化势在必行》，《投资与证券》2005年第1期。

（单位：亿元）　　　　　　　　　　　　　　　　　　　　　　　（单位：%）

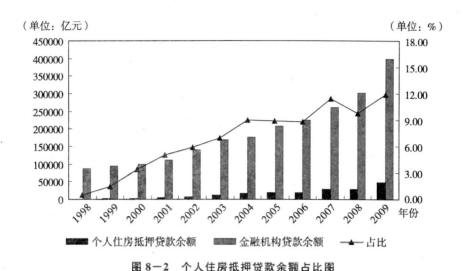

图 8－2　个人住房抵押贷款余额占比图

资料来源：《中国房地产市场年鉴》（1999—2007），以及《中国货币政策执行报告》。

现在的情况下，即便我国个人住房贷款比重尚未达到 18% 的经验数值，我国商业银行的流动性问题也已然十分突出。2009 年，我国房地产市场异常火爆，住房贷款需求强劲，到 2010 年年初各大银行已经到了无款可贷的地步，资本充足率纷纷迫近警戒线。各大银行为解决流动性问题，提高资本充足率，相继提出再融资需求。建设银行 2009 年年底发行次级债券融资 200 亿元，招商银行 2010 年年初通过配股募集资金 217 亿元，同时，工商银行、中国银行、浦发银行等各大银行都推出了 2010 年的融资计划。由此可见，流动性问题已经成为困扰我国商业银行的重大问题。

紧缩性的货币政策特别是存款准备金率的连续上调则使商业银行流动性约束更加突出。2006 年下半年开始我国宏观经济过热，房地产价格持续上涨，政府采取紧缩性的货币政策。但由于美国长时间采取低利率政策和人民币的持续升值，国家为防止热钱的大量涌入和金融秩序的稳定，压缩了利率政策调整的空间，准备金率政策成为 2006 年以来央行主要动用的货币政策。从

2006 年 7 月开始至 2008 年 6 月，央行共 18 次上调准备金率，准备金率从 7.5％上调到惊人的 17.5％。金融危机爆发后，央行又连续下调 3 次准备金率至 15.5％。2010 年 1 月，央行重新上调准备金率 50 个基点至 16％，5 月份又上调了 50 个基点至 16.5％（参见图 8－3）。可以说，近几年我国的准备金率一直在 15％以上的高位运行，这给商业银行的流动性带来了很大的约束。在国外上调准备金率一向被认为是比较严厉的紧缩货币政策，一般情况下不轻易动用。虽说我国央行连续上调准备金率是基于中国国情和现实情况的政策，但政策的累积效应不容忽视。

（单位：%）

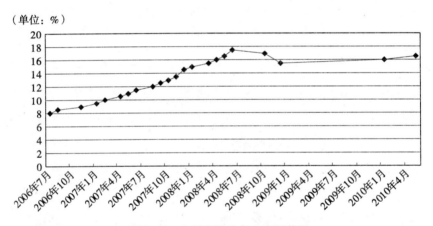

图 8－3　央行存款准备金率调整图

资料来源：中国人民银行网站。

　　缺乏分散流动性风险的有效渠道使商业银行成为承担风险的唯一主体。我国尚未建立起有效的住房抵押贷款资产证券化制度，不可能像国外那样通过证券化的方式打包出售抵押贷款以解决银行体系内的流动性风险。

　　因此，我国的银行体系实际上承担着房地产金融市场所有的流动性风险。流动性风险又是不可分散的系统性风险，一旦房地产泡沫破裂，银行势必产生严重的支付问题，若居民产生群体性的恐慌，严重时银行将发生挤兑现象，则银行体系将陷入全面的流动性危机。

（5）道德风险

在个人住房信贷市场中，借款人的道德风险日益严重，常见的有开具假收入证明、假资产证明，刻意隐瞒个人资产负债状况，还有恶意套取银行信贷资金等状况。

个人住房贷款有住房作为抵押又有 30％以上的首付作为安全垫，理论上除非房价发生 30％以上的跌幅否则银行贷款资产不大可能遭受损失，所以银行一直视住房抵押贷款为优质资产。因此，银行对住房贷款的审查相当宽松，只要有收入证明或资产证明就可以获得贷款，而不管证明的真假，甚至有些银行还帮助借款人开具假证明，隐瞒家庭负债状况。有调查显示[1]，目前95％以上的收入证明都是假证明。同时又有研究表明[2]，中国家庭特别是一二线城市的家庭资产负债非常高，北京、上海的家庭负债率高达 100％以上，青岛、杭州、深圳和宁波等城市的家庭负债率也达到 80％—90％。实际上这么高的负债率已经不适合再申请住房抵押贷款。

更有甚者，借款人通过合谋做假房产交易，把不足值或者缺乏流动性的房产抵押给银行，通过住房抵押贷款套取银行资金从事高风险投机。一旦投机失败，借款人无力偿还贷款，银行又很难处理抵押房产，必然引发坏账损失。

个人住房信贷市场中银行信贷员的道德风险行为势必把不合

---

① 易宪容：《房地产与金融市场》，社会科学文献出版社 2007 年版，第29 页。

② 刘健昌：《个人消费信贷是否可持续》，《经济观察报》2004 年第 11 期。

格或者说次级信用的购房者引入房地产金融市场，而借款人的道德风险行为又把风险转嫁给银行，这样就在源头上引入了风险，而风险很可能在各个环节上不断扩散，引发其他的风险，直至最后引发系统性的危机。

2. 房地产企业融资中的房地产金融风险

房地产企业融资主要是指房地产开发过程中各个环节所需要的融资，包括房地产开发贷款、流动性资金贷款、施工企业贷款和工程抵押贷款等。我国的房地产开发资金来源主要包括国家预算内资金、国内贷款、债券、利用外资、房地产企业自筹资金和其他资金①。从表8—4我们可以看出，其他资金、自筹资金和国内贷款为前三大资金来源，基本占房地产开发资金来源总额的90%以上，而国家预算内资金、债券和利用外资比例很小。2008年，前三大资金来源总计38891.2亿元，占当年房地产开发资金总额的98.16%，而利用外资比例只有1.84%，而债券融资的比例则几乎没有。

表8—4 房地产开发企业的资金来源及其构成　　（单位：亿元）

资金来源＼年份	1999	2000	2001	2002	2003	2004	2005	2006	2007	2008
国家预算内资金	10.04	6.87	13.63	11.80	11.36	11.81	—	—	—	—
国内贷款	1111.57	1385.08	1692.2	2220.34	3138.27	3158.41	3918.08	5263.41	7015.64	7605.7
债券	9.87	3.48	0.34	2.24	0.55	0.19	—	—	—	—
利用外资	256.6	168.7	135.7	157.23	170.04	228.2	257.81	394.44	641.04	728.2
自筹资金	1344.62	1614.21	2183.96	2738.45	3770.69	5207.56	7000.39	8587.08	11772.53	15312.1
其他资金	2063.2	2819.29	3670.56	4619.9	6106.05	8562.59	10221.56	12635.28	18048.75	15973.4
资金来源小计	4795.9	5997.63	7696.39	9749.95	13196.92	17168.77	21397.84	26880.21	37477.96	39619.4

资料来源：《中国房地产统计年鉴》（2000—2007），中国统计出版社；《中国统计年鉴2009》，中国统计出版社。

---

① 其他资金由定金、预收款和个人按揭贷款三部分组成。

同时，我们可以从表 8—4 中观察到国内贷款占总资金来源的比例从 1999 年的 23.17％下降到 2008 年的 19.2％，这显示国内贷款在房地产开发资金来源中的占比在不断下降，但并不能说明房地产开发企业整体上利用银行资金的比例在下降，因为其他资金和自筹资金中有很大比例也是来自于银行。根据国家统计局的调查[①]，房地产企业融资资金除直接来源于国内银行贷款外，还来源于开发企业流动资金贷款、工程企业垫资中的银行贷款部分和个人按揭贷款等间接渠道，经过估算大约有 80％左右的资金来源于商业银行信贷。彭兴韵的研究[②]也表明，大约 80％以上的房地产开发资金来源于国内银行贷款，虽然房地产开发的资金来源看似多元化，但绝大部分资金来源于住房抵押贷款、房地产开发贷款和其他间接渠道在内的银行信贷资金。由此可见，房地产开发利用银行资金的比例实际是在不断的上升，只是渠道更为间接化和隐蔽化。

实际上我国房地产开发融资的渠道十分狭窄，股权债权等直接融资和利用外资规模在整个融资规模中占比很小，加之我国又缺乏私募股权基金、房地产投资信托基金等创新融资渠道，实际上商业银行成为了我国房地产开发融资市场的最大的资金供给方并占有绝对的主导优势，而房地产开发企业则是最大的资金需求方。

不管是对于商业银行还是房地产开发企业，这种市场结构本身就蕴涵了极大的风险。对于房地产开发商而言，过分依赖银行信贷资金将面临很大的政策风险。当国家实施宽松的货币政策

① 资料及数据来源：国家统计局调查报告。

② 彭兴韵：《信用比率控制——楼市软着陆的现实选择》，《中国证券报》2005 年 4 月 21 日。

时，地产商较容易获得信贷资金而得以迅速扩张，若一旦国家实施紧缩的货币政策，地产商将随时可能面临资金链断裂的危险。对于商业银行而言，大量的资金集中囤积于房地产市场面临非常大的市场风险。房地产行业属于典型的周期性行业，银行把自身捆绑在房地产市场上将使银行系统容易受到房地产市场波动的牵连，房地产市场繁荣双方则大获其利，一旦房地产市场出现拐点，银行系统将面临着数以亿计的坏账损失和难以估计的系统性风险。

作为房地产开发融资市场的主要参与方和博弈方，银行同时还面临着开发商向其转嫁风险的道德风险。这体现在现阶段突出的"三假"问题，开发商通过"假按揭"、"假首付"及"假房价"等手段套取银行贷款、违规为借款人办理贷款和转嫁风险的行为层出不穷。但是，在房价持续上涨的大环境下，银行对房地产企业相关贷款的审批普遍比较宽松。同时，银行基于同行间竞争的压力和审核监督的高成本，对贷款真实用途、贷款资质、项目风险性审核以及贷后跟踪调查等方面都没有落到实处，这都为开发商转嫁风险给银行提供了可能性。

由此可见，在房地产开发融资市场中，银行系统和房地产开发企业群体作为两大主体各自面临着巨大的风险，银行面临很大的市场风险，而房地产企业面临很大的政策风险。同时，房地产企业为了自身的利益有很强的动机向银行转嫁风险，而银行又由于各种原因对风险控制不严，导致风险不断积聚。这种结构本身就蕴涵着极大的风险。

二、银行金融支持与房地产泡沫形成的传导机制分析

从 1998 年住房商品化改革开始到 2009 年年底，我国的房地

产开发贷款余额从 2680 亿元增长到 25700 亿元，11 年间增长了近 10 倍，个人住房抵押贷款余额从 426 亿元增长到 47600 亿元，11 年间增长了近 112 倍，全国房地产价格则上涨了 6.95 倍。从数据上我们可以看出房地产价格的上涨与银行信贷的增长似乎存在着某种必然的联系。中国人民银行的研究报告指出[①]，1998 年以来金融对房地产的支持，由过去单纯的企业开发贷款支持转变为对投资和销售两个方面的支持，而对个人的信贷支持成了房地产上涨的最大动力。房地产是典型的资金密集型行业，无论是生产还是消费都离不开金融的支持，因此房价的涨跌与银行的金融支持必定存在密不可分的关系。

下面，我们将分析银行金融支持与房地产泡沫形成的传导机制，该传导机制主要分为四个阶段（参见图 8—4）。

1. 银行通过信贷政策和利率政策来实现对传导机制的影响

银行信贷为数量型手段，根据政策方向的不同可以分为宽松型的信贷政策和紧缩型的信贷政策，在房地产金融市场上根据投放对象的不同可以分为房地产开发贷款和个人住房抵押贷款。利率为价格型手段，包括基准利率和执行利率，基准利率由央行决定，执行利率由商业银行根据相关房贷政策和实际情况确定，可以上浮也可以下浮。

2. 资金供给、资金成本和市场预期是银行影响房地产市场的三个主要渠道，其综合作用影响了房地产企业和个人购房者的投资决策

首先，银行信贷政策直接影响到市场资金的可得性以及资金

---

① 中国人民银行研究局课题组：《中国房地产发展与金融支持》，《中国证券报》2004 年 3 月 15 日。

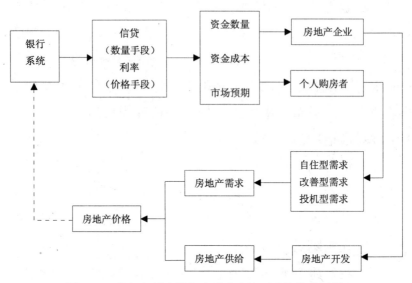

图8—4　银行金融支持与房地产泡沫形成的传导机制图

供给的数量。房地产行业无论是开发还是消费都离不开信贷的支持，房地产开发企业从土地购买、建筑开工到房屋销售都需要银行资金，个人购房者很难全部支付购房款项，大部分都只能支付首付，其余需要依靠住房按揭来支付。信贷政策的变化对房地产企业和购房者都产生直接的资金影响，房地产企业会根据可贷资金的数量和项目所需资金的匹配度决定是否启动开发项目，个人购房者会根据可贷资金数量、个人能提供的首付额度以及自身还款能力决定是否购买房产。

其次，银行利率政策直接影响到市场资金的成本。基准利率决定了整个市场的资金成本和要求收益率，而执行利率决定了单个借款人的资金成本，如住房贷款利率的上浮或下浮直接影响购房者每个月还款额度。房地产企业会根据资金成本和项目的预期收益率进行比较以确定是否投资，自住型和改善型需求者会根据每个月的还款额度和家庭收入及资产状况进行比较以确定是否购买，而投机型需求者则会根据预期收益率和资金成本比较以确定是否投机。

最后，银行的信贷和利率政策综合影响到整个市场的心理预期。银行的信贷政策和利率政策具有很强的信号传递作用，一方面银行作为国家政策的执行者向公众传递着很强的政策信息，另一方面银行作为房地产金融市场的参与主体其行为本身传递着对房地产市场的看法。市场主体根据银行的行为判断政府对房地产市场的态度以及预期国家政策调控的方向，由此形成了一致性的群体心理预期，同时"羊群效应"和"从众心理"又放大了这种群体预期，使之成为影响供求双方投资决策的市场预期。当市场通过银行信贷和利率政策判断政府是鼓励房地产市场发展的，就会形成价格上涨预期，购房者就会释放需求，而房地产企业就会加大开工力度；当市场判断政府将限制房地产市场时，就会形成价格下跌预期，购房者就会压抑需求形成观望，而房地产企业就会压制后续住房开工项目减小市场供给。

3. 通过以上三个渠道银行影响了房地产市场的供求关系，最终影响到房地产的市场价格

银行信贷的扩张、银行利率的下调和市场预期房价的上涨将对房地产市场的供给和需求产生正向作用，而银行信贷的收缩、银行利率的上调和市场预期房价的下跌将对房地产市场的供给和需求产生负向作用。通过这三个方面直接或间接的综合影响，最终形成了对房地产价格的影响。

需要注意的是虽然银行信贷、银行利率和市场预期对房地产的需求和供给产生同方向的作用，但由于房地产供给还受土地供给和建设周期等因素的影响，导致房地产的供给弹性小于需求弹性，所以短期内房地产供给的变化几乎总是跟不上需求的变化。

若三个渠道对房地产市场的综合影响偏向正面，致使房地产的需求和供给同时扩大，但供给的扩大具有时滞性，所以短期肯定形成供不应求的局面，就会导致房价上涨；若三个渠道对房地产市场的综合影响偏向负面，致使房地产的需求和供给同时收缩，但供给的收缩也具有时滞性，因为正在开工的项目无法马上停掉，已经建成的项目也无法推倒，所以短期肯定形成供大于求的局面，就会导致房价下跌。

4. 房地产价格具有反馈作用，将影响下一期银行的决策

房地产的价格的涨跌具有正面或负面的反馈作用，银行将依此做出加强或者削弱金融支持的决策。若房地产市场给予正面反馈，房地产价格上涨，房地产贷款违约率下降、抵押品价值上升以及银行贷款利润丰厚，银行受到正面效应的鼓舞会进一步加大对房地产市场的金融支持力度；若房地产市场给予负面反馈，即房地产价格下跌，房地产贷款违约率上升、抵押品价值下降以及银行不良贷款拨备增加利润受损，银行受到负面效应的打击会产生规避风险的倾向从而削减对房地产市场的金融支持力度。由此，形成一个银行系统和房地产价格的循环传导机制。

倘若该循环传导机制给予持续的正面反馈，银行就会不断地加大金融支持力度，而伴随着金融支持力度的加大房价又会进一步上涨，这样就形成一个价格持续上涨的循环，房地产泡沫由此产生，这就解释了银行信贷支持是如何导致房地产泡沫形成的问题。

三、我国房地产金融市场不稳定性分析

国内外历史经验告诉我们房地产泡沫是不可持续的，必将走向破灭，而泡沫的破灭又将给金融体系和国民经济造成沉重的打

击。20世纪80年代后期日本地产泡沫的破灭，20世纪90年代初中国海南和北海的房地产泡沫的破灭和20世纪90年代后期亚洲金融危机中东南亚各国房地产泡沫的破灭等无一不是惨痛的历史教训。

在我国现有的房地产金融结构下，房地产泡沫一旦破灭，后果不堪想象。房地产已经成为我国的第一大支柱产业，而银行是我国金融体系的核心，一旦房地产泡沫破灭，将诱使各种系统性和非系统性风险集中爆发，涉及这两大行业的房地产金融市场必将陷入危机，房地产市场困难重重，面临资金链断裂企业倒闭的危机，银行系统将积累大量坏账，面临违约风险和流动性风险不断上升的危机，最终爆发金融危机。金融危机的爆发又将使银行体系陷入瘫痪，失去融资功能和信用创造功能，实体企业受损，加上房地产行业的危机，经济危机也将不可避免。

事实上，银行信贷主导下的房地产金融市场具有内在不稳定性，长期来看使房地产泡沫的形成和破灭具有某种必然性。一方面，融资渠道的单一和市场结构的不完善使银行承担着几乎所有的房地产金融风险，而房地产企业也承担着很强的政策风险[①]；另一方面，上述循环传导机制本身存在着极大的不稳定性。下面我们将从理论上对我国房地产金融市场的不稳定性进行解释。

1. 银行信贷主导下的房地产金融结构固有的顺周期性效应导致我国房地产金融市场具有不稳定性

巴塞尔新资本协议下银行内部评级制度的顺周期性、公允价值会计准则的实施以及外部信用评级的趋同性等因素的共同作

---

① 该部分内容已在本章第二节做过详细叙述。

用，导致我国的银行体系具有很强的顺周期性效应。

正是银行体系的这种顺周期性效应导致在房地产金融市场中银行面对房地产市场正面的反馈总是给予正面的反应，面对房地产市场负面的反馈总是给予负面的反应。

房地产市场给予正面反馈，即房产价格上涨，开发商经营效益较好，借款人信用良好，房产抵押价值上升，银行房贷利润大幅增加，银行的顺周期性效应致使银行面对房产市场的正面反馈的鼓舞会进一步加大金融支持力度，通过前面所述的传导机制就会造成房地产价格的进一步上涨，从而形成一个"房地产价格上涨—银行扩大金融支持—房地产价格进一步上涨—银行进一步扩大金融支持"的上升循环，造成房地产价格持续上涨，形成房地产泡沫。泡沫不可持续，最终房地产泡沫必将破灭。

房地产泡沫破灭，房地产市场给予负面反馈，即房地产价格快速下跌，开发商经营恶化，借款人违约率上升，抵押品价值下降，银行不良贷款增加流动性受制，由于金融顺周期性效应，银行面对负面效应的打击会产生规避风险的倾向削减金融支持力度，通过传导机制的作用造成房地产价格的进一步下跌，从而形成一个"房地产价格下降—银行削弱金融支持—房地产价格进一步下跌—银行进一步削弱金融支持"的下降循环，造成房地产价格持续下跌，最终形成金融危机。

通过上述论述，我们可以得出结论：在银行信贷主导的房地产金融结构中，银行体系的顺周期性效应导致房地产金融市场的循环机制总是持续不断的向同一个方向推进，而同一方向的演变最终会不可持续，必然造成金融的不稳定性。

2. 信息不对称和金融脆弱性使房地产金融传导机制的各个环节渗入了风险

根据信息经济学理论①，信息不对称将引发房地产金融市场的逆向选择和道德风险。房地产金融市场的逆向选择将把优质信用者驱逐出市场而留下了次级信用者作为市场的主体，这样市场上充斥着投机型的购房者和信誉差的房地产开发商，使整个房地产金融市场的风险不断加大。房地产金融市场的道德风险将使借款人事后把投资投机风险转嫁给银行，使风险都集中于银行体系。

而根据金融不稳定假说理论也可得出②，房地产金融市场的长期繁荣会使借款人群体从最为安全的抵补型主体不断转化为抵御风险能力较差的投机型主体和基本没有风险抵御能力的庞式型主体，而房地产资产价格的持续上涨会加剧这一过程的转换，使整个房地产金融市场主体的负债收入比越发不平衡，抵御风险能力越来越差。房地产金融市场的脆弱性逐渐显现。

因此，信息不对称导致的逆向选择和道德风险以及金融脆弱性导致的市场主体的转换使我国房地产金融市场风险不断聚集，为金融不稳定性埋下隐患。

3. 房地产供求关系的不平衡性加剧了我国房地产金融市场的周期波动

房地产市场供给变动滞后于需求变动的特征，即供给弹性小于需求弹性的特征，导致房地产供求关系时间上的不平衡，加剧了房地产金融市场的周期性波动。

相对于房地产需求基本只受资金的影响，房地产的供给还受

---

①　该部分基础理论已在本章第二节做过详细论述。
②　该部分基础理论已在本章第二节做过详细论述。

到土地供给和建设周期等因素的影响，因此银行的金融支持在前期对需求端的影响力度远大于对供给端的影响力度，所以前期往往形成供不应求的局面，导致房地产价格的逐步上涨。

房地产的供不应求和房价的持续上涨会在很大程度上激励银行加大金融支持，鼓励开发商加大新开工面积，同时又会刺激消费者和投资者释放购房需求，所以在中期往往会形成房地产供销两旺的火热局面，但由于供给的相对滞后性和开发商的捂盘惜售行为，以及投机行为的盛行，这个阶段供给总是赶不上需求，导致房地产持续上涨，泡沫开始膨胀。

到后期，我们都知道泡沫的膨胀都会无法持续，要么引来政府的严厉调控提前刺破泡沫，要么泡沫自身膨胀破灭，不管是哪种情况都会迅速改变购房者的消费预期，市场瞬间进入供大于求的局面，大量的存量房积压，而已经进入开工阶段的房地产项目也无法马上停止，银行面对市场的急转直下必然收紧信贷回收债务，开发商的资金链面临严峻的考验，最终一批资产负债状况糟糕的开发商资金链断裂，形成大量的烂尾楼，楼市的供给开始逐步下降，直至在低点形成一个相对的供求平衡，市场也相应的进入了漫长的萧条期。

因此，房地产供求之间的波动几乎总是无法使供求关系达到均衡，导致房价总是在不断的波动中，从而加剧了房地产金融市场的不稳定性。

第三节　基于不完全信息动态博弈论的模型分析

上面主要通过理论论证了银行信贷主导下我国房地产金融的

不稳定性，下面试图建立一个不完全信息动态博弈论模型，并结合上文理论基础对现阶段该结构的不稳定性进行模型分析。

一、模型构建

下面逐步假设模型中的各个要素：

1. 参与人（player）

该模型主要研究房地产企业、个人购房者与商业银行的微观决策行为。现实中，房地产与购房者的行为趋同，都需要跟银行产生信贷关系，开发商通过房地产开发贷款与银行发生关系，而购房者通过住房抵押贷款与银行发生关系，因此我们把房地产企业和个人购房者统称为借款人。由此我们可以把模型简化为只有两个参与人，即银行与借款人。

我们假设模型中只有两个参与人，即借款人和商业银行，不存在政府的监管，不存在其他外部参与人。我们用字母 e 表示借款人，字母 b 代表商业银行。

假设博弈模型中只有借款人和商业银行两个参与者是具有合理性的，一方面为简化模型方便下文逐步展开讨论，另一方面中国的房地产金融以银行信贷为主导，银行 20% 以上的信贷流入房地产领域，个人住房信贷除去首付几乎全部来自银行，房地产开发大约 80% 的资金来自于商业银行。所以，研究这两个参与人的博弈模型能得出比较贴合现实的结论。

2. 类型（type）

假设借款人有两种可能的类型，一种为信誉差的借款人类型，用 θ_e 表示；另一种为信誉好的借款人类型，用 $\bar{\theta}_e$ 表示。银行分为两种可能的类型，一种是对宏观经济预期乐观的银行类型，用 θ_b

表示；另一种对宏观经济预期悲观的银行类型，用 $\bar{\theta}_b$ 表示。

信誉差的借款人在房产项目发生风险时会贷款违约，把风险转嫁给银行；信誉好的借款人即使项目投资失败主观上也不会想贷款违约，而是会想方设法偿还银行贷款。

对宏观经济预期乐观的银行态度比较积极，在放贷策略上比较激进一些；对宏观经济预期悲观的银行态度比较保守，在放贷策略上比较保守一些。

3. 行动 （action）

假设借款人有两种行动策略，第一种是采取优质贷款行动策略，另一种采取次级贷款行动策略。银行也有两种行动策略，第一种是采取信贷支持策略，另一种是采取信贷不支持策略。对应于借款人的行动为 a_e，对应于银行的行动为 a_b。$a = (a_e, a_b)$ 为参与人的行动组合。

以此假设：

借款人的战略空间 S_e 为 $a_e = \begin{cases} 1, & \text{借款人采取优质贷款行动} \\ 0, & \text{借款人采取次级贷款行动} \end{cases}$

商业银行的战略空间 S_b 为 $a_b = \begin{cases} 1, & \text{银行采取信贷支持行动} \\ 0, & \text{银行采取信贷不支持行动} \end{cases}$

其中，优质贷款行为是指借款人在贷款前对房产项目和市场风险做了充分评估，对自身还款能力做了充分估计，有足额的抵押，项目偏稳健风险较小；次级贷款行为是借款人缺乏对房产项目和市场风险及自身还款能力的充分估计，一般从事比较高风险的投资，项目总体偏激进风险较大。优质和次级主要代表风险程度。

信贷支持行动是指银行对借款人给予信贷上的支持。信贷不支持行动是指银行限制对借款人的信贷投放或者对借款人的贷款申请提出更严格的要求。

这里需要指出的是，类型和行动并不是对应的，例如信誉好的借款人，并不一定只会采取优质贷款行动，也会采取次级贷款行动。

4. 信息（information）

假设信息条件为不完全信息，即每个参与者知道自己的类型，但不知道其他参与者的类型。参与者可以观察对方的行动信息。

5. 信念（beliefs）①

（1）先验信念（先验概率）

根据以上对双方类型的定义，假设银行判断借款人属于信誉差的类型 θ_e 的先验信念为 $P_0(\theta_e)$，则判断借款人属于信誉好的类型 $\overline{\theta_e}$ 的先验信念为 $1-P_0(\theta_e)$。借款人判断银行属于对宏观经济预期乐观的类型 θ_b 的先验信念为 $P_0(\theta_b)$，则判断银行属于对宏观经济预期悲观的类型 $\overline{\theta_b}$ 的先验信念为 $1-P_0(\theta_b)$。

（2）后验信念（后验概率）

根据贝叶斯法则②，每个参与人都可以根据其他参与人的行

---

①　信念为参与者对对方属于类型判断的主观概率。信念分为先验信念和后验信念，先验信念是指博弈前参与者判断对方属于某一类型的主观概率，后验信念是指参与者根据新的行动信息判断对方属于某一类型的经修正后的主观概率。

②　贝叶斯法则是人们根据新的信息从先验概率得到后验概率的基本方法。假设参与人 i 有 k 个可能的类型，有 h 个可能的行动。我们用 θ^k 和 a^h 分别代表第 k 个类型和第 h 种特定行动。假定参与人 i 属于类型 θ^k 的先验概率为 $P(\theta^k)$，假如我们观察到 i 的行动为 $P=(R/i)[1-1/(1+i)^n]$ 时，i 属于类型 θ^k 的后验概率为：$P(\theta^k \mid a^h) \equiv \dfrac{P(\theta^k, a^h)}{P(a^h)} \equiv \dfrac{P(a^h \mid \theta^k) P(\theta^k)}{\sum\limits_{j=1}^{k} P(a^h \mid \theta^j) P(\theta^j)}$，这就是贝叶斯法则的数学表达式。

动信息修正自己的信念。经过前面 t 次博弈后（$t = 1$，2，3，…），银行会不断修正对借款人属于类型的信念，借款人也会不断修正对银行属于类型的信念。

经过修正后，银行判断借款人属于信誉好的类型的后验信念为 $\tilde{P}_t(\theta_e / a_e)$，则判断借款人属于信誉差的类型的后验信念为 $1 - \tilde{P}_t(\theta_e / a_e)$。同理，经过修正后借款人判断银行属于对宏观经济预期乐观的类型的后验信念为 $\tilde{P}_t(\theta_b / a_b)$，则判断银行属于对宏观经济预期悲观的类型的后验信念为 $1 - \tilde{P}_t(\theta_e / a_e)$。

6. 支付（pay off）

假设借款人的支付函数为 $u_e = u_e(a_e, a_b)$，银行的支付函数为 $u_b = u_b(a_e, a_b)$。

由此，我们构建了一个不完全信息动态博弈模型①。下面，我们将对这个模型在单重博弈和多重博弈情形下逐步进行求解。

二、单重博弈及博弈均衡

1. 双方的行动准则

单重博弈中借款人首先采取行动，银行后采取行动，每个参与人都是以自身支付最大化作为行动准则。

根据精炼贝叶斯均衡的定义，对于单重博弈的不完全信息动态博弈，每一个参与人的最优行动策略是在判断其他参与人类型

---

① 该模型在参考张维迎和谢建国对不完全信息动态博弈模型研究的基础上，结合周京奎对中国房地产市场的研究的基础上建立的，新模型对原有模型的假设条件、结构、参数和变量做了有益的改动，并在模型中引入了新的参与者，添加了新的变量，改善了模型的博弈结果，同时模型结合了新的经济情况和理论作出了新的解释。

和行动的情况下，使自身支付最大化的行动策略。

$$S_i{}^* (S_{-i}, \theta_{-i}) \in \operatorname*{argmax}_{\theta_{-i}} \sum P_i(\theta_{-i}|a_{-i}) u_i(S_i, S_{-i}, \theta_i)$$

$$(8-1)$$

根据效用最大化原则，不管银行是属于什么类型，借款人得到的支付函数总是有如下关系成立：

$$u_e(0, 1) > u_e(1, 1) > u_e(0, 0) > u_e(1, 0) \qquad (8-2)$$

该不等式的得出主要基于以下两个准则：

第一，对于借款人来说，从银行得到贷款的效用大于没有从银行得到贷款的效用，因为这关系到生存问题。房地产企业很难靠自有资金来完成房地产项目，不能从银行取得贷款意味着项目无法启动或者已经启动的项目不得不终止。同样，大部分购房者很难靠自有资金完成购房，特别是自住型的购房者，不能从银行取得贷款意味着无法购房不能安居乐业。因此，$u_e(1, 1)$、$u_e(0, 1)$ 总是大于 $u_e(0, 0)$、$u_e(1, 0)$。

第二，对于借款人而言，同样取得或者没有取得贷款的前提下采用次级贷款行为比采用优质信贷行为得到的效用更高，因为这关系到成本收益问题。借款人采取次级贷款行动的成本更低收益更高，比如采取优质贷款行动需要有更详细的市场调研和项目研究，需要有更多的自有资金和信贷担保，这都需要成本，再比如采取次级贷款行为一般从事较高风险项目，投资成功就能获得更高的收益。因此，$u_e(0, 1) > u_e(1, 1)$ 及 $u_e(0, 0) > u_e(1, 0)$ 成立。

综合上述不等式就可以得出（8-2）式。

根据效用最大化原则，不管借款人是属于什么类型，银行得到的支付函数总是有如下关系成立：

$$u_b(1, 1) > u_b(1, 0) \qquad (8-3)$$

（8−3）式表明，面对借款人的优质贷款行为银行选择信贷支持行动得到的效用总是大于银行选择信贷不支持得到的效用。因为一方面借款人的优质贷款行动表明贷款基本没有风险，另一方面银行的资金闲置需要成本。

根据（8−2）式可以得出：$u_e(1,1) > u_e(1,0)$　　　　（8−4）

（8−4）式结合（8−3）式可以得出，不论对借款人还是对银行，行动组合（$a_e = 1$，$a_b = 0$）所得到的各自支付函数都不可能为最大效用，所以根据定义（8−1）式，（$a_e = 1$，$a_b = 0$）完全不可能为精炼贝叶斯均衡解，在后面的推导中该行动组合可以直接排除。同时，我们也可以得出结论，当借款人采取优质贷款行动时，银行总会采取信贷支持的行动。

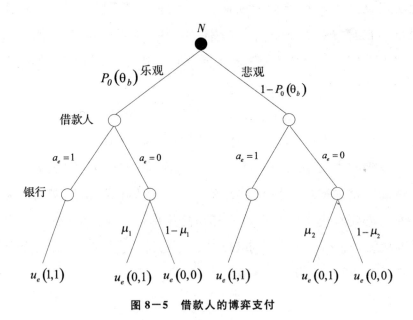

图8−5　借款人的博弈支付

2. 单重博弈中借款人的行动策略

在单重博弈中，借款人首先行动，所以不能观察对方的行动信息。

（1）当 $a_e = 1$ 时，即借款人首先采取优质贷款行动

在单重博弈中，借款人采取优质贷款的行动时，银行总会采取信贷支持的行动，即借款人得到的支付为 $u_e(1, 1)$。

（2）当 $a_e = 0$ 时，即借款人首先采取次级贷款行动

$$u_e(0, a_b) = P_0(\theta_b)[\mu_1 \cdot u_e(0, 1) + (1 - \mu_1) \cdot u_e(0, 0)]$$
$$+ [1 - P_0(\theta_b)] \cdot [\mu_2 \cdot u_e(0, 1) + (1 - \mu_2) \cdot u_e(0, 0)]$$

$$(8-5)$$

其中，$\mu_1 = P(a_b = 1 | a_e = 0, \theta_b)$，$\mu_2 = P(a_b = 1 | a_e = 0, \bar{\theta}_b)$

μ_1 表示在预期银行属于对宏观经济乐观的类型情况下，借款人采取次级贷款行动获得银行信贷支持的条件概率；μ_2 表示在预期银行属于对宏观经济悲观的类型情况下，企业采取次级贷款行动时获得银行信贷支持行动的条件概率。

显然 $\mu_1 > \mu_2$，因为在其他条件相同时，借款人在银行对宏观经济预期乐观时比在银行对宏观经济预期悲观时更容易获得贷款。也就是说对宏观经济预期乐观的银行态度更积极，更容易接受风险更高的贷款。

（3）根据效用最大化原则，借款人的行动就取决于比较 $u_e(1, 1)$ 和 $u_e(0, a_b)$ 两者间支付的大小

如果 $u_e(1, 1) > u_e(0, a_b)$，借款人将会采取优质贷款行动；如果 $u_e(1, 1) < u_e(0, a_b)$，借款人将会采取次级贷款行动。

所以，令 $u_e(1, 1) = u_e(0, a_b)$

$$u_e(1, 1) = P_0(\theta_b)[\mu_1 \cdot u_e(0, 1) + (1 - \mu_1) \cdot u_e(0, 0)]$$

$$+ [1 - P_0(\theta_b)] \cdot [\mu_2 \cdot u_e(0, 1) + (1 - \mu_2) \cdot u_e(0, 0)]$$

解出均衡值：

$$P^*(\theta_b) = \frac{u_e(1, 1) - \mu_2 u_e(0, 1) - (1 - \mu_2) u_e(0, 0)}{(\mu_1 - \mu_2)[u_e(0, 1) - u_e(0, 0)]}$$

$$(8-6)$$

其中，$\mu_1 > \mu_2$，$u_e(0, 1) > u_e(0, 0)$

由（8−6）式可以得出，借款人的行动选择取决于对银行的类型判断的先验信念，也就是 $P_0(\theta_b)$ 的取值大小。

（4）借款人的最优行动策略

由此，可以得出借款人的行动策略如下：

当 $P_0(\theta_b) > P^*(\theta_b)$ 时，$u_e(1, 1) < u_e(0, a_b)$，即当借款人判断银行属于对宏观经济乐观类型的先验信念超过临界值 $P_0^*(\theta_b)$ 时，借款人采用次级贷款行动为理性选择，获得的支付更大。

当 $P_0(\theta_b) < P^*(\theta_b)$ 时，$u_e(1, 1) > u_e(0, a_b)$，即当借款人判断银行属于对宏观经济乐观类型的先验概率小于临界值 $P^*(\theta_b)$ 时，借款人采用优质贷款行动为理性选择，获得的支付更高。

3. 单重博弈中银行的行动策略

在单重博弈中，银行后采取行动，所以能够观察借款人的行动信息。

（1）当 $a_e = 1$ 时，即借款人首先采取优质贷款行动

在单重博弈中，借款人采取优质贷款的行动时，银行总会采取信贷支持的行动，这时银行得到的支付为 $u_b(1, 1)$。

（2）当 $a_e = 0$ 时，即借款人首先采取次级贷款行动

假设银行的资金成本为 c，银行贷款收益为 r，借款人采取

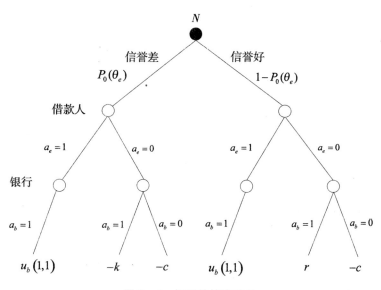

图8—6　银行的博弈支付

次级贷款行动时银行承担的风险为 k 。

借款人属于信誉差的类型时，面对借款人的次级贷款行动，若银行选择信贷支持行动，必然会发生风险损失，即 $u_b(0, 1; \theta_e) = -k$ ；若银行选择信贷不支持行动，就可以规避风险，但要承担资金成本，即 $u_b(0, 0; \theta_e) = -c$ 。

借款人属于信誉好的类型是，面对借款人的次级贷款行动，若银行选择信贷支持行动，就可以取得贷款收益，$u_b(0, 1; \overline{\theta_e}) = r$ ；若隐含选择信贷不支持行动，就无法取得收益，但要承担资金成本，即 $u_b(0, 0; \overline{\theta_e}) = c$ 。

所以，$u_b(0, 1) = P_0(\theta_e)(-k) + [1 - P_0(\theta_e)]r$ 　　　(8—7)

$u_b(0, 0) = P_0(\theta_e)(-c) + [1 - P_0(\theta_e)](-c) = -c$ (8—8)

令 $u_b(0, 1) = u_b(0, 0)$ ，

$P_0(\theta_e)(-k) + [1 - P_0(\theta_e)]r = -c$

解出均衡值 $P^*(\theta_e) = \dfrac{c+r}{k+r}$ (8−9)

由（8−9）式可以得出，面对借款人的次级贷款行动，银行的行动选择取决于对借款人的类型判断的先验信念，也就是 $P_0(\theta_e)$ 的取值大小。

当 $P_0(\theta_e) > P^*(\theta_e)$ 时，$u_b(0, 1) < u_b(0, 0)$，银行采取信贷不支持行动得到的支付更大为理性选择；

当 $P_0(\theta_e) < P^*(\theta_e)$ 时，$u_b(0, 1) > u_b(0, 0)$，银行采取信贷支持行动得到的支付更大为理性选择。

（3）银行的最优行动策略

银行后采取行动，可以观察借款人的行动信息，因此银行的行动策略如下：

当借款人采取优质贷款行动，银行的最优行动是采取信贷支持行动；当借款人采取次级贷款行动，银行是否采取信贷支持行动取决于银行的判断，即 $P_0(\theta_e)$ 的取值大小。

当 $P_0(\theta_e) > P^*(\theta_e)$ 时，$u_b(0, 1) < u_b(0, 0)$，银行采取信贷不支持行动为理性选择；

当 $P_0(\theta_e) < P^*(\theta_e)$ 时，$u_b(0, 1) > u_b(0, 0)$，银行采取信贷支持行动为理性选择。

4. 博弈均衡

根据借款人和银行各自的最优行动策略，我们可以得到该模型的博弈均衡解。

命题1：由（8−3）式和（8−4）式得出，$(a_e = 1, a_b = 0)$ 不可能为精炼贝叶斯均衡解。

命题2：若 $P_0(\theta_b) < P^*(\theta_b)$，借款人首先采取优质信贷行动为最优策略 $(a_e = 1)$，这时银行采取信贷支持行动为最优策

略 $(a_b = 1)$ ，所以 $(a_e = 1, a_b = 1)$ 为这种情况下的精炼贝叶斯均衡解。

命题3：若 $P_0(\theta_b) > P^*(\theta_b)$ ，借款人首先采取次级信贷行动为最优策略 $(a_e = 0)$ ，这时银行的最优行动策略取决于 $P_0(\theta_e)$ 的取值。若 $P_0(\theta_e) > P^*(\theta_e)$ ，银行采取信贷不支持行动为最优策略 $(a_b = 0)$ ，这种情况下 $(a_e = 0, a_b = 0)$ 为精炼贝叶斯均衡解；若 $P_0(\theta_e) < P^*(\theta_e)$ ，银行采取信贷支持行动为最优策略 $(a_b = 1)$ ，这种情况下 $(a_e = 0, a_b = 1)$ 为精炼贝叶斯均衡解。

命题4：根据（8—9）式，当 $c \geqslant k$ 时，$P^*(\theta_e) \geqslant 1$ ，此时不论 $P_0(\theta_e)$ 取什么值，$P_0(\theta_e) < P^*(\theta_e)$ 恒成立，这时 $(a_e = 0, a_b = 0)$ 就不可能成为精炼贝叶斯均衡解，因此 $(a_e = 1, a_b = 1)$ 、$(a_e = 0, a_b = 1)$ 成为可能的贝叶斯均衡解。

5. 结论

根据以上推导过程，我们可以得出以下几点结论：

结论1：一般情况下，｛优质贷款行动，信贷支持｝、｛次级贷款行动，信贷支持｝和｛次级贷款行动，信贷不支持｝为单重博弈模型可能的精炼贝叶斯均衡解。该结果表明一般情况下除非银行认为借款人的信誉非常差，否则银行都倾向于信贷支持。

结论2：当 $c \geqslant k$ 时，｛优质贷款行动，信贷支持｝、｛次级贷款行动，信贷支持｝为单重博弈模型可能的精炼贝叶斯均衡解。在宏观经济繁荣时，社会对资金需求旺盛，利率水平不断升高，银行的资金使用成本和机会成本相对较高，而房地产企业经营状况良好，个人收入状况稳健，房地产相关贷款被视为优质贷款风险很小。因此在经济繁荣时，$c \geqslant k$ 的情况就很可能会出现，这时无论对方采取哪种贷款行动，银行都会给予信贷支持。由此认为，在宏观经济繁荣时，银行会忽视风险，并有很强的放贷冲动。

结论3：在借款人的行动准则中，在同样能取得银行贷款的前提下，借款人采取次级贷款行为比采取优质贷款行为对自身更为有利，因此借款人实际上都有采取次级贷款行为的冲动。

三、多重博弈及博弈均衡

在多重博弈中，每个参与人都可以观察之前对方的行动并不断更新自己的信念。假设 $a^t = (a_e^t, a_b^t)$ 表示在 t 期双方的行动组合。

1. 多重博弈中参与人对对方所属类型的信念的修正

在多重博弈中，参与人可以不断观察对方的行动信息并按贝叶斯法则修正自己的信念。

（1）借款人对银行所属类型的信念的修正

按照贝叶斯法则，当借款人采取次级贷款行动，银行仍不断加大对借款人的信贷支持时，借款人对银行属于对宏观经济乐观的类型的后验信念为：

$$\tilde{P}_t(\theta_b) = \frac{\tilde{P}_{t-1}(\theta_b) \times \mu_1}{\tilde{P}_{t-1}(\theta_b) \times \mu_1 + [1 - \tilde{P}_{t-1}(\theta_b)] \times \mu_2} \quad (8-10)$$

其中，$\mu_1 = P(a_b = 1 | a_e = 0, \theta_b)$，$\mu_2 = P(a_b = 1 | a_e = 0, \bar{\theta}_b)$，$\mu_1 > \mu_2$。

算式分子分母同除以 $\tilde{P}_{t-1}(\theta_b) \times \mu_1$，得：

$$\tilde{P}_t(\theta_b) = \frac{1}{1 + \left[\dfrac{1}{\tilde{P}_{t-1}(\theta_b)} - 1\right] \times \dfrac{\mu_2}{\mu_1}} \quad (8-11)$$

根据（8—11）式，取 $t-1$ 期，得：

$$\widetilde{P}_{t-1}(\theta_b) = \cfrac{1}{1 + \left[\cfrac{1}{\widetilde{P}_{t-2}(\theta_b)} - 1\right] \times \cfrac{\mu_2}{\mu_1}} \qquad (8—12)$$

将（8—12）式代入（8—11）式，得：

$$\widetilde{P}_t(\theta_b) = \cfrac{1}{1 + \left[\cfrac{1}{\widetilde{P}_{t-2}(\theta_b)} - 1\right] \times (\cfrac{\mu_2}{\mu_1})^2} \qquad (8—13)$$

同理，经过反复迭代，可以推出

$$\widetilde{P}_t(\theta_b) - \cfrac{1}{1 + \left[\cfrac{1}{P_0(\theta_b)} - 1\right] \times (\cfrac{\mu_2}{\mu_1})^t} \qquad (8—14)$$

（8—14）式中，当 $t \to \infty$，由于 $\cfrac{\mu_2}{\mu_1} < 1$，$(\cfrac{\mu_2}{\mu_1})^t \to 0$，$\widetilde{P}_t(\theta_b) \to 1$。

由此可以得出，当借款人不断采取次级贷款行动，银行不断加大贷款支持力度时，随着博弈次数的增加，借款人判断银行属于宏观经济乐观类型的信念将越来越强烈，即 $\widetilde{P}_t(\theta_b)$ 的取值越来越大。

同理，我们也可以得到，当借款人不断采取次级贷款行动，银行不断削弱贷款支持力度时，随着博弈次数的增加，借款人判断银行属于宏观经济悲观类型的信念将越来越强烈，即 $[1 - \widetilde{P}_t(\theta_b)]$ 的取值越来越大。

（2）银行对借款人所属类型的信念的修正

按照贝叶斯法则，当借款人不断采用次级贷款行动时，银行对借款人属于信誉差的类型的后验信念为：

381

$$\tilde{P}_t(\theta_e) = \frac{\tilde{P}_{t-1}(\theta_e) \times \eta_1}{\tilde{P}_{t-1}(\theta_e) \times \eta_1 + [1 - \tilde{P}_{t-1}(\theta_e)] \times \eta_2} \qquad (8-15)$$

$$\eta_1 = P(a_e = 0, \ \theta_e), \ \eta_2 = P(a_e = 0, \ \bar{\theta}_e)$$

η_1 表示借款人属于信誉差的类型的条件下采取次级贷款行动的条件概率，η_2 表示借款人属于信誉好的类型的条件下采取次级贷款行动的条件概率。$\eta_1 > \eta_2$，因为信誉差的借款人比信誉好的借款人更倾向于采用次级贷款行动。

同理，采用迭代法，可得推出

$$\tilde{P}_t(\theta_e) = \frac{1}{1 + \left[\dfrac{1}{P_0(\theta_e)} - 1\right] \times (\dfrac{\eta_2}{\eta_1})^t} \qquad (8-16)$$

当 $t \to \infty$，由于 $\dfrac{\eta_2}{\eta_1} < 1$，$(\dfrac{\eta_2}{\eta_1})^t \to 0$，$\tilde{P}_t(\theta_e) \to 1$。

由此可以得出，当借款人不断采取次级贷款行动时，随着博弈次数的增加，银行对借款人属于信誉差的类型的信念越来越强烈，即 $\tilde{P}_t(\theta_e)$ 的取值越来越大。

同理，我们也可以得到，当借款人不断采取优质贷款行动时，随着博弈次数的增加，银行对借款人属于信誉好的类型的信念越来越强烈，即 $[1 - \tilde{P}_t(\theta_e)]$ 的取值越来越大。

2. 多重博弈的博弈均衡

（1）初始条件为 $P_0(\theta_b) < P^*(\theta_b)$

借款人采取优质信贷行动为最优策略，银行采取信贷支持行动为最优策略，$(a_e^1 = 1, a_b^1 = 1)$ 为第 1 期的均衡解。由于在第 1 期没有提供更多可供更改信念的信息，所以第 2 期参与者的后验信念与先验信念相同，即 $\tilde{P}_1(\theta_b) = P_0(\theta_b)$，$\tilde{P}_1(\theta_e) = P_0(\theta_e)$，因此第 2 期的均衡解为 $(a_e^2 = 1, a_b^2 = 1)$。以此类推，第 t 期的均衡解也为 $(a_e^t = 1, a_b^t = 1)$，所以 $(a_e = 1, a_b = 1)$ 为这种情况下多重博弈的精炼贝叶斯均衡解。由此可得到命题 1。

命题 1：当 $P_0(\theta_b) < P^*(\theta_b)$ 时，{优质贷款行动，信贷支持行动} 为该多重博弈模型的精炼贝叶斯均衡解。

（2）初始条件为 $P_0(\theta_b) > P^*(\theta_b)$ 及 $c \geqslant k$

由 $P_0(\theta_b) > P^*(\theta_b)$ 得出借款人在第 1 期采取次级信贷行动为最优策略，由 $c \geqslant k$ 得出 $P^*(\theta_e) \geqslant 1$，则 $P_0(\theta_e) < P^*(\theta_e)$ 恒成立，所以银行在第 1 期采取信贷支持行动为最优策略。得到第 1 期的均衡解为 $(a_e^1 = 0, a_b^1 = 1)$。第 2 期，借款人根据银行的行动信息修正对银行所属类型的信念，由 (8-14) 式的结论可得到 $\tilde{P}_1(\theta_b) > P_0(\theta_b) > P^*(\theta_b)$，所以借款人在第 2 期仍然采取次级信贷行动为最优策略，而对于银行来说不管 $\tilde{P}_t(\theta_e)$ 取任何值，$\tilde{P}_t(\theta_e) < P^*(\theta_e)$ 恒成立（$t = 1, 2, 3, \cdots$），所以银行在第 2 期也仍然会采取信贷支持行动。得到第 2 期的均衡解为 $(a_e^2 = 0, a_b^2 = 1)$。以此类推，得到 $\tilde{P}_t(\theta_b) > P^*(\theta_b)$ 和 $\tilde{P}_t(\theta_e) < P^*(\theta_e)$，第 t 期的均衡解为 $(a_e^t = 0, a_b^t = 1)$。所以 $(a_e = 0, a_b = 1)$ 为这种情况下多重博弈的精炼贝叶斯均衡解。由此可得命题 2。

命题 2：$c \geqslant k$ 时，{次级贷款行动，信贷支持行动} 为该多重博弈模型的精炼贝叶斯均衡解。

（3）初始条件为 $P_0(\theta_b) > P^*(\theta_b)$ 及 $c < k$

$c < k$ 时，$P^*(\theta_e) < 1$，此时 $P_0(\theta_e)$ 有可能小于 $P^*(\theta_e)$，也有可能大于 $P^*(\theta_e)$。我们假设 $P_0(\theta_e) < P^*(\theta_e)$。

由 $P_0(\theta_b) > P^*(\theta_b)$ 得出借款人在第 1 期采取次级信贷行动为最优策略，由 $P_0(\theta_e) < P^*(\theta_e)$ 得出银行在第 1 期采取信贷支持行动为最优策略，得到第 1 期的均衡解为 $(a_e^1=0, a_b^1=1)$。根据之前的行动信息，双方修正对对方类型的信念，借款人对银行属于对宏观经济乐观的类型的信念有所加强，因此借款人继续采用次级信贷行动；银行对借款人属于信誉差的类型的信念也有所加强，在没有大于均衡值 $P^*(\theta_e)$ 之前，银行继续采用信贷支持行动直到后验信念大于均衡值 $P^*(\theta_e)$。当后验信念大于 $P^*(\theta_e)$，银行将转变行动策略，面对借款人的次级信贷行动，银行将采取信贷不支持行动。此后，双方继续修正对对方类型的信念，看到银行的信贷不支持行动，借款人对银行属于对宏观经济悲观的类型有所加强。

如此反复博弈，形成一个 ｛次级贷款行动，信贷支持行动｝ → … → ｛次级贷款行动，信贷不支持行动｝ → … → ｛优质贷款行动，信贷不支持行动｝ → … → ｛优质贷款行动，信贷支持行动｝ 的博弈路径，到 ｛优质贷款行动，信贷支持行动｝ 时，借款人根据前面的博弈知道一旦自己再采用次级贷款行动银行也必将会采取报复，所以借款人就一直采用优质贷款行动，因此在这种情况下，｛优质贷款行动，信贷支持行动｝ 形成多重博弈的精炼贝叶斯均衡解。

若假设 $P_0(\theta_e) > P^*(\theta_e)$，按上述过程推导，也可以得到 ｛优质贷款行动，信贷支持行动｝ 为该情况下多重博弈的精炼贝叶斯均衡解。由此可以得到命题 3。

命题 3：当 $c < k$ 时，$P^*(\theta_e) < 1$，｛优质贷款行动，信贷支持行动｝ 为该多重博弈模型的精炼贝叶斯均衡解。

3. 引入其他因素对博弈均衡的影响

因为我们研究的问题是我国房地产金融的不稳定性，其中隐含的研究阶段是宏观经济繁荣到宏观经济产生危机这一阶段。因此，在这个部分的多重博弈中我们把宏观经济处于上升周期作为经济状态的初始假设。

（1）金融顺周期效应对博弈均衡的影响

金融的顺周期效应使银行在经济繁荣时不断降低对房地产相关贷款的风险评估，即模型中的 k 值不断下降，因为经济繁荣时，房地产贷款被视为优质贷款，银行内部评级制度的顺周期性导致银行不断降低房地产贷款的风险权重，同时经济繁荣时，资金成本 c 会随着加息而不断上升。

随着 $k\downarrow$，$c\uparrow$，均衡值 $P^*(\theta_e)$ 不断上升。当 $c\geqslant k$ 时，$P^*(\theta_e)\geqslant 1$，就会改变博弈均衡，使〈次级贷款行动，信贷支持行动〉成为精炼贝叶斯均衡解。由此得出命题 4。

命题 4：金融的顺周期性效应在经济繁荣时会改变模型的博弈均衡，使〈次级贷款行动，信贷支持行动〉成为精炼贝叶斯均衡解。

（2）沉淀成本对博弈均衡的影响

房地产行业是典型的资金密集型行业，生产和消费都需要资金支持，银行前期投入的大量信贷资金就构成了银行的沉淀成本。沉淀成本的存在将极大的影响到银行的决策，比如在前期对房地产项目投入大量资金的情况下，若突然降低信贷支持，项目就很有可能面临资金链断裂无法持续的局面，那银行前期的投入就有可能无法收回。

假设银行前期投入产生的沉淀成本为 c'，则银行的博弈支付如图 8—7 所示。

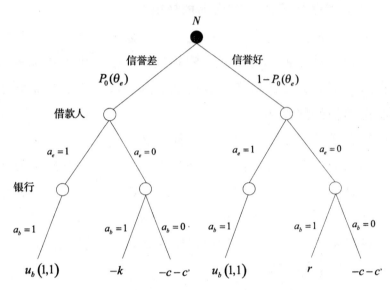

图 8—7　沉淀成本存在的情况下银行的博弈支付

在多重博弈情况下，银行的博弈支付

$$u_b(0，1)=P_0(\theta_e)(-k)+[1-P_0(\theta_e)]r \qquad (8-17)$$

$$u_b(0，0)=P_0(\theta_e)(-c-c^{'})+[1-P_0(\theta_e)]$$

$$(-c-c^{'})=-c-c^{'} \qquad (8-18)$$

令 $u_b(0，1)=u_b(0，0)$，得：

$$均衡值\ P^{**}(\theta_e)=\frac{c+c^{'}+r}{k+r} \qquad (8-19)$$

由于在经济繁荣期，金融的顺周期性效应及资金成本的增加，使 $c\geqslant k$，则 $c+c^{'}\geqslant k$ 恒成立，这时 $P^{**}(\theta_e)\geqslant 1$，$\tilde{P}_t(\theta_e)<P^{*}(\theta_e)$ 恒成立，即 $u_b(0，1)>u_b(0，0)$ 恒成立，故银行必定采取信贷支持行动。由于借款人通过观察能知道沉淀成本的作用，故借款人采取次级贷款行动，所以 $(a_e=0，a_b=1)$ 为多重博弈的精炼贝叶斯均衡解。由此得出命题 5。

命题5：沉淀成本的存在极大的增加了银行的成本，银行考虑到降低信贷支持很可能意味着前期信贷的损失，所以银行的最优策略是采取信贷支持行动，从而〔次级贷款行动，信贷支持行动〕成为精炼贝叶斯均衡解。

4. 引入其他参与者对博弈均衡的影响

（1）引入外部监管者对博弈均衡的影响

引入监管者的作用是对银行的贷款行为进行监管，增加银行贷款的违规风险，如建立贷款的责任追究制，增加放贷人额外的风险。

假设外部监管导致银行额外增加的违规风险为 k'，则银行的博弈支付如图8—8所示。

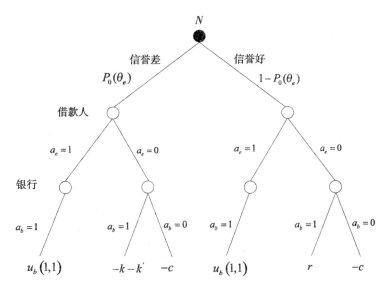

图8—8 外部监管存在的情况下银行的博弈支付

同理，令 $u_b(0, 1) = u_b(0, 0)$ 得：

$$均衡值\ P^{***}(\theta_e) = \frac{c + c' + r}{k + k' + r} \tag{8-20}$$

从（8—20）式可以看出，只要外部监管导致银行增加的违规风险 k' 足够大，就可以使没有监管下的 $k \leq c$ 式改变为 $k + k' > c$，这样 $P^{***}(\theta_e) < 1$，根据命题3，博弈均衡就会改变，{优质贷款行动，信贷支持行动} 就会成为该多重博弈模型的精炼贝叶斯均衡解。由此得出命题6。

命题6：只要外部监管导致银行增加的违规风险足够大，银行就轻易不敢低估贷款项目的风险，这时 {优质贷款行动，信贷支持行动} 成为精炼贝叶斯均衡解。

（2）引入理性参与者对博弈均衡的影响

理性参与者相对于银行的成本收益约束更为强烈，对于风险的评价更为保守。即理性参与者对于相同的收益会采用更低的成本或者对于相同的成本会要求更高的收益，同时理性参与者对于风险的评价更为保守会给予一定的安全边际。

假设理性参与者 l 的承担成本为 c_l，预期收益为 r_l，评价风险 k_l。其他条件相同的情况下，假设 $r_l = r$，根据上述分析得出 $c_l < c$，$k_l > k$。

令 $u_l(0，1) = u_l(0，0)$

解出均衡值 $P_l^*(\theta_e) = \dfrac{c_l + r_l}{k_l + r_l}$ (8—21)

由于 $c_l < c$，$k_l > k$，只要理性参与者对自己的约束足够强，就能得到 $k_l > c_l$，这时 $P_l^*(\theta_e) < 1$，根据命题3，{优质贷款行动，信贷支持行动} 为该多重博弈模型中借款人与理性参与者的精炼贝叶斯均衡解。因此得到命题7。

命题7：引入理性参与者后，只要理性参与者对自己的约束足够强，借款人就不可能轻易通过次级信贷行为得到贷款，这时 {优质贷款行动，信贷支持行动} 成为精炼贝叶斯均衡解。

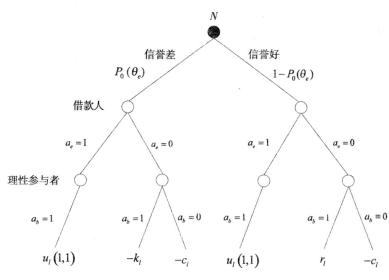

图 8-9　理性参与者的博弈支付

5. 结论

根据对上面多重博弈均衡的求解，可以得出以下结论：

结论1：经济状况平稳时，〔优质贷款行动，信贷支持行动〕、〔次级贷款行动，信贷支持行动〕都是多重博弈的精炼贝叶斯均衡解，两个均衡解中银行都是采取信贷支持行动，也就是说在多重博弈中始终有很强的放贷冲动。

结论2：经济持续繁荣时，由于金融顺周期性和沉淀成本的作用，〔次级贷款行动，信贷支持行动〕成为多重博弈的精炼贝叶斯均衡解，也就是原有的采取优质贷款行动的借款人现在都采取次级贷款行动，这一方面说明借款人有向银行转嫁风险的冲动，另一方面说明随着经济的繁荣，系统整体的风险性不断加大，且风险都集中于银行体系。这符合金融不稳定性假说的第一、第二定理的结论，也就是说该结构本身就具有金融不稳定性。

结论3：经济繁荣（房地产繁荣）以及银行放贷冲动的相互加强将导致房地产价格持续上涨并形成房地产泡沫，当房地产泡沫无法持续发生破灭时，所有聚集的风险将集中爆发，银行体系的安全性将受到极大的挑战。

结论4：外部监管能有效降低模型的整体风险性。

结论5：理性参与者的引入也能有效降低及分散模型的整体风险性。

上面构建了一个包括借款人和银行两个参与人的不完全信息动态博弈模型，通过对单重博弈和多重博弈均衡的求解，并结合理论基础对模型结果进行解释和分析，证明了银行信贷主导下我国房地产金融结构具有不稳定性的结论。第一，经济繁荣时银行有很强的放贷冲动；第二，借款人会根据现实情况伺机向银行转嫁风险；第三，房地产价格的上涨与银行的信贷支持有相互加强的内在作用机制，导致房地产价格持续上涨并形成泡沫；第四，随着房地产市场的繁荣，银行体系内的经转嫁的风险也不断聚集，若泡沫破裂，风险也必将集中爆发。模型最后试图引入其他的参与者来改善模型博弈结果，结果证明引入外部监管者和理性参与者能有效改善模型结果，这为后面的政策结论提供了有力的依据。

众所周知，凡是资产都具有风险性，风险不可能被消灭，只能够控制和分散。要抵御风险的冲击，一方面我们需要从源头上控制风险的进入，另一方面需要建立有效的风险分散机制。所以长期来看，解决我国现阶段房地产金融不稳定性的方法是进行房地产金融创新，把我国的房地产金融推向更高级的阶段。依据美国的经验，房地产金融创新的方向是进行资产证券化，对风险资产进行风险收益定价，让更多的理性人参与进来，使风险得到有效控制和分散。另外，房地产金融市场中存在的顺周期效应和信息不对称问题也应该值得我们警惕。

　　针对我国房地产金融市场存在的金融不稳定性问题，我们认为，第一，必须加强银行信贷管理，从源头上控制风险。贷前需要加强贷款审核，贷中需要跟踪资金用途，贷后需要进行信用记录。第二，加强对银行的外部监管，提高银行的风险意识。建立责任追究机制，严查违规贷款，把责任规定到个人。第三，引入理性参与者，建立多元化融资渠道。加快建设房地产信托市场，推进发行房地产投资信托基金（REITs）；加大房地产企业股权、债券等方式的直接融资比例；在加强监管的情况下，可以放宽对外资和私募股权的引入。通过建立多元化的融资渠道，一方面可以解决房地产行业资金短缺的问题，最为重要的是可以有效分散银行体系内的系统性风险。第四，建立风险分散机制，逐步推进住房抵押贷款证券化改革。一方面我们要逐步推进与资产证券化相适应的市场结构、组织架构和机构设置等硬件方面的建设，另一方面我们应该把更多的精力集中在市场主体责任意识、信用体系、金融法律和监管体系等软件方面的建设，这样才能构建出一个真正完善的能有效抵御和分散风险的市场体系。第五，建立银行决策的负反馈机制，削弱顺周期性效应的影响。改革银行体系内现有的风险评价机制，建立一个更为综合的评价体系。第六，建立个人征信制度及双向信息沟通渠道，完善客户信用管理体系和信息披露制度，尽量消除银行与客户间的信息不对称问题。

主要参考文献

中文部分：

1. ［日］奥村洋彦：《"泡沫经济"与金融改革》，余熳宁译，中国金融出版社 2000 年版。

2. 包宗华：《关于泡沫经济与房地产业》，《中国房地产》2003 年第 9 期。

3. 包宗华：《怎样看待我国的住房价格》，《中国房地产》2004 年第 1 期。

4. 毕宝德：《土地经济学》，中国人民大学出版社 2000 年版。

5. 宾融：《住房抵押贷款证券化机制与实证分析》，中科院博士学位论文，2001 年。

6. 曹振良：《房地产经济学通论》，北京大学出版社 2003 年版。

7. ［美］查尔斯·H.温茨巴奇等：《现代不动产》，任淮秀译，中国人民大学出版社 2001 年版。

8. 陈宝森：《美国经济周期研究》，商务印书馆 1993 年版。

9. 陈伯庚：《房地产业与泡沫经济》，《中国房地信息》2002 年第 10 期。

10. 陈崇、葛扬：《房地产价格波动的储蓄效应研究：

1997—2008——基于省际面板数据的实证检验》,《产业经济研究》2011年第3期。

11. 陈崇、葛扬:《房地产商品基本价值与市场泡沫度分析》,《社会科学辑刊》2011年第3期。

12. 陈浩、葛扬:《汇率变动条件下房地产虚拟性与泡沫化分析》,《山东社会科学》2008年第12期。

13. 陈则明:《房地产泡沫、房地产热与景气周期的学术观点辨析》,《理论探索与争鸣》2004年第1期。

14. 程红梅:《中国当代房地产金融思想发展研究(1978—2005)》,复旦大学博士学位论文,2007年。

15. 楚尔鸣:《中国货币政策传导系统有效性的实证研究》,中国经济出版社2008年版。

16. 崔光灿:《房地产价格与宏观经济互动关系实证研究——基于我国31个省份面板数据分析》,《经济理论与经济管理》2009年第1期。

17. 丁晨、屠梅曾:《论房价在货币政策传导机制中的作用——基于VECM分析》,《数量经济技术经济研究》2007年第11期。

18. 董贵昕:《金融泡沫运行与控制研究》,东北财经大学博士论文,2001年。

19. 杜敏杰、刘霞辉:《人民币升值预期与房地产价格变动》,《世界经济》2007年第1期。

20. 丰雷、朱勇、谢经荣:《中国地产泡沫实证研究》,《管理世界》2002年第10期。

21. 高波、葛扬:《现代房地产经济学导论》,南京大学出版社2007年版。

22. 高波、毛中根：《汇率冲击和房地产泡沫演化：国际经验和中国的政策取向》，《经济理论和经济管理》2006 年第 7 期。

23. 高铁梅：《计量经济分析方法与建模——Eviews 应用及实例》，清华大学出版社 2006 年版。

24. 葛扬：《马克思土地资本化理论的现代分析》，《南京社会科学》2007 年第 3 期。

25. 葛扬、陈崇：《中国房地产市场供给结构与价格泡沫关系研究》，《中国经济问题》2011 年第 2 期。

26. 葛扬、陈孝强：《经济转型条件下银行信贷与房地产价格泡沫化互动机理分析》，《金融研究》2007 年第 9 期（人大复印资料《金融与保险》2008 年第 3 期转载）。

27. 葛扬、陈孝强：《人民币升值与房地产价格虚拟性与泡沫化研究》，《现代管理科学》2008 年第 5 期。

28. 葛扬、贾春梅：《廉租房供给不足的事实、根源与突破路径——基于转型期中国地方政府行为视角的分析》，《经济学家》2011 年第 8 期。

29. 葛扬、王德鑫：《经济转型期我国城市房价收入比研究——以长江三角洲城市为例》，《学习与探索》2010 年第 2 期。

30. 葛扬、睦小燕：《国外房地产泡沫化机理及宏观经济运行研究综述》，《经济学动态》2009 年第 11 期。

31. 葛扬、吴亮：《后金融危机条件下我国房地产证券化研究——基于美国房地产证券化实践的启示》，《审计与经济研究》2010 年第 4 期。

32. 郭金兴：《房地产虚拟性及其波动研究》，南开大学出版社 2005 年版。

33. 何国钊、曹振良、李晟：《中国房地产业周期研究》，

《经济研究》1996年第12期。

34．何晓星、王守军：《论中国土地资本化中的利益分配问题》，《上海交通大学学报》2004年第4期。

35．洪涛：《房地产价格波动与消费增长——基于中国数据的实证分析及理论解释》，《南京社会科学》2006年第5期。

36．华伟：《房地产金融学》，复旦大学出版社2004年版。

37．黄平：《我国房地产"财富效应"与货币政策关系的实证检验》，《上海金融》2006年第6期。

38．黄小虎：《中国土地管理研究》，当代中国出版社2005年版。

39．姜春海：《中国房地产市场投机泡沫实证分析》，《管理世界》2005年第12期。

40．鞠方：《房地产泡沫研究——基于实体经济和虚拟经济的二元结构分析框架》，南开大学博士学位论文，2005年。

41．瞿强：《资产价格波动与宏观经济》，中国人民大学出版社2005年版。

42．况伟大：《房价与地价关系研究：模型及中国数据检验》，《财贸经济》2005年第2期。

43．况伟大：《空间竞争、房价收入比与房价》，《财贸经济》2004年第7期。

44．李宾：《房价变动及其趋势——新古典增长理论的启示》，《经济评论》2008年第4期。

45．李宏瑾：《我国房地产市场垄断程度研究——勒纳指数的测算》，《财经问题研究》2005年第3期。

46．李涛：《城市土地市场运行与政策控管研究》，中国大地出版社2006年版。

47. 李伟民：《金融大辞典》，黑龙江人民出版社 2002 年版。

48. 李晓西、杨琳：《虚拟经济、泡沫经济与实体经济》，《财贸经济》2000 年第 6 期。

49. 李玉山、李晓嘉：《对我国居民消费的财富效应计量分析》，《山西财经大学学报》2006 年第 2 期。

50. 林乐芬、葛扬：《基于福利经济学视角的失地农民补偿问题研究》，《经济学家》2010 年第 1 期。

51. 林乐芬、张越：《中国房地产市场与流动性过剩的相关性分析》，《南京社会科学》2007 年第 11 期。

52. 连建辉、翁洪琴：《银行流动性过剩：当前金融运行中面临的突出问题》，《财经科学》2006 年第 4 期。

53. 梁桂：《中国不动产经济波动与周期的实证研究》，《经济研究》1996 年第 7 期。

54. 梁云芳、高铁梅：《我国商品住宅销售价格波动成因的实证分析》，《管理世界》2006 年第 8 期。

55. 梁云芳、高铁梅：《中国房地产价格波动区域差异的实证分析》，《经济研究》2007 年第 8 期。

56. 梁云芳、高铁梅、贺书平：《房地产市场与国民经济协调发展的实证分析》，《中国社会科学》2006 年第 3 期。

57. 廖年生、叶剑平：《民生视角下的住宅定价原理与模型分析》，《南京社会科学》2009 年第 3 期。

58. 廖湘岳、戴红菊：《商业银行贷款与房地产价格的关系研究》，《上海经济研究》2007 年第 11 期。

59. 林毅夫、汪利娜：《非理性"圈地"原因何在?》，《建筑时报》2003 年 1 月 22 日。

60. 林兆木、张昌彩：《论虚拟经济及其对实体经济的影响》，《宏观经济研究》2001年第5期。

61. 刘洪玉、张红：《房地产与社会经济》，清华大学出版社2006年版。

62. 刘骏民、王国忠、王群勇：《心理支撑与成本支撑价格系统的实证分析——虚拟经济与实体经济价格波动性的比较》，《经济学动态》2004年第9期。

63. 刘骏民：《虚拟经济的理论框架及其命题》，《南开学报（哲学社会科学版）》2003年第2期。

64. 刘树成、张晓晶、张平：《实现经济周期波动在适度高位的平滑化》，《经济研究》2005年第11期。

65. 曾康霖：《必须关注房地产经济的特殊性及其对金融的影响——对我国现阶段房地产经济的理论分析》，《金融研究》2003年第9期。

66. 刘永湘、杨继瑞：《论城市土地的资本化运营》，《经济问题探索》2003年第3期。

67. 龙奋杰：《中国主要城市住宅市场差异的经济分析》，清华大学出版社2008年版。

68. 卢卫：《对我国房地产泡沫论争的综述》，《经济学动态》2003年第6期。

69. 〔美〕罗伯特·R.席勒：《非理性繁荣》，廖理译，中国人民大学出版社2004年版。

70. 〔德〕马克思：《资本论》，中央编译局译，人民出版社2004年版。

71. 〔德〕马克思：《剩余价值理论》第二册，中央编译局译，人民出版社1975年版。

72. 南开大学虚拟经济与管理研究中心课题组：《房地产虚

拟资产特性研究报告》,《南开经济研究》2004 年第 1 期。

73. 欧阳安蛟:《我国城镇地价评估方法发展回顾及趋势研究》,《经济地理》2001 年第 11 期。

74. 平新乔、陈彦敏:《融资、地价与楼盘价格趋势模型》,《世界经济》2004 年第 7 期。

75. 曲波:《房地产经济波动理论与实证分析》,中国大地出版社 2003 年版。

76. 曲福田、冯淑怡、诸培新:《制度安排、价格机制与农地非农化研究》,《经济学(季刊)》2004 年第 1 期。

77. 沈悦、刘洪玉:《住宅价格与经济基本面:1995—2002 年中国 14 城市的实证研究》,《经济研究》2004 年第 6 期。

78. 沈悦等:《我国房地产资产价值与国家财富的关系研究》,《清华大学学报(社会科学版)》2004 年第 1 期。

79. 孙建波:《房地产市场有效性:基于南京市 2002—2006 年市场价格的分析》,《中国物价》2007 年第 5 期。

80. 宋勃、高波:《利率冲击与房地产价格波动的理论与实证分析:1998—2006》,《经济评论》2007 年第 4 期。

81. 〔美〕特瑞斯·M. 克劳瑞特等:《房地产金融》,龙奋杰、李文诞译,经济科学出版社 2004 年版。

82. 汪利娜:《房地产泡沫的生成机理与防范措施》,《财经科学》2003 年第 1 期。

83. 王爱俭、沈庆颉:《人民币汇率与房地产价格的关联性研究》,《金融研究》2007 年第 6 期。

84. 王国军、刘水杏:《房地产业对相关产业的带动效应研究》,《经济研究》2004 年第 8 期。

85. 王来福、郭峰:《货币政策对房地产价格的动态影响研究——基于 VAR 模型的实证》,《财经问题研究》2007 年第 11 期。

86. 王擎、韩鑫韬:《货币政策能盯住资产价格吗?——来自中国房地产市场的证据》,《金融研究》2009 年第 8 期。

87. 王维安、贺聪:《房地产价格与通货膨胀预期》,《财经研究》2005 年第 12 期。

88. 王雪峰:《房地产泡沫和金融不安全研究》,中国财政经济出版社 2008 年版。

89. 邬丽萍:《房地产价格上涨的财富效应分析》,《求索》2006 年第 1 期。

90. 谢经荣、朱勇:《地产泡沫与金融危机》,经济管理出版社 2002 年版。

91. 熊方军、马永开:《中国房地产市场——非均衡性与分类宏观调控》,科学出版社 2008 年版。

92. 徐滇庆:《房价与泡沫经济》,机械工业出版社 2006 年版。

93. 徐滇庆、于宗先、王金利:《泡沫经济与金融危机》,中国人民大学出版社 2000 年版。

94. 杨帆、李宏谨、李勇:《泡沫经济理论与中国房地产市场》,《管理世界》2005 年第 6 期。

95. 杨永华:《论房价和房价收入比》,《经济学家》2006 年第 2 期。

96. 〔日〕野口悠纪雄:《土地经济学》,汪斌译,商务印书馆 1997 年版。

97. 叶剑平、谢经荣:《房地产业与社会经济协调发展研究》,中国人民大学出版社 2005 年版。

98. 易丹辉：《数据分析与 Eviews 应用》，中国统计出版社 2008 年版。

99. 易宪容：《房地产与金融市场》，社会科学文献出版社 2007 年版。

100. 易宪容：《中国房地产过热和风险预警》，《财贸经济》 2005 年第 5 期。

101. 于辉：《中国货币政策效率分析》，中国经济出版社 2007 年版。

102. 袁志刚、樊潇彦：《房地产市场理性泡沫分析》，《经济研究》 2003 年第 3 期。

103. 张红：《房地产经济学》，清华大学出版社 2005 年版。

104. 张维迎：《博弈论与信息经济学》，上海人民出版社 1996 年版。

105. 张文凯、包建祥：《股票市场泡沫：合理范围和政策选择》，《投资研究》 1999 年第 6 期。

106. 张永岳：《国际房地产概述》，上海人民出版社 2004 年版。

107. 张宗新、吕日：《虚拟经济认识上的误区》，《上海财经研究》 2001 年第 2 期。

108. 郑华：《房地产市场分析方法》，电子工业出版社 2004 年版。

109. 中国人民银行营业管理部：《房地产价格与房地产泡沫问题》，中国社会科学出版社 2007 年版。

110. 周诚：《土地经济学原理》，商务印书馆 2003 年版。

111. 周海波：《房地产价格影响因素的实证研究》，《海南大学学报》 2009 年第 5 期。

112. 周京奎：《金融支持过度与房地产泡沫——理论与实证研究》，北京大学出版社 2005 年版。

113. 周京奎：《房地产泡沫生成与演化——基于金融支持过度假说的一种解释》，《财贸经济》2006 年第 5 期。

114. 周京奎：《货币政策、银行贷款与住宅价格——对中国 4 个直辖市的实证研究》，《财贸经济》2005 年第 5 期。

115. 周伟林、严冀：《城市经济学》，复旦大学出版社 2005 年版。

116. ［日］竹内宏：《日本金融败战》，彭亚璋译，中国发展出版社 1999 年版。

英文部分：

117. Allen, Franklin and Douglas Gale, "Bubbles and Crises", *The Economic Journal*, Vol 110, January, 2000.

118. Alexander Ludwig and Torsten Slok, "The Impact of Stock Prices and House Prices on Consumption in OECD Countries", IMF Working Paper, Internation Monetary Fund, January 2002.

119. Allen, F. and Gale, D., "Optimal Financial Crises", *Journal of Finance*, Vol. 53, August, 1998.

120. Allen, F. and Gale, D., "Bubbles and Crises", Working Paper, The Wharton School, University of Pennsylvania, *American Economic Review*, August, 1998.

121. Andrew, H., Bruce, M., "European House Price Volatility and the Macro Economy: The Implications for European Monetary Union", Royal Economic Society Conference

Paper, June 2000.

122. Ashley Taylor, Charles Goodhart, "Procyclicality and Volatility in the Financial System: the Implementation of Basel II and IAS 39", Procyclicality of Financial System in Asia, Septenber, 2004.

123. Benjamin J., Chinloy, P., Donald, G. J., "Real Estate Wealth Versus Financial Wealth in Consumption", *Journal of Real Estate Finance and Economics*, Vol. 29, November, 2004.

124. Bernanke, B. and Gertler, M., "Inside the Black Box: The Credit Channel of Monetary Transmission ", *J. Econ. Perspect*, Vol. 9(4), Fall, 1995.

125. Blanchard and M. Watson, "Bubbles Rational Expectation and Financial Market", NBER No. 945, July, 1982.

126. Boris Hofmann, "The Determinants of Private Sector Credit Industrialized Countries: Do Property Prices Matter ?" BIS Working Papers, No 108, December, 2001.

127. Brown, Stephen J. Liu, Crocker, H., "A Global Perspective on Real Estate Cycles", the New York University Salomon Center Series on Financial Markets and Institutions, February, 2001.

128. Campbel, John and JooCocco, "How Do House Prices Affect Consumption? Evidence from Micro Data ", NBER Working Paper, No. 11534, August 2005.

129. Capozza, D. R., Hendershott, P. H., Mack, C., et al., "Determinants of Real House Price Dynamics", *National Bureau of Economic Research*, October 2002.

130. Case, K. E. and Shiller, R. J., "Forecasting Pries and Excess Returns in the Housing Market", Real Estate Economics, September, 1990.

131. Case, Karl, John Quigley, Robert Shiller, "Comparing Wealth Effect: The Stock Market versus the Housing Market", NBER Working Paper, No. 62(1)2006.

132. Christopher D. Carroll, et al., "How Large Is the Housing Wealth Effect? A New Approach", NBER Working Paper, No. 12746, 2006.

133. Clapp, J. M. and Giaccotto, C., "The Influence of Economic Variables on Local House Price Dynamics", *Journal of Urban Economics*, Vol. 36, December, September, 1994.

134. Collyns, Charles, Senhadji, Abdehak, "Lending Boom, Real Estate Bubbles, and the Asian Crisis", IMF working paper, No. 32(1), Jcvnuary 2002.

135. E. Phillip Davis, Haibin Zhu, "Banking Lending and Commercial Property Cycles: Some Cross-country Evidence", BIS Working Paper, No. 150, March 2004.

136. Giuliodori, M. Monetary, "Monetary Policy Shocks and the Role of House Prices Across European Countries", *Scot. J. Polit. Economy*, Vol. 52, 2005.

137. Goodhart Charles, Hofmann Boris, "Asset Prices, Conditions and the Transmission of Monetary Policy", Paper Prepared for the conference on "Asset Prices, Exchange Monetary Policy" Stanford University, March, 2001.

138. . Hali J. Edison, et al., "Asset Bubbles, Domino Effects

and 'Lifeboats': Elements of the East Asian Crisis", CSGR Working Paper, No. 05, February 1998.

139. Hendershott, P. , "Uses of Equilibrium Models in Real Estate Research", *Journal of Property Review*, Vol. 14, 1997.

140. Hofe, Rainer V. , "A Regional Computable General Equilibrium Model for Housing Policy: The Case of New York State", Paper Presented at the 49th Annual North American Meetings Of the Regional Science Association International, 2002.

141. Kazuyuki Suzuki, et al. , "Land Value and Corporate Investment: Evidence from Japanese Panel Data", *Journal of the Japanese and International Economies*, Vol. 12, Septermber 1998.

142. Leo Grebler and Leland S. Burns, "Construction Cycles in the United States Since World War II", *AREUEA Journal*, Vol. 10, June, 1982.

143. Malpezzi, S. , "A Simple Error Correction Model of Housing prices", *Journal of Housing Economics*, Vol. 8, 1999.

144. Mankiw, N. G. and Weil, D. N. , "The Baby Boom, the Baby Bust and the Housing Market", *Regional Science and Urban Economics*, Vol. 19, May 1989.

145. Matteo Iaeoviello, Raoul Minetti, "Financial Liberalization and the Sensitivity of House Prices to Monetary Policy: Theory and Evidence", The Manchester School, Vol. 71, Januavy, 2003.

146. Mishkin, F. S. , "The Transmission Mechanism and the Role

of Asset Price in Monetary Policy", *NBER Working Paper*, No. 8966 December, . 2001.

147. Modigliani, F. and Brumberg, R. , "Utility Analysis and the Consumption Function: An Interpretation of Cross-Section Data ", *Post Keynesian Economics*, Rutgers University Press, 1954.

148. Muth, R. F. , *Cities and Housing*, The University of Chicago Press, 1969.

149. Nelson, A. C. and S. McCleskey, *Improving the Effects of Elevated Transit Stations on Neighborhoods, in " Transportation Research Record 1266 ",* Transportation Research Board, National Research Council, National Academy Press, Washington, D. C. , 1992.

150. Nobuhiro Kiyotaki, John Moore, " Credit Cycles ", *Journal of Political Economy*, Vol 105, No. 2, 1997.

151. Paul Hilbers, Qin Lei, Lisbeth Zacho, " Real Estate Market Developments and Financial Sector Soundness", IMF Working Paper, September 2001.

152. Peter N. Ireland, " The Monetary Transmission Mechanism", *Boston College and Nber, November Vol.* 36 (2), 2005.

153. Potepan, M. J. , "Explaining Intermetropolitan Variation in Housing Prices, Rents and Land Prices", *Real Estate Economic,* Vol. 24, 1996.

154. Poterba, J. M. , "Housing Price Dynamics: The Role of Tax Policy and Demography", *Brookings Papers on Economic*

Activity, Vol. 22, 1991.

155. Quigley, J. M., "Real Estate Prices and Economic Cycles", *International Real Estate Review*, Vol. 2, 1999.

156. Renaud, B. "The 1985 to 1994 Global Real Estate Cycle: An Overview", *Journal of Real Estate Literature*, Vol. 5, 1997.

157. Richardson, H. W., Vipond, J. and Furbey, R. A., "Determinants of Urban House Prices", *Urban Studies*, Vol. 11, 1974.

158. Roger S. Smith, "Land Prices an Tax Policy: A Study of Fiscal Impacts", *American Journal of Economics and Sociology*, Vol. 37, 1978.

159. Sagalyn, L. B., "Real Estate Risk and the Business Cycle: Evidence from Security Markets", *The Journal of Real Estate Research*, Vol. 5, 1990.

160. Seko, M., "Housing Prices and Economic Cycles", Paper presented at the international conference on Housing Market and the Macroeconomy: The Nexus Held in Hong Kong, China, July, 2003.

161. Sherudan Titman, "Urban Land Prices Under Uncertainty", *The American Economic Review*, Vol. 75, No. 3. Jun., 1985.

162. Stephen A. Pyhrr, Stephen E. Roulac and Waldo L. Born, "Real Estate Cycles and Their Strategic Implications for Investors and Portfolio Managers in the Global Economy", *Journal of Real Estate Research*, Vol. 18(1), 1999.,

163. Tobin, J., " A General Equilibrium Approach to

Monetary Theory", *Journal of Money Credit and Banking*, Vol. 1, 1969.

164. Tracy, J., H. Schneider and S. Chan, "Are Stocks Overtaking Real Estate in Household Portfolios? " *Federal Reserve Bank of New York Current Issues in Economics and Finance*, Vol. 5, 1999.

后　记

　　这本专著是国家社科基金的最终成果。自 2006 年下半年全面展开课题研究以来，历经五年多的时间，这期间，我国房地产市场经历了 2007 年的高歌猛进、2008 年的跌入谷底、2009 年的强势反弹以及 2010 年的震荡前行。面对我国房地产市场快速发展过程中出现的新情况、新问题，我们努力进行分析和研究。

　　改革开放尤其是进入 21 世纪以来，我国土地制度有了较深入的变革，土地作为资产进而作为资本所具有的收益性越来越受到重视，城市土地资本化得到发展，这对完善城市房地产市场、促进我国城市发展等起到了重要作用，但同时土地虚拟性逐渐显现。土地资产作为一种非金融虚拟资产，是以资本化定价方式为基础的，由于预期收益受观念、信息等心理因素的影响，地产虚拟性的重要表现就是其价格的强波动性。随着虚拟经济的迅速发展，作为基本生产要素的地产已更多地成为了一种投资工具，这大大增加了地产预期收益和资产升值的不确定性，进而地产价格波动经常脱离土地基础价值的支撑，并表现出明显的非平稳性。获得土地使用权所支付的成本是房地产价格中一个重要组成部分，因此，地价波动会引起房地产价格的波动。在市场条件下地价的虚拟性一定会在房价上体现出来，而且房地产的虚拟性一旦形成就具有其发展的相对独立性。

　　在课题进行过程中，课题组主要成员林乐芬教授提出了许多建设性的建议，并参与部分书稿的写作和修改。陈崇博士以及陈孝强、许亚芬、周伟、韦帆、完小夏、马惠、眭小燕、吴亮、薛飞、王德鑫、周海波、马艳等硕士参与了资料收集整理工作并提供了相关章节初稿。贾春梅博士参与了最后统稿的技术处理工作。在此一并表示感谢！

　　尽管我们努力从土地资本化的角度对复杂多变且具有独特性的中国房地产市场的虚拟性进行分析，但是难免存在不足、疏漏，甚至错误，敬请专家、读者批评指正。

葛　扬

2012 年 7 月于南京大学

策划编辑:郑海燕
封面设计:艺和天下
责任校对:张　红

图书在版编目(CIP)数据

转型期我国房地产经济虚拟性研究:马克思土地资本化理论的视角/
　葛扬 著. -北京:人民出版社,2013.4
ISBN 978 - 7 - 01 - 011650 - 1

Ⅰ.①转…　Ⅱ.①葛…　Ⅲ.①经济转型期-房地产经济-研究-中国
Ⅳ.①F299.233

中国版本图书馆CIP数据核字(2013)第012112号

转型期我国房地产经济虚拟性研究
ZHUANXINGQI WOGUO FANGDICHAN JINGJI XUNIXING YANJIU
——马克思土地资本化理论的视角

葛　扬　著

人民出版社 出版发行
(100706　北京市东城区隆福寺街99号)

北京龙之冉印务有限公司印刷　新华书店经销

2013年4月第1版　2013年4月北京第1次印刷
开本:710毫米×1000毫米 1/16
印张:26.25　字数:320千字

ISBN 978 - 7 - 01 - 011650 - 1　定价:58.00元

邮购地址 100706　北京市东城区隆福寺街99号
人民东方图书销售中心　电话 (010)65250042　65289539